普通高等教育酒店管理专业系列教材
陕西高校哲学社会科学重点研究基地汉水文化研究中心资助出版

# 旅游资源学

主　编　谢泽明
副主编　王淑新　李凤荣
参　编　杨　名　张党利

机械工业出版社

本书紧密结合《旅游资源分类、调查与评价》（GB/T 18972—2017）最新国家标准编写，共9章，主要内容如下：旅游资源的概念体系，旅游资源学理论研究，旅游资源学研究内容，旅游资源成因及分类，旅游资源调查样式、原则、内容、程序及方法，旅游资源评价与报告，旅游资源保护性开发，旅游资源整合经营，旅游资源的现代管理。

与之相配套的在线开放课程，随时更新，以便更好地帮助大家自学。

### 图书在版编目（CIP）数据

旅游资源学/谢泽明主编．—北京：机械工业出版社，2021.12（2024.7重印）

普通高等教育酒店管理专业系列教材

ISBN 978-7-111-69795-4

Ⅰ.①旅… Ⅱ.①谢… Ⅲ.①旅游资源-高等学校-教材 Ⅳ.①F590

中国版本图书馆CIP数据核字（2021）第251347号

机械工业出版社（北京市百万庄大街22号　邮政编码　100037）
策划编辑：常爱艳　　　　　责任编辑：常爱艳
责任校对：黄兴伟　刘雅娜　封面设计：鞠　杨
责任印制：张　博
北京雁林吉兆印刷有限公司印刷
2024年7月第1版第2次印刷
184mm×260mm・12.25印张・260千字
标准书号：ISBN 978-7-111-69795-4
定价：44.80元

电话服务　　　　　　　　网络服务
客服电话：010-88361066　　机　工　官　网：www.cmpbook.com
　　　　　010-88379833　　机　工　官　博：weibo.com/cmp1952
　　　　　010-68326294　　金　书　网：www.golden-book.com
封底无防伪标均为盗版　　　机工教育服务网：www.cmpedu.com

# PREFACE 前 言

中华民族的伟大复兴和文化自信力的提升，开辟了中国社会发展新时代。世界百年未有之大变局正在深度演化，国民经济转向高质量发展阶段。旅游产业发展新旧动能加速转化，更加注重创新驱动发展。西部大开发、乡村振兴、长江经济带与汉江生态经济带等国家战略，为我国从旅游大国走向旅游强国奠定了基础。新型冠状病毒肺炎疫情影响了对外交流和国内人们的出外旅行；5G 技术的成熟，家用汽车的普及，在线支付等技术手段的广泛应用，深刻影响了旅游新业态。"旅游资源学"课程的教学在这一系列新形势下也悄然改变着，小视频拍客的大众化，慕课教学模式的探索，网络教学模式的兴起，都影响着教学模式。本书就是在这种大背景下探索教材改革和新教学模式的结果。

本书主要介绍旅游资源学的基本概念和基础知识，与之相配套的在线开放精品课程，注重认知与实践，紧密结合 2018 年 7 月 1 日正式实施的《旅游资源分类、调查与评价》（GB/T 18972—2017）最新国家标准，分类举例说明各种旅游资源的状况。学生可在课堂教学之外，登录"学堂在线"或超星网"学习通"学习。

本书有以下特色：一是中国传统区域分析研究方法，即按照《旅游资源分类、调查与评价》最新国家标准，积极探索中国传统地理与文化研究方法的使用，以中国范式研究方法为特色，探索新理论、新方法和新样式；二是行动导向型实战方法，即以学生在实践中的体验式学习为中心，分阶段、分层次地加大知识量和提升理论水平，以网络授课为手段，以汉水流域与汉文化特色旅游资源为主要内容，以其他各地旅游资源为补充，建设网络共享的影视资料库，实现教与学的"贡献与共享"。

本书汲取了大量旅游资源专家和学者的研究成果，特别是现有教材的精华，博采众长，在此一并表示感谢。也感谢陕西理工大学（在线开放）精品课程"旅游资源学"建设项目和陕西省哲学社会科学研究基地汉水文化研究中心"汉水流域旅游资源开发战略研究"重大课题所提供的资助。本书具体编写分工如下：李凤荣编写第 1 章；谢泽明编写第 2、5、6 章；杨名编写第 3 章，张党利编写第 4 章；王淑新编写第 7~9 章，并协助在线开放精品课程视频的拍摄工作。

特别说明：在学堂在线（xuetangx.com）与超星网"学习通"（xuexi365.com）发布的"旅游资源学"精品课程，会不断更新内容，与本书内容存在一定差异，本书再版时会进一步完善。

谢泽明<br>
2021. 12. 12

# 书中教学视频一览表

| 名称 | 图形 | 名称 | 图形 |
|---|---|---|---|
| 0　绪论 | | 1.1　旅游资源 | |
| 1.2　旅游资源的功能、属性与特性 | | 2.1　旅游资源学及其核心概念 | |
| 2.2　研究的特点、价值与意义 | | 2.3　研究方法、态势与展望（上） | |
| 2.4　研究方法、态势与展望（下） | | 3.1　分类与成因 | |
| 3.2　等级与调查 | | 3.3　保护与规划 | |
| 3.4　开发与管理 | | 4.1　地域分异与中国旅游资源 | |
| 4.2　旅游资源形成的条件 | | 4.3　旅游资源分类的原则与依据 | |
| 4.4　国内外旅游资源分类 | | 5.1　旅游资源调查样式与原则 | |

(续)

| 名称 | 图形 | 名称 | 图形 |
|---|---|---|---|
| 5.2 旅游资源调查的内容与程序 | | 5.3 旅游资源调查方法 | |
| 5.4 旅游资源调查实习方案 | | 6.1 旅游资源评价 | |
| 6.2 旅游资源评价的内容与方法 | | 6.3 旅游资源经济价值评估 | |
| 6.4 调查报告的文件提交 | | 7.1 旅游可持续发展 | |
| 7.2 旅游资源的保护性开发 | | 7.3 旅游资源国际性保护的"世界遗产" | |
| 8.1 旅游资源整合理论 | | 8.2 旅游资源整合模式 | |
| 8.3 旅游资源整合样式 | | 9.1 旅游资源产权管理 | |
| 9.2 旅游资源信息管理 | | 9.3 旅游资源质量管理 | |
| 9.4 旅游资源环境管理 | | | |

# CONTENTS 目 录

前言
本书教学视频一览表

## 第1章 旅游资源的概念体系 ... 1

导言 ... 1
目标 ... 1
重点 ... 1
1.1 旅游概述 ... 1
1.2 资源概述 ... 5
1.3 旅游资源概述 ... 10
1.4 旅游资源的功能 ... 12
1.5 旅游资源的属性 ... 15
1.6 旅游资源的特性 ... 21
1.7 旅游资源的认知误区 ... 23
思考题 ... 24

## 第2章 旅游资源学理论研究 ... 25

导言 ... 25
目标 ... 25
重点 ... 25
2.1 旅游资源学及其核心概念 ... 25
2.2 研究的特点、价值与意义 ... 27
2.3 研究方法 ... 28
思考题 ... 32

## 第3章 旅游资源学研究内容 ... 33

导言 ... 33

| 目标 | 33 |
| --- | --- |
| 重点 | 33 |
| 3.1 旅游资源分类 | 33 |
| 3.2 旅游资源成因 | 34 |
| 3.3 旅游资源等级 | 39 |
| 3.4 旅游资源调查 | 41 |
| 3.5 旅游资源保护 | 43 |
| 3.6 旅游资源规划 | 45 |
| 3.7 旅游资源开发 | 50 |
| 3.8 旅游资源管理 | 54 |
| 思考题 | 59 |

## 第 4 章 旅游资源成因及分类 ························ 60

| 导言 | 60 |
| --- | --- |
| 目标 | 60 |
| 重点 | 60 |
| 4.1 地域分异与中国旅游资源 | 60 |
| 4.2 旅游资源形成的条件 | 65 |
| 4.3 旅游资源分类的原则 | 73 |
| 4.4 旅游资源分类的依据 | 74 |
| 4.5 国外及世界组织旅游资源分类方案 | 76 |
| 4.6 我国旅游资源分类方案 | 78 |
| 思考题 | 85 |

## 第 5 章 旅游资源调查样式、原则、内容、程序及方法 ·············· 86

| 导言 | 86 |
| --- | --- |
| 目标 | 86 |
| 重点 | 86 |
| 5.1 旅游资源调查样式 | 86 |
| 5.2 旅游资源调查原则 | 91 |
| 5.3 旅游资源调查内容 | 92 |
| 5.4 旅游资源调查程序 | 94 |
| 5.5 旅游资源调查方法 | 97 |
| 思考题 | 98 |

## 第 6 章　旅游资源评价与报告 ………………………………………………………… 99

导言 ……………………………………………………………………………………… 99
目标 ……………………………………………………………………………………… 99
重点 ……………………………………………………………………………………… 99
6.1　旅游资源评价原则及依据 ………………………………………………………… 99
6.2　旅游资源评价内容 ………………………………………………………………… 101
6.3　旅游资源评价方法 ………………………………………………………………… 104
6.4　旅游资源经济价值评估 …………………………………………………………… 109
6.5　旅游资源调查报告的文件提交 …………………………………………………… 112
思考题 …………………………………………………………………………………… 114

## 第 7 章　旅游资源保护性开发 ………………………………………………………… 115

导言 ……………………………………………………………………………………… 115
目标 ……………………………………………………………………………………… 115
重点 ……………………………………………………………………………………… 115
7.1　旅游可持续发展 …………………………………………………………………… 115
7.2　旅游资源的保护性开发 …………………………………………………………… 119
7.3　旅游资源国际性保护的"世界遗产" …………………………………………… 125
思考题 …………………………………………………………………………………… 137

## 第 8 章　旅游资源整合经营 …………………………………………………………… 138

导言 ……………………………………………………………………………………… 138
目标 ……………………………………………………………………………………… 138
重点 ……………………………………………………………………………………… 138
8.1　旅游资源整合理论 ………………………………………………………………… 138
8.2　旅游资源整合的组织模式和空间模式 …………………………………………… 144
8.3　旅游资源整合范式 ………………………………………………………………… 147
思考题 …………………………………………………………………………………… 153

## 第 9 章　旅游资源的现代管理 ………………………………………………………… 154

导言 ……………………………………………………………………………………… 154
目标 ……………………………………………………………………………………… 154
重点 ……………………………………………………………………………………… 154
9.1　旅游资源产权管理 ………………………………………………………………… 154

9.2 旅游资源信息管理 …………………………………………………………………… 159

9.3 旅游资源质量管理 …………………………………………………………………… 166

9.4 旅游资源环境管理 …………………………………………………………………… 173

思考题 ……………………………………………………………………………………… 181

**参考文献** ………………………………………………………………………………… 182

# 第 1 章　旅游资源的概念体系

**【导言】**

旅游资源是旅游业发展的基础，也是旅游规划与开发的先决条件。在全域旅游理念背景下，旅游资源的范畴在扩大，旅游资源不再局限于传统的景区景点，而是以旅游为导向整合社会资源，让社会资源旅游化，这就要求对旅游资源的认识更加开放和融合，逐渐从单一到复合，从静态转为动态。本章从厘清旅游资源的概念入手，重点探讨了国内外学者对旅游资源概念的理解，分析了旅游、资源和旅游资源的基本内涵，并从旅游资源的功能、属性和特性，以及容易产生的认识误区等多个方面阐述旅游资源概念体系。

**【目标】**

1. 掌握国内外学者对旅游资源的定义，理解其内涵。
2. 认识和领会旅游资源的基本功能、属性和特性。
3. 了解人们对旅游资源的认识误区。

**【重点】**

旅游资源的概念　旅游资源的属性　旅游资源的特性

## 1.1　旅游概述

旅游与资源是两个相对独立而又相互联系的基本概念，存在着内在的联系。

### 1.1.1　旅游的东西方人理解

**1. 旅游的东方古人理解**

"旅"是旅行、外出，即为了实现某一目的而在空间上从甲地到乙地的行进过程；"游"

是外出游览、观光、娱乐，即为达到这些目的所做的旅行。二者合起来即旅游。所以，旅行偏重于行，旅游不但有"行"，且有观光、娱乐含义。

**2. 旅游的西方人理解**

旅游（Tour）源于拉丁语的"tornare"或希腊语的"tornos"，其含义是"车床或圆圈；围绕一个中心点或轴的运动"。这个含义在现代英语中演变为"顺序"。后缀-ism被定义为"一个行动或过程；以及特定行为或特性"，而后缀-ist则意指"从事特定活动的人"。所以旅游是指一种往复的行程，即指离开后再回到起点的活动；完成这个行程的人也就被称为旅游者（Tourist）。1942年，瑞士学者汉沃克尔和克拉普夫提出，旅游是非定居者的旅行和暂时居留而引起的一种现象及关系的总和。这些人不会永久居留，并且主要不从事赚钱的活动。

### 1.1.2 旅游的现代生活方式

必须用发展的观点来认识旅游观念，因为现代社会中的旅游不同于古代文人的游山玩水或徐霞客式的旅行和科学考察，它是人类社会中一种不断发展的生活方式。关于这一点，国外学者也有同类的叙述，如英国伊什图里金（Estoril）就指出，旅游的性质在逐渐发生变化。主要表现在以下几个方面。

**1. 娱乐旅行概念发生了变化**

第二次世界大战前，只有富裕的、有闲空的和受过良好教育的人出国旅行，只满足于欣赏外国风景、艺术作品。这种概念已完全改变：旅游者背景不同，对旅游想法很不相同，所好和需求更是五花八门，在有限的假期内尽量实现这一切。

**2. 现代旅游是闲暇追求的"民主化"**

过去，冬季旅游是少数富人的运动，骑马、划艇、射击是非大众化的运动。但是嗜好和闲暇的"商业化"已使这些活动能为一般人所享用。大量的人出门参加令人激动和富有情调的活动，如登山、滑冰、潜水和马车旅行等。

**3. 现代旅游发展为"社会旅游"**

如英国某度假营地，既提供传统的旅游胜地具备的一切设施，又不断开辟和发展新的风景区域，组织游人观览，建造特别设计的低消费接待设施，并经常就地提供娱乐和其他服务。社会旅游可以把大量旅游者引入相对偏远和不发达地区。人们对旅游的业余性定位大体是正确的，但在实际中难以区分。

**4. 会议会展旅游发展迅速**

国外利用参加国际会议和商务会展的机会进行旅游的人也很多，如1985年，在法国巴黎召开的国际会议有 274 个，英国伦敦有 238 个，比利时布鲁塞尔有 219 个，瑞士日内瓦有 212 个。参加这些国际会议的人，既是为了某一专业目的而去的会务者，也是利用会议进行旅游活动的游览者。会议主办国家正是利用这种方式，获得了一笔可观的旅游收入。我国利用参会和出差机会进行旅游的人也很多。据统计，到北京来旅游的人中，41%是会务旅游者。有资料显示，2021 年全国三星级以上的酒店大多具备接待会议的设施和能力，主要目的地城市拥有一批专业化的会展组织人员及会议场馆，也拥有丰富的旅游资源，从而形成一套完整的旅游市场体系。一般而言，会议旅游基本安排短线旅行，旅程不会离开会展举办地太远，时间不会超过 48 小时（大多数为一日游）。

### 1.1.3 定义旅游的基本要素

**1. 旅游三要素之说一**

旅游三要素即旅游者、旅游业和旅游资源。旅游资源是指对旅游者具有吸引力的自然存在和历史文化遗产，以及用于旅游目的的人造景物；旅游者是旅游的主体，即从事旅游活动的人们；旅游业是凭借旅游资源和设施，专门或者主要从事招徕、接待游客，为其提供交通、游览、住宿、餐饮、购物、文娱等综合性服务的行业。

**2. 旅游三要素之说二**

出游的目的、旅行的距离和逗留的时间也被称为旅游三要素。出游的目的，旨在涵盖现代旅游的主要内容，包括一般消遣性旅游、非强制性的或自主决定的旅游活动。只把消遣旅游者视为旅游者，商务旅游单列。换房旅游、自驾互助旅游是一些新兴的旅游方式，旅游者互相帮助，在异地互相提供住宿，不但节省了旅费，而且因为当地人的介入，能更深入地体验当地的人文和自然景观，解除旅途孤独和寂寞。旅行的距离，必须是异地旅游。确定距离的标准差别很大，从 0 到 160km 不等。低于规定的最短行程的旅游不包括在官方旅游估算中，标准具有任意性。"坐地日行八万里"的网络空间旅游，虽然足不出户，但是也能较好地掌握旅游目的地的各种信息，甚至会出现"看景不如问景"。关于逗留的时间，许多国家对旅游者的定义强调"必须是过夜游客"。"过夜"的规定就把"一日游"排除在外了，而事实上"一日游"往往是旅游景点、餐馆和其他的旅游设施收入的重要来源。

**3. 旅游六要素之说**

有学者将旅游概括为"吃、住、行、游、购、娱"这六个要素，这是改革开放以来最热门的说法，影响着我国旅游业的景区规划和市场发展，甚至成为指导旅游业的规范、衡量旅游业的标准。但是随着物联网、5G 网络技术和移动支付的便捷化，这六个要素都发生了一些变化。

**4. 旅游八要素之说**

旅游八要素是指衣、食、住、行、生、老、病、死。这是中国传统的分类方法,人的日常居家生活和出外旅行会涉及一系列问题。人们常言"为爱而生",为了寻找天边的爱和梦才有了今生的旅行,为了寻求更好的生活才有了迁徙和旅游。此外,婚恋嫁娶、生儿育女都会产生旅游和聚会现象;老年社会的到来导致康养旅游蓬勃发展;旅游可以治病疗伤,特别是现代城市发展而导致的"城市病",需要更多的户外旅游和就医旅游;丧葬活动和民间祭祀活动等,寄托生者对死者的缅怀和哀思,特别是江海水葬和森林树葬的兴起,会引发新的旅游形式。

### 1.1.4 学者们对旅游的定义

**1. 交往定义**

1927 年,德国的蒙根·罗德对旅游的定义,是对旅游的狭义理解,即那些暂时离开自己的住地,为了满足生活和文化的需要,或各种各样的愿望,而作为经济和文化商品的消费者,逗留在异地与人的交往活动。这个定义强调的是:旅游是一种社会交往活动。

**2. 目的定义**

20 世纪 50 年代,奥地利维也纳经济大学旅游研究所对旅游的定义,是指暂时在异地的人的空余时间的活动,是出于修养;也是出于受教育、扩大知识面和交际的目的。

**3. 时间定义**

1979 年,美国通用大西洋集团有限公司的马丁·普雷博士曾说,旅游是为了消遣而进行的旅行,在某一个国家逗留的时间至少超过 24 小时。这个定义强调的是各个国家在进行国际旅游统计时的统计标准之一,即逗留的时间。

**4. 相互关系定义**

1980 年,美国密执安大学的罗伯特·麦金托什和夏西肯特·格波特认为,旅游是在吸引和接待旅游者的过程中,由于旅游者、旅游企业、当地政府及居民的相互作用而产生的一切现象和关系的总和。这个定义强调的是旅游引发的各种现象和关系,即旅游的综合性。

**5. 生活方式定义**

我国经济学家于光远 1985 年对旅游的定义为,旅游是现代社会中居民的一种短期性的特殊生活方式,这种生活方式的特点是异地性、业余性和享受性。

**6. "旅游就是艳遇"的定义**

德国作家黑塞认为,既然是"遇",自然是遇而不可求。旅行中,陌生的地方,陌生的人，在美景的衬托之下更显出浪漫的情调。艳，奇幻迷离，让人意犹未尽；遇，一场风花雪月的邂逅，一个怦然心动的瞬间。

### 1.1.5 国际组织的旅游定义

**1. 技术性的统计定义**

世界旅游组织和联合国统计委员会认为，旅游是指人们为了休闲、商务或其他目的离开他们的惯常环境，到某些地方停留，但连续不超过一年的活动。旅游目的包括六大类：休闲、娱乐、度假；探亲访友；商务、专业访问；健康医疗；宗教朝拜；其他。

**2. 国际组织的旅游定义**

在两次世界大战的间歇期间，国际旅游收入增长迅速，迫切需要有一个更准确的定义用于统计。1936年举行了一个国际论坛，国家联盟统计专家委员会首次提出："外国旅游者是指离开其惯常居住地到其他国家旅行至少24小时以上的人。"1945年，联合国认可了这一定义，但是增加了"最长停留时间不超过6个月"的限定。

**3. 世界旅游组织的旅游定义**

1963年，联合国国际旅游大会（IUOTO）在罗马召开。大会提出应采用"游客"（Visitor）这个新词汇。游客是指离开其惯常居住地所在国到其他国家去，且主要目的不是在所访问的国家内获取收入的旅游者。游客包括两类不同的旅游者：一类是旅游者（Tourist），是在所访问的国家逗留时间超过24小时且以休闲、商务、家事、使命或会议为目的的临时性游客；另一类是短期旅游者（Excursionist），是在所访问的目的地停留24小时以内的游客，包括不过夜的临时性游客（包括游船旅游者）。

## 1.2 资源概述

### 1.2.1 资源的实质

马克思说：劳动和土地，是财富两个原始的形成要素。恩格斯说：其实，劳动和自然界在一起它才是一切财富的源泉，自然界为劳动提供材料，劳动把材料转变为财富。这一定义，既指出了自然资源的客观存在，又把人（包括劳动力和技术）的因素视为财富的另一不可或缺的来源。可见，资源不仅是自然资源，还包括人类劳动的社会经济、社会技术等因素。据此，所谓资源，指的是一切可被人类开发和利用的物质、能量和信息的总称，它广泛地存在于自然界和人类社会中，是一种自然存在物或能够给人类带来财富的财富。如土地资源、矿产资源、森林资源、海洋资源、石油资源、人力资源、信息资源等。

资源一般可分为社会资源与自然资源两大类,社会资源又可分为社会经济资源和社会技术资源。经济学研究的资源是不同于地理资源(非经济资源)的资源,它具有使用价值,可以为人类开发和利用。《经济学解说》将"资源"定义为"生产过程中所使用的投入",从本质上讲就是生产要素的代名词,"按照常见的划分方法,资源被划分为自然资源、人力资源和加工资源。"

自然资源,一般是指一切物质资源和自然产生过程对人类有益的资源。

人力资源,是指在项目管理中的资源,更多时候指的是"人",即可使用的项目组人员。

加工资源,一般指的是直接或通过使用可以为企业、社会产生效益的物质,包括加工设备和加工环境资源,如土地、设备、厂房等。

### 1.2.2 资源的分类

在人类经济活动中,各种各样的资源之间相互联系,相互制约,形成一个结构复杂的资源系统。每一种资源内部又有自己的子系统。资源系统可从性质、用途等不同角度进行不同的分类。

**1. 按资源性质划分**

资源按再生性角度可划分为再生资源和非再生资源。

再生资源,即在人类参与下可以重新产生的资源,如农田,如果耕作得当,可以使地力常新,不断为人类提供新的农产品。再生资源有两类:一类是可以循环利用的资源,如太阳能、空气、雨水、风和水能、潮汐能等;另一类是生物资源。非再生资源,或称耗竭性资源,这类资源的储量、体积可以测算出来,其质量也可以通过化学成分的百分比来反映,如矿产资源。

再生资源和非再生资源的区分是相对的,如石油、煤炭是非再生资源,但它们却是古生物遗骸在地层中历经物理、化学的长期作用形成的,这说明二者之间可以转化,是能量守恒定律的表现。资源按恢复更新能力,还可分为:不可恢复的资源,如各种矿石、石油等;可恢复的取之不尽的资源,如土壤、陆地和海洋中的自然植物和有益动物,以及水能和太阳能。

**2. 按资源利用的可控性程度划分**

资源按利用的可控性程度可划分为专有资源和共享资源。专有资源如政府控制、管辖内的资源,共享资源如公海、太空资源等。

**3. 按资源用途划分**

资源按用途可划分为农业资源、工业资源和信息资源(含服务性资源)。

**4. 按资源状况划分**

资源按状况可分为现实资源、潜在资源和废物资源。现实资源即已经被认识和开发的资源；潜在资源即尚未被认识，或虽已认识却因技术等条件不具备还不能被开发利用的资源；废物资源，即传统上被认为是废物，而科学技术的使用又使其转化为可被开发利用的资源。

**5. 按资源属性划分**

资源按属性可分为自然资源、社会经济资源、社会技术资源，这通常被称为人类社会的三大类资源。社会经济资源是直接或间接对生产发生作用的社会经济因素，其中人口、劳动力是社会经济发展的主要条件。社会技术资源广义上属于社会人文资源，其在经济发展中起着重要作用。技术是自然科学知识在生产过程中的应用，是直接的生产力，是改造客观世界的方法、手段。技术对社会经济发展作用的最直接表现就是生产工具的改进，不同时代生产力的进步主要是由科学技术来决定的。

### 1.2.3 资源的特点

自然资源的特点是分布的不平衡性和规律性、有限性和无限性（现实资源是有限的，但开发利用及转化是无限的）、多功能性和系统性。

社会资源的特点如下。

**1. 社会性**

人类本身的生存、劳动、发展都是在一定的社会形态、社会交往、社会活动中实现的，人力资源、技术资源、经济资源、信息资源等社会资源无一例外。社会资源的社会性主要表现在不同的社会生产方式产生不同种类、不同数量、不同质量的社会资源；社会资源是可超越国界、超越种族关系的，谁都可以掌握和利用它创造社会财富。

**2. 继承性**

社会资源的继承性特点使得社会资源被不断积累、扩充、发展。知识经济时代就是人类社会知识积累到一定阶段和一定程度，使社会经济发展以知识为基础，这种积累使人类经济时代发生了一种质变，即从传统的经济时代飞跃到知识经济时代，这是信息革命、知识共享必然的结果。劳动者素质不断提高，生产设备不断更新，科研设备得到改进，经营管理水平提高。社会财富的积累，反过来又加速了科技的发展。

**3. 主导性**

社会资源的主导性主要表现在两个方面：社会资源决定资源利用、发展的方向；社会资源变为社会财富的过程中，表现、贯彻了社会资源持有人的愿望、意志和目的。

**4. 流动性**

社会资源的流动性主要表现是：劳动力可以从甲地迁到乙地，技术可以传播，资料可以交换等。利用社会资源的流动性，欠发达国家可以通过相应的政策和手段把他国的技术、人才、资金引进到自己的国家。

**5. 不均衡性**

社会资源的不均衡性是由以下原因形成的：自然资源分布的不均衡性，经济政治发展的不均衡性，管理体制、经营方式的差异性，社会制度对人才、智力、科技发展的影响作用的不同。

### 1.2.4 资源三阶段

对自然资源的看法，历来都是以对人与自然关系的认识为基础的。从技术进步和生产力发展的角度来看，经济发展可以分为三个阶段：劳力经济阶段、自然经济阶段和知识经济阶段。

**1. 劳力经济阶段**

经济发展主要取决于劳力资源的占有和配置。由于科学技术不发达，人类开发自然资源的能力很低。农耕文明时期，多数资源的短缺问题并不突出，生产的分配主要是按劳力资源的占有来进行，劳动生产率主要取决于劳动者的体力。

**2. 自然经济阶段**

传统经济学往往把农业经济叫作自然经济。从资源学的角度，所谓自然经济是指工业经济，即经济发展主要取决于自然资源的占有和配置。由于科学技术不断发展，人类开发自然资源的能力不断增强，使得大多数可认识的资源都成为工业革命时代的短缺资源。如铁矿石、煤、石油等发展机器生产的主要资源很快成为短缺资源，开始制约经济发展。因此，这一阶段的经济发展主要取决于对自然资源的占有，生产的分配主要按对自然资源的占有来进行。

**3. 知识经济阶段**

以知识为基础的产业经济，其经济发展主要取决于对智力资源的占有和配置。随着科学技术的高速发展，科学成果转化为产品的速度大大加快，形成知识形态生产力的物化，人类认识资源的能力、开发富有资源替代短缺资源的能力大大增强。因此，自然资源的作用退居次要地位，科学技术成为经济发展的决定因素，才有了"科学技术是第一生产力"的论断。

在经济社会发展的这三个阶段中，人与自然的关系经历了天命论、征服论、和谐论等多种认识阶段与相应的处理方式，才进入到协调论，即人、自然和技术这个大系统应该处于动态平衡和协调发展状态。在工业时代，人类对资源采取耗竭式的占有和使用方式，人与自然不能协调和可持续发展，能源危机逐渐出现，导致人类生活不能稳步提高，经济危机周期性发作。进入到现代，人们逐渐认识到，人只不过是世界大系统中的一个要素，必须和其他要素协调发展，实现可持续发展的关键在于协调人与自然的关系、自然与经济的关系。

### 1.2.5 新的资源观

在知识经济条件下利用某种资源的时候，必须充分利用科学技术知识来考虑资源利用的层次问题，在对不同种类的资源进行不同层次的利用时，又必须考虑地区配置和综合利用的问题。这就是新的资源观，是在知识经济条件下解决资源问题的认识基础。

**1. 资源系统观**

资源系统观是资源观中最核心的观点。人类只有充分认识到自己是人与自然大系统的一部分时，才可能真正实现与自然协调发展。而且，也只有当人类把各种资源都看成人与自然这个大系统中的一个子系统，并正确处理这个资源子系统与其他子系统之间的关系时，人类才能高效利用资源。

**2. 资源辩证观**

以新的资源观看资源问题时，人们应当正确处理几个重要的资源矛盾关系：一是资源的有限性与无限性问题。自然资源就其物质性而言是有限的，然而人类认识、利用资源的潜在能力是无限的，片面悲观和盲目乐观都是不可取的。二是资源大国与资源小国问题。分析一国的资源情况，既要看到宏观上综合经济潜力巨大的因素，也要清醒地认识到微观上人均可利用资源有限的现实问题。三是资源的有用性与有害性问题。四是资源的量与质问题。五是资源的短缺、过剩与成本的变化问题。

**3. 资源层次观**

资源是相对于人类认识和利用的水平来区分层次的，材料、能源、信息是可供利用的宝贵资源，整个人类的文明可根据人类对这三项资源的开发和利用来划分层次。人类社会的发展是由生产力和生产关系的矛盾运动发展决定的。起初，人类最先学会了利用材料来加工制作简单的生产工具，提高劳动生产力，但仅用材料制作的工具是一种"死的工具"，要靠人力来驱动和操作，这大体是农业、手工业时代生产力的情形。后来人类学会了利用能源，把材料和能源结合在一起制造新型生产工具，使原来"死的工具"变成了"活的工具"，但这种工具还是要靠人来驾驭和操纵，劳动生产力的提高仍受到人的身体因素的限制，这大体是工业时代的社会生产力的情形。到了现代，人类逐渐学会开发和利用信息资源，并把材料和能源同信息有机地结合起来，创造了不仅具有动力驱逐而且具有智能控制的先进工具系统，为社会生产力的发展开辟了无限广阔的前景。在传统经济中，人们对资源的争夺主要表现在占有土地、矿藏和石油等。而今天，信息资源日益成为人们争夺的重点。总之，人类从利用材料资源，到利用能源，再到利用信息资源，推动了人类社会从农业时代向工业时代，再向信息时代的不断迈进，材料、能源、信息"三位一体"成为现代社会不可或缺的宝贵资源，只有全面地开发和综合利用这三大资源，才能不断地推动社会进步和发展。

**4. 资源开放观**

知识经济是世界一体化的经济，我国地区情况差别很大，资源组合错位，地区间的资源具有很强的互补性和动态交流的必然性。以资源开放观为指导，就是要打破地区经济封锁，以实现产业结构动态优化，合理配置资源。

**5. 资源动态平衡观**

人类的发展变化要依靠对自然资源的开发和利用，人与自然要实现动态平衡；同时地区间的资源也需要实现互补和流动，防止资源组合错位的差距。

**6. 生态资源观**

遵循自然规律和经济规律，运用系统理论与系统工程的方法，科学地开发利用自然资源。生态资源观可以为宏观自然资源的战略决策提供指导思想，为开发自然资源提供指导理论，为利用自然资源提供指导原则。建立起节约、低耗、综合利用自然资源，高效率、高效益利用自然资源的技术经济体系，是发展国民经济的基本模式。

**7. 高科技资源观**

今天人们对自然资源的估计，必须考虑技术因素的影响。以人力资源为主要依托的知识经济是世界经济发展的必然趋势，是不以人们的主观意志为转移的新时代经济发展方式。以信息技术、生物技术、新能源技术及新材料技术为核心的高科技将极大地改变人类生活。

## 1.3 旅游资源概述

"旅游资源"是一个合成词，既具有鲜明的"旅游"个性特征，又具有"资源"的共性特征。根据《辞海》解释，所谓"资源"，是指"可资利用的来源"。"有用性"和"基础性"是最基本的属性。显然，旅游资源作为资源的一种，要体现出可利用性和经济价值的关键，是如何把握和阐释旅游资源的个性特征。几十年来，国内外学者对旅游资源的内涵做了积极的探讨，提出了很多建设性的概念和定义，虽然目前仍然存在一定的争议，但已经接近于取得共识。

### 1.3.1 国外学者的一致理解

国外研究文献中，一般论及和"旅游资源"相似性较高的概念是"Tourist Attractions"

和"Visitor Attractions",国内学者通常译为"旅游吸引物"。英国学者霍洛韦(J. C. Holloway)认为:"旅游吸引物必须是那些给旅游者积极的效益和特征的东西,它们可以是海滨或湖滨、山岳风景、狩猎公园、有趣的历史纪念物和文化活动、体育运动,以及令人愉快的舒适会议环境。"澳大利亚学者内尔·雷坡(Neil Leiper)在他的《旅游吸引物系统》一文中,将旅游吸引物定义为一个综合系统,由三个要素组成:"旅游者或人的要素,核心或中心的要素,标识或信息的要素。当这三种要素合而为一时,便构成旅游吸引物。"英国旅游协会(ETC)认为:"旅游吸引物是一种永久固定的游览目的地,其基本目的之一是允许公众为了满足娱乐、兴趣和教育的需求而进入,而不是一个主要提供体育、戏剧或电影表演的零售市场或地点。吸引物必须在每年预先确定的特定时期向公众开放,而不是需要事先预订,并且应该能够吸引本地居民、旅游者或一日游客。另外,吸引物必须是独立的,有独立的管理,并且直接从游客那里得到收入。"由此可见,国外学者或旅游组织倾向于从人(旅游者)的视角解读旅游者的行为对象(旅游业的客体),特别强调该客体对旅游者的吸引性,所以运用的概念是"Tourist Attractions"和"Visitor Attractions",是指旅游地吸引旅游者的所有因素的总和。

### 1.3.2 国内学者的主要观点

改革开放之后,我国旅游业开始逐步发展,实践中不断要求厘清旅游资源的内涵与外延,以便科学地进行旅游资源的调查、评价、开发与管理,促进旅游资源的价值实现和可持续发展。我国学者为了科学、合理地界定旅游资源的概念做了不懈探索。

凡是足以构成吸引旅游者的自然因素和社会因素,亦即旅游者的旅游对象或目的物都是旅游资源。(摘自邓观利《旅游概论》,1983年)

从现代旅游业来看,凡是能激发旅游者旅游动机,为旅游业所利用,并由此产生经济价值的因素和条件即旅游资源。(摘自邢道隆《谈谈旅游资源》,1985年)

所谓旅游资源是指:自然界和人类社会,凡能对旅游者有吸引力、能激发旅游者的旅游动机,具备一定旅游功能和价值,可以为旅游业开发利用,并能产生经济效益、社会效益和环境效益的事物和因素。(摘自国家旅游局和中国科学院地理研究所制定的《中国旅游资源普查规范(试行稿)》,1992年)

旅游资源是指对旅游者具有吸引力的自然存在和历史文化遗产,以及直接用于旅游目的的人工创造物。(摘自保继刚《旅游地理学》,1993年)

凡能激发旅游者的旅游动机,为旅游业所利用,并由此产生经济效益与社会效益的现象和事物均称为旅游资源。(摘自苏文才、孙文昌《旅游资源学》,1998年)

自然界和人类社会凡能对旅游者产生吸引力,可以为旅游业开发利用,并可产生经济效益、社会效益和环境效益的各种事物现象和因素,均称为旅游资源。(摘自国家旅游局《旅游规划通则》,2003年)

旅游资源：自然界和人类社会凡能对旅游者产生吸引力，可以为旅游业开发利用，并可产生经济效益、社会效益和环境效益的各种事物和现象。（摘自《旅游资源分类、调查与评价》，GB/T 18972—2017）

### 1.3.3 学界讨论的核心问题

旅游资源的"吸引性"是所有学者的共识，旅游资源的"可开发性""经济效益性"获得了半数以上学者的认同，旅游资源的"社会效益性"和"环境效益性"后来也逐步引起重视，在旅游资源"对象化描述"中出现频率最高的词汇是"因素"和"事物"。目前对于旅游资源的概念，可以做出以下几点解读。

**1. 旅游资源的吸引功能**

旅游资源对旅游者具有吸引力，能激发人们的旅游动机，能使旅游者得到一定的物质享受和精神满足。吸引力是认定旅游资源的基本条件，是旅游资源的理论核心。同时，也是评判旅游资源质量高低的关键性指标。

**2. 旅游资源的可利用性**

旅游资源具有旅游价值，能够被旅游业所开发利用，并能够产生经济效益、社会效益和环境效益。但一些学者通过列举反例，如一些地区对旅游资源的过度开发或不适当开发，破坏了生态环境，歪曲了当地文化，甚至影响了长远的经济效益，由此对旅游资源的三大效益产生怀疑。实质上，这是由于旅游资源不当开发行为导致的，和旅游资源本身的效益性并无直接关系。世界工业化的进程已经使人们吸取到深刻的教训，如今绿色旅游、生态旅游的兴起足以说明问题。因此，从长远看，没有社会效益和环境效益的旅游资源是不能吸引旅游者的，也就不能称为旅游资源。

**3. 旅游资源的客观存在性**

旅游资源（现代的某些人造景观除外）是客观存在的，有的表现为具体的实物形态，如自然风景、历史文物等；有的则为不具有物质形态的文化因素，如民俗风情等。绝大多数旅游资源都是先于旅游业而存在，并不以人们的开发利用为转移，即使是现代形成的旅游资源，如城市风貌等，也是在其形成之后被人们所认识，并为旅游业开发利用的。

随着旅游者爱好和习惯的改变，旅游资源所包含的范畴会不断扩大。

## 1.4 旅游资源的功能

旅游资源的功能，指的是它对人类社会所具有的效用和价值。旅游资源的效用和价值主要分为两个方面：一是对游客来说，其功能主要表现为观赏消闲、娱乐健身等方面，其中观赏消闲是旅游资源最基本的功能；二是对旅游目的地国家或地区及其旅游经营者来说，其功能主要表现为其所取得的经济效益、社会效益和环境效益。

### 1.4.1 观光功能

旅游资源的实用价值和基础性功能主要体现在对旅游者的吸引力。旅游者之所以从客源地到旅游地去旅游，就是因为旅游地有吸引旅游者的对象。例如优美的自然风光、著名的文物古迹、舒适的气候环境、奇特的景物、精湛的艺术表演等。尽管不同的旅游资源对旅游者所产生的吸引力来自不同方面，但它们都具备一个共同点：这些旅游资源本身所具有的特色和美学特征，能为旅游者提供多种美感享受，符合他们求美、求奇、求异的旅游动机，满足他们深层次的情感需求。因此，无论是神奇秀美的山川风貌、变化万千的天象气候，还是历史悠久的文化遗存与人文活动，它们各自的特点和美的形式也许不同，但它们首先都可以反映某个特定旅游目的地的自然特征与人文精神，可供旅游者观赏和游览，并使旅游者在观赏过程中获得赏心悦目的心理感受和完美的艺术享受。

### 1.4.2 休闲功能

在现代化社会中，特别是在高度城市化和工业化的社会中，人们的生活单调、竞争压力大、生活节奏快，易在精神上产生紧张和厌倦。为了消除紧张和摆脱厌倦，人们只好千方百计地设法躲避这种现实，从而产生了定期改变生活节奏的需求。就躲避形式而论，外出旅游比任何其他消遣方式都更为有效。因为随着环境的改变，人们不再受在各种社会角色和行为的羁绊，而雄伟或秀美的山水风光和珍奇瑰丽的名胜古迹，给人带来精神上的享受和放松，能有效地消除或减轻原有的紧张感。到风景优美的地方度假休息，到体育中心参加体育活动，到海滩消遣，到温泉做肌体疗养，都可以通过与身体有关的活动来达到消除紧张感的目的。究其原因，就是大部分旅游资源，特别是自然类旅游资源所具有的形态美和空间性特征，能够满足人们外出消遣或度假旅游的需要，能够让人们从喧哗和紧张的本地日常生活中解脱出来。

### 1.4.3 娱乐功能

我国的旅游资源具有广泛性和多样性的特点。尽管其中一部分资源是静态的景物，如各类自然旅游资源和人文旅游资源中的遗迹、遗物、建筑设施等，但随着人们的旅游动机和需求向高层次、多元化发展，人类的空间活动范围不断扩大，许多新的旅游形式和内容不断被纳入到旅游活动中来。这些动态的人文活动与静态的景物相互映衬，不仅可以充分展示旅游资源的活力，还为广大旅游者提供了参与、娱乐和互动的广阔空间。比如异彩纷呈的民俗风情、形式多样的康体休闲、种类繁多的健身场馆、欣欣向荣的主题公园等，既为旅游目的地的静态景观注入了活的生机，又使大多数旅游者耳目一新，能使旅游者在参与娱乐活动的过程中获得满足感。

### 1.4.4 教育功能

我国幅员辽阔，历史悠久，文化灿烂，名人辈出，山水风光神奇秀美，名胜古迹珍奇瑰丽，革命圣地驰名中外，民俗风情古朴淳厚……

随着经济文化和科学技术的发展，旅游资源的范围将不断扩大，内容也将不断丰富。由于每一种资源都是一定地域和时代条件下自然现象和社会现象的反映，旅游者能够从各个侧面了解到某一地域、某一社会、某一发展阶段的自然地理状况、生产关系与生产力水平、经济基础与上层建筑相互作用的情况，是人们研究自然发展史和社会发展史的实物资料。尤其是古代建筑、艺术遗存、历史遗迹、民族风情等，作为人类生产生活和文化艺术活动的结晶，对旅游者访古探幽、欣赏艺术、考察研究、了解历史、增长知识、陶冶情操具有很大作用。而现代都市、科普场所、工业设施、体育场馆等旅游资源则发挥着帮助人们了解新知识、掌握新技术、开阔新视野的作用。

"读万卷书，行万里路"，形式多样的旅游资源不仅是人们学习自然科学知识和历史文化知识的好课堂，也是人们了解地方特色文化和民族特色文化的好方式，更是进行爱国主义教育的好场所。

### 1.4.5 社会功能

**1. 丰富旅游者的物质和精神生活，开阔旅游者的眼界**

在现代社会中，人们的工作乃至日常生活的节奏都已明显加快。"采菊东篱下，悠然见南山"的传统田园生活早已被现代快节奏的生活所取代。人们的工作、学习乃至日常生活效率的提高，一方面大大改善了人们的生活水平，为社会创造了惊人的物质财富；另一方面也使人们的身体和精神长期承受较大的压力，人们不可避免地希望有机会进行放松，以便恢复体力，舒展精神。而要实现这一点，最好的办法是适时改换一下生活环境，到异地他乡去呼吸一下"新鲜"空气。而且，随着现代教育的发展和人们文化水平的提高，人们的兴趣也势必向自己生活本土以外的地方扩展，从而产生了解社会、认识世界、追求新知以满足好奇心的需求。而旅游资源可为人们观察、体验和认识异乡事物，满足人们的兴趣和好奇心提供最好的机会。

**2. 促进交流、加强了解、增进友谊**

旅游资源的核心理论是吸引力因素，这种吸引力能够促使人们在不同文化背景、不同自然条件、不同生活习俗的地域之间移动,从而给自己的生活增加差异感和新鲜感。正是这种移动,在客观上促进了国家间、地区间的交流,使不同国家、民族的人们打破原有的地域和文化隔阂,开始相互了解、交融文化、互通有无,促进了国家、民族间的理解和友谊,从而为构建和谐的社会环境、促进国家与地区间政治事务的解决等发挥重要作用。

**3. 展示国家风采,弘扬民族文化**

每个国家皆有自己的建设成就、独具特色的优秀民族文化传统。旅游资源是向世界展示自己国家的风采、增进了解、促进合作的重要因素,同时也是弘扬优秀民族文化、让民族文化走向世界的重要资源。我国具有悠久的历史、灿烂的文化,山河壮丽,景观奇伟,旅游资源极为丰富,这是大自然和前人留给我们的宝贵遗产。不同类型的旅游资源向世界人民展示着神州大地的风采,弘扬我国各民族的风情和文化,有利于中国文化走向世界。

**4. 增强民族自豪感和自信心,激发人们的爱国热情**

对我国各类旅游资源的充分开发,可以向来自不同地域的旅游者展示各地的山川风貌和各民族的民俗风情,表现各民族和睦相处、团结一致、振兴中华的精神面貌和各民族共同进步、蓬勃向上、生气勃勃的社会生活景象。旅游者通过亲身游历祖国的大好河山,将会更加通晓各民族的历史、现状,感知祖国的地大物博,体会民族的灿烂文化,从而增强民族自豪感和自信心,更加热爱自己的国家。

### 1.4.6 经济功能

旅游资源的开发利用不仅为旅游业带来直接的经济效益,还通过促进综合性的旅游消费活动带动其他相关产业的发展。当前许多国家和地区把旅游业作为本国、本地区的支柱产业或经济增长点,体现出旅游资源开发的综合经济效益。因此,旅游资源在实现上述诸多社会功能的基础上,日益受到重视的根本原因还是其所具有的经济功能。

旅游资源的经济功能致使人们对旅游资源的具体范畴做出相应的规定。那些不可能成为旅游业利用的吸引因素,就难以作为现实的旅游资源。仅对某些人、某些家庭具有吸引力的因素或不能相对稳定地起作用的旅游吸引因素,也不宜作为旅游资源。赌博、色情、迷信等具有社会危害性的吸引因素,虽然能带来经济收益,但我国也不将其作为旅游资源。某些进行旅游开发后很可能会导致生态资源破坏的旅游吸引因素(如一些特殊的自然保护区),也不能或暂时不宜将其作为旅游资源。

## 1.5 旅游资源的属性

旅游资源是一种普遍存在而又特殊的资源,它既有资源的共有属性,又有不同于其他种类资源的特有属性。不同种类的旅游资源也会因为空间、时间、环境、文化等因素的差异而具有自己的独特属性。在把握旅游资源概念和内涵的基础上，需要进一步从功能、形态、空间、时间、经济和文化等多重视角认识旅游资源的基本属性，这对于合理开发、充分利用、有效保护与科学管理旅游资源，发展旅游业，具有积极的促进作用。

关于旅游资源的基本属性，结合不同学者相关研究情况，分别从功能、形态、空间、时间、经济和文化6个角度归纳出所有旅游资源类型共有的基本属性。

### 1.5.1 功能属性

对旅游者的吸引性是旅游资源的本质属性和核心价值。这个本质属性源于旅游资源作为资源的价值，是由于旅游资源能够从不同方面满足旅游者的旅游休闲需要，具有实用价值。旅游资源实用价值的大小及其与旅游者旅游需求的契合度，共同决定了旅游资源的旅游吸引力。例如，中国有众多佛教寺庙，每年吸引了大量的佛教信徒和普通民众前往求经拜佛、许愿祈福。但严格来讲，这些寺庙不可能都是旅游资源，因为有的寺庙只是有附近居民前去膜拜，偶有路过访客，谈不上对旅游者构成吸引力，所以不是旅游资源。另外，由于历史影响、寺院建制、建筑风格等多种原因，各座寺庙对旅游者的吸引力也是不一样的。吸引力成为判别旅游资源的根本标准，吸引力的强弱成为判别旅游资源品级的重要标尺。

### 1.5.2 形态属性

**1. 多样性**

多样性是指旅游资源的类型十分丰富，其存在形态是多种多样的，从自然到人文，从物质到精神，从原生、人造到虚拟，从物体与事件到现象与活动，世间万物，只要对旅游者有吸引力，皆可成为旅游资源。在《旅游资源分类、调查与评价》（GB/T 18972—2017）的分类系统中，对旅游资源共列出了8个主类、23亚类、110基本类型。实际上，随着旅游者旅游需求的变化，旅游资源的类型正呈现不断增加的趋势。旅游者的足迹已经从世界最高峰到了海底，从繁华的城市到了渺无人烟的沙漠和严寒的极地，甚至有人已开始策划太空旅游。那些原来看似平常的事物，现在也颇受旅游者青睐，如"森林浴""滑草"等。而且各种生产和商业场所（如工厂、水库和电站、废弃的矿井、造币厂、影视基地、商业街、古文化街等）、文教单位（如学校、幼儿园、著名文艺团体等）、科研基地（如科研单位、火箭发射基地等）等处，也常有旅游者光顾。地震、火山爆发（火山喷发景象和火山遗迹）等自然灾害的发生地，战争（古战场、战争纪念物等），监禁（古监狱等）等社会活动的地点和场所，有的已被利用来进行旅游开发，世界上很多事物和现象都是旅游资源的存在形态。

**2. 组合性**

组合性是指不同形态的旅游资源单体（包括地文、水域、生物、天象与气候等自然旅游资源和遗迹遗址、建筑与设施、旅游购品、人文活动等人文旅游资源）在一定区域内相互依存、相互衬托，共同形成一个和谐的旅游资源组合体。旅游资源的组合形式是多样的，而且自然景观与人文景观的兼容互补性越强，两者就越能融为一体，彼此呼应。旅游资源单体的形态越多，比例越协调，联系越紧密，对旅游者的吸引力就越大。如山与森林、动物组合，山体与河湖或瀑布等水体组合，村落与田园、村民生活场景等组合，古寺庙与所在山景组合等。景观要素非常单一的情况很少见，而孤立的景观要素很难形成具有吸引力的旅游资源。旅游资源的组合性，为旅游产品的开发和旅游活动的组织提供了必要而有利的条件。

### 1.5.3 空间属性

**1. 广域性**

广域性是指旅游资源在空间分布上十分广泛，地球上不同地域都有旅游资源的分布。陆地上有各种自然人文景观；海洋中有汹涌澎湃的海浪、一望无际的海面和奇特的海洋生物；天空中有瞬息万变的天象、气象；地下有神秘的溶洞、地下河、湖泊；城市中有体现现代建筑、先进科技水平的都市风貌；乡村中有浓郁的民俗风情和优美的田园风光；人烟稀少的山区、沙漠有原始、淳朴的自然风光；赤道地区有热带雨林；极地有冰天雪地等。几乎所有地理范围内，每个区域都有旅游资源。

**2. 地域性**

地域性是指旅游资源总是分布在不同的地理空间中，由于受自然演化历史、自然环境、社会环境、历史和文化传统等多种因素的影响，形成了地域上的差异性和独特性。正是由于不同地域的旅游资源之间存在差异性，才造成了旅游者的空间流动。也正是由于一个地方的自然景物或人文风情具有吸引异地旅游者的功能，这些自然景物或人文风情才成为旅游资源。对旅游者来说，越是与旅游者通常的生活习俗、文化背景和居住环境有较大差异的旅游资源，就越独特、越具有吸引力。例如，中国园林按照地域分布可分为北方园林、江南园林和岭南园林。江南园林在建造时，可利用的河、湖较多；丘陵地带靠近城市，造园之石到处可寻；气候温和，常绿阔叶树种多。但南方城市人口密集，可以用来造园的地面狭窄，故而江南园林盆景式的私家园林较多，其特色为明媚秀丽、淡雅朴素、曲折幽深，但使人感到局促。北方园林在建造时，其地形开阔，但可利用的河川湖泊很少，园石、常绿树种也很少，北方园林又多为皇家园林，故而形成了富丽堂皇，但秀丽妩媚略显不足的特点。岭南园林由于地处亚热带，具有明显的亚热带特色。

旅游资源的地域性在构成旅游资源特色方面占有重要地位，因此成为旅游资源的利用和保护中尤其要重视的因素。如果利用好旅游资源的地域特色，就可以让旅游者获得不同的旅游经历与感受，增强旅游资源的吸引力。例如，藏族三大民间舞蹈之一的"锅庄舞"，这是一种极其古老的群众性集体舞，音乐及舞姿种类繁多，具有极强的地域性，既可供旅游者观赏，又可供旅游者参与，深受旅游者喜爱。如果旅游资源的地域特色消失了，对旅游者的吸引力必将大大减弱乃至消失。例如，泼水节是傣族的重要节庆活动，在漫长的历史岁月中，由最早的宗教仪式变成了当下具有浓厚世俗色彩的民族节庆活动，曾经是当地吸引旅游者的重要民俗旅游资源。但随着这一文化节庆活动的商业化、模式化、日常化，民俗色彩越来越淡，其承载的民俗现象和社会功用逐渐消失，喜庆活泼的场面逐渐舞台化，旅游者的兴趣逐渐转淡，因此亟待采取措施保护泼水节的民族特色。

### 3. 不可移动性

旅游资源的不可移动性是指旅游资源是在特定的自然条件和历史文化氛围下形成的，是不可能异地重复出现的，需要旅游者前来"消费"。旅游资源的区域差异，意味着资源的可模仿性极差，并导致旅游资源具有不可替代性和不可移动性。即便是在某些情况下将某项旅游资源迁移，这一资源的某些固有特性也会因为其赖以存在的环境发生了变化而改变。例如，淳朴的民族歌舞可以在大都市上演，但却失去了它在故乡的浓郁风情；微缩景观主题公园虽然力图再现异国他乡的原生景观，但显然已不可和原物相比，而是变成另一种新的旅游资源种类了。而那些历史感强烈的旅游资源如宫殿楼阁、石刻壁画等，更无法离开特定地理环境和历史背景，否则将失去其本身的历史价值和欣赏价值。

## 1.5.4 时间属性

### 1. 节律性

节律性是指旅游资源的景致会随着季节而变化，并且影响到旅游活动和旅游流的季节变化。旅游资源的节律性主要是由自然地理条件，特别是气候的季节性变化决定的，同时有一定的人为因素。首先，有些自然景色只在特定的季节和时间出现。其次，同样的景物在不同的季节里表现出不同的特征。例如，桂林龙胜县的"龙脊梯田如链似带，从山脚盘绕到山顶，小山如螺，大山似塔，层层叠叠，高低错落。春如层层银带，夏滚道道绿波，秋叠座座金塔，冬似群龙戏水"，春夏秋冬各有特色。

另外，人的社会活动的节律性也决定了人们出外旅游的时间属性，使得旅游具有明显的"淡季"和"旺季"之分。如东部沿海地区一年内有春、秋两个高峰期；西北地区，如乌鲁木齐和呼和浩特全年只有8月一个高峰期。而一些节事旅游，其节律性就更为显著了，如哈尔滨的冰灯节、潍坊的风筝会、彝族的"火把节"、汉中的油菜花节等都会引起突发的旅游高峰。

### 2. 时代性

时代性是指在不同历史时期、不同社会经济条件下，旅游资源的范畴是不同的，旅游资源是随着时代的需求而产生、发展或消亡的。现代旅游业向多样化、个性化方向发展，旅游资源的含义也越来越丰富，原来不是旅游资源的事物和因素，现在都可能成为新的旅游资源。如帝王的宫殿和陵墓、古城的城墙、宗教寺庙、火山喷发的岩浆、地震遗迹等，其存在之初并不被作为旅游资源，但随着时间的推移和旅游者需求的变化，许多已成为颇具吸引力的旅游热点。当然，由于人类旅游活动对环境的影响以及旅游需求的变化，如过量开采地下水使泉水枯竭、河流上游兴建水库使瀑布断流等，原有的旅游资源也会因失去吸引力而不再成为旅游资源。此外，随着人类科技的进步，可以预见，深海旅游、太空旅游、虚拟空间旅游等将为人们拓展更加广阔、神奇的旅游世界。

### 1.5.5 经济属性

**1. 价值不确定性**

价值的不确定性指的是旅游资源的价值难以用满足旅游者旅游需求的效用进行货币衡量。通俗地说，无法衡量某类旅游资源值多少钱。而在旅游资源的开发利用过程中，无论是经营权转让、股份制改革还是旅游产品的定价，都涉及旅游资源价值大小的问题。如果把旅游资源的价值估得过低，轻则造成国有资产或集体资产的流失，重则使旅游资源遭到不可恢复的破坏。如果把旅游资源的价值估得过高，有可能导致景区无人问津，门庭冷落，失去了旅游资源开发的意义。要处理好这些问题，必须正确认识以下几个特性。

(1) 稀缺性。资源具有稀缺性，旅游资源也不例外。尽管旅游资源的范畴不断拓展，其涵盖的景观对象范围越来越广，而且可以被重复利用，但在一定时期内旅游资源的增量是有限的，旅游资源的存量紧张。而随着人们可支配收入的增加、闲暇时间的增多，以及生活观念与方式的改变，旅游需求日益旺盛。人们对于高品质旅游资源的需求，使得一些知名景区呈现超负荷运营，稀缺性使得旅游资源价值有升高的趋向。

(2) 不可分割性。旅游经营活动出售的是对旅游资源消费的权利，而不是具体的物质产品。旅游资源的消费只能是在保持旅游资源完整性的前提下，由众多的旅游者共同享受，而不能像一般的商品那样分割为可以计价的单位进行销售。所以，这种不可分割性使得很难对旅游资源建立"成本+利润"的经济评估。

(3) 潜在价值的不易衡量性。从宏观角度看，一方面，从观光旅游阶段的名山大川到新兴起的生态农业旅游、传统工业旅游和高科技工业旅游，乃至太空旅游等，旅游资源涵盖的范围不断扩大，内容包罗万象，旅游资源的范畴不断扩大，旅游资源的潜在储量无法估计；另一方面，在不同的历史时期，受国家政策、国际关系、战争局势、经济水平、文化水平和各类疫情等因素的影响，人们的旅游需求往往会有很大的波动。从微观角度看，某一具体的旅游资源，受自然因素和人为因素的影响，旅游资源的美学价值、环境状况、景区承载力、区位条件、经营模式的变化往往会对旅游者产生影响。旅游需求的不确定，导致旅游资源潜在价值不易衡量。

（4）旅游者认识水平的差异。旅游资源价值存在不确定性的更重要原因，是旅游资源的价值随着人类的认识水平、审美需要、开发能力、宣传促销条件等众多因素的变化而变化。在当地人眼中司空见惯的事物，在旅游者眼中就可能是一项很有价值的旅游资源，如乡村的"老房子"。在一些人眼中是不足为奇的东西，对一些专业的旅游者而言，可能正是他们苦苦寻求的目标；又如因包山楚国大墓、海昏侯墓园、三星堆古遗址考古挖掘而兴起的深度考古游。所以，不同的人可以从不同的角度评估旅游资源的价值。另外，旅游资源价值会由于资源开发利用的方式及开发利用外部条件的不同而不同。例如，同样一个湖泊，如果把它用于观光度假、疗养或开辟为自然保护区，其经济价值的大小会有明显的不同。

### 2. 永续利用性

旅游资源具有可以重复使用的特点。与矿产、森林等资源随着人类的不断开发利用而不断减少的情况不同，旅游产品是一种无形产品，旅游者付出金钱购买的只是一种经历和感受，而不是旅游资源本身。在旅游资源中，除了一些"特殊事件"（如重大的纪念庆典、奥运会和自然界奇异景象等）不可再现重复利用，以及少部分资源因为在旅游活动中会被旅游者消耗，需要自然繁殖、人工饲养、栽培和再生产来补充外，绝大多数资源只要不搞"竭泽而渔"式的过度开发，都具有长期重复使用的价值。也就是说，旅游资源大多数都不属于一次性消耗性资源，一般不存在耗竭的问题。因此，从理论上讲，旅游资源可以长期甚至永远使用下去。

### 3. 不可再生性

旅游资源一般是自然界的造化和人类历史的遗存，是在一定的条件下产生的，一旦被破坏就很难恢复，即使进行人工复原也是风韵无存。旅游资源虽然丰富，但作为一种特殊资源又是有限的，尤其高品位的旅游资源更是极为有限。这些有限的资源，往往因为自然的原因和人为的破坏而不断受到损毁乃至消失，尤其是现代城市化、工业化进程，给旅游资源带来了极大的损毁。一些地方急功近利的旅游开发活动也对旅游地的自然生态环境、文化传统及文化氛围、景观环境风貌乃至旅游景观本身造成巨大的破坏。因此，在开发旅游资源的同时，必须进行旅游资源的保护工作。通过各种保护措施，一方面，减少自然的损耗和人为的破坏；另一方面，保护好生态环境，也能为某些自然景观、人文景观的存在和发展创造良好的条件，从而延长旅游资源重复使用的期限。

## 1.5.6 文化属性

### 1. 美学观赏性

旅游资源具有美学特征和观赏价值。尽管旅游动机因人而异，旅游内容与形式多种多样，但观赏活动几乎是所有旅游过程不可缺少的。形形色色的旅游资源，既有雄、秀、险、奇、幽、旷等类型的形象美，又有动与静的形态美；既有蓝天、白云、青山、绿水、碧海、雪原的色彩美，又有惊涛骇浪、叮咚山泉、淙淙溪涧、苍莽松涛等的声色美；既有建筑景观的造型美、气势美、时代美，又有地方特色菜肴的味觉美、嗅觉美和视觉美……它们都给旅游者带来满足生理及心理需求的美的享受。旅游资源的美学特征越突出，观赏性越强，对旅游者的吸引力越大。当然，由于旅游者的性格、爱好、年龄、性别及审美观念的差异，以及自然旅游资源和人文旅游资源的美感、价值、结构和布局的不同，旅游欣赏也是多层次的，具有多样性。旅游，就是一次体验美的历程。

**2. 知识启迪性**

旅游资源具有知识内涵，其中蕴含着科学道理、自然规律、技术原理、艺术手法、文化意蕴，使得旅游活动本身成为一种文化交流与文化学习活动。人们通过观光、游览、参与、体验，可以得到各种知识和美的享受，丰富人们的知识，提高人们的智力水平，增加人们的美感。例如，奇峰异石、古树名花、幽深山谷、寂静山林、奇特天象等自然风光，无不蕴含着一定的科学哲理，激发人们的思维，让人们热爱自然、探索未知；各种历史博物馆可以帮助人们回顾历史，了解历史，从历史的兴衰看社会的发展规律，从历史人物的命运学习做人的道理；各种民族工艺品，让人们了解其他民族文化的精髓和特点，增进了解，促进团结；石窟碑林等艺术宝库让人们看到古代艺术的手法，体验美的震撼。旅游，也是一次获取知识、启迪心智的历程，这种知识和文化享受，往往与旅游者的文化修养、精神境界有着密切的关系。旅游资源开发者应该深入研究旅游资源的文化内涵，并采取合理的措施使其文化内涵充分地展示在旅游者面前，增加对旅游者的吸引力，使更多人受益。

## 1.6 旅游资源的特性

### 1.6.1 差异性与雷同性

**1. 差异性**

旅游资源的差异是造成旅游活动的最基本因子。人们渴望了解居住地以外的世界，才形成了旅游者向某个方向的旅游流；旅游流的指向是旅游资源的吸引力。没有景观的地域差异，就不可能吸引需求不同的旅游者。旅游资源区域差异受自然地理和人类社会活动规律所控制，而前者的控制表现得更为直接和明显，如由气候差异造成的纬度地带性分布特性；受气候干湿程度影响的经度地带性分布特性；由气温和热量随高度变化而造成的垂直地带性分布特性等。

**2. 雷同性**

自然景观和人文景象相似出现，给旅游者带来近地旅游的方便，但也给旅游业发展造成雷同的问题。对于类似景点，要对其特色加强宣传，包括潜在资源特性、季节变化特性等。

### 1.6.2 季节性与时间性

**1. 季节性**

季节性主要是指自然景观受季节气候的影响而呈现出的最佳观赏季节。除了会议、商务等形式的旅游以外，观光旅游受季节的制约最大。这在海滨城市尤为明显。每到夏季，避暑的游客蜂拥而至，以致出现了超饱和现象，吃、住、行、游、购、娱等都出现了问题，甚至有人发出"花钱买罪受"的怨叹。而到了10月至次年5月，这些旅游胜地的游客就寥寥无几。因此，旅游的季节性造成旅游业的淡旺季。旺季越长，旅游业的收入就越高；反之亦然。

**2. 时间性**

一是时间的季节性，是指地理环境在某一特定季节出现某些特殊景观或给人特别的体验感受。二是时间的特定性或周期性，是指旅游景观和事物在某一特定时间周期性地出现或发生。如每四年一届的奥运会，珠海每两年一次的航展，有些国家一年一度的狂欢节，每年农历八月十八的钱塘江观潮。三是时代的变化性，如历史遗迹、名人故居、废弃的矿井及监狱等。

### 1.6.3 民族性与国际性

**1. 民族性**

我国历史悠久，幅员辽阔，民族众多，各民族地理位置、自然环境、历史背景、经济状况不同，所以他们的生活方式、服饰装束、风土人情、住宅建筑、风味小吃等等也不同，带有浓郁的民族色彩。在盛大的民族节日里，各族人民身着艳丽的服装，载歌载舞，兴高采烈，气氛非常热烈。这些盛会对来自世界各地的旅游者有着非常大的吸引力。

**2. 国际性**

旅游资源某一方面的功能突出，超越了地域和国家的界限，在国际交往中发挥重要作用，具有较强的国际性。人们常言，"越是民族的，越是国际的"，能够被世界人民所认识和理解的旅游资源，也就有了国际性。

### 1.6.4 阶段性与定向性

旅游资源分为未开发的潜在旅游资源和已开发的现实旅游资源。有些还不是旅游资源的事物，将来就可能成为旅游资源。

旅游资源吸引力具有群体倾向性或定向性，如农村田园风光对城市人而言，城市的高楼大厦对农村人来说，都是具有吸引力的旅游资源；儿童感兴趣的旅游资源成年人未必感兴趣，青年人感兴趣的旅游资源老年人未必感兴趣。

## 1.7 旅游资源的认知误区

目前，旅游学界对旅游资源这一概念在认识上仍存在较大分歧，但在现有共识的基础上，仍然存在一些明显的认识误区，不利于对旅游资源的科学评价、开发、利用与管理。这里，着重分析两个主要的认识误区，即"泛资源论"和"唯资源论"。

### 1.7.1 "泛资源论"

"泛资源论"指的是旅游资源概念的泛化、旅游资源范畴无限制地扩大化。出于发展地方经济或其他目的，将许多非旅游资源强行认定为旅游资源，并予以开发利用。大量市场需求量小、资源价值品位低的事物被当作旅游资源开发，影响旅游目的地的资金使用效率。"泛资源论"的认识误区主要有以下几种表现。

**1. 把旅游资源的赋存环境当作旅游资源**

环境内容广泛，环境核心概念是周围的境况，实际上是旅游资源生成、演化和现实存在所依托的自然环境、历史文化和社会条件。赋存环境固然是旅游资源开发主要考虑的因素，但其本身和旅游资源是两个不同的体系。旅游环境的许多要素，如地理区位、旅游容量、物资供应、经济状况、土地利用条件、发展潜力、管理和服务等，是旅游资源的外围空间，不是真正意义上的旅游资源。

**2. 把旅游资源的开发条件当作旅游资源**

有的学者将旅游资源开发面临的交通、客源数量、滞留时间、吸引距离、开放时间等也作为旅游资源，这些都是一些开发条件，有些还是市场因素，与旅游资源完全不同。这些条件和因素受原生的旅游环境、人为创造的基础设施、旅游服务等旅游业发展状况的影响，是旅游资源被有效利用的前提，是外加的内容。当然，有时旅游资源开发条件与旅游资源相互渗透，也有可能构成旅游资源的一部分。例如对于会务、商务旅游者，有些服务设施尤其是交通设施、通信条件等会成为主要的旅游吸引因素。但这只局限于部分情况，并不能据此将旅游资源开发条件整体划入旅游资源。分析总结，产生这一认识误区的根本原因在于将旅游资源和旅游资源开发混为一谈。旅游资源开发条件与人的主观意识和主观努力有关；而旅游资源是一种特定的对象，是相对独立的事物和因素。旅游资源自身的特点并不因为其能否被开发或开发条件的好坏而发生变化。

### 1.7.2 "唯资源论"

"唯资源论"主要指的是将旅游资源和旅游产品直接画等号，将发展地区旅游业的成败锁定在该地旅游资源的优劣上。这种认识误区带来的后果是：在旅游资源丰富的地区，容易产生过度、恶性的开发行为，导致科学规划、配套设施、保护措施等跟不上，涸泽而渔；而在旅游资源欠缺的地区，人们开发思想僵化，创新意识不足。

旅游产品和旅游资源是完全不同的两个概念。旅游产品是旅游吸引物、旅游服务和旅游设施等的总和，所包含的内容比较宽泛；而旅游资源必须经过开发才能成为旅游产品的一部分。另外，旅游资源和旅游产品是"原料"和"成品"的关系，旅游产品是以市场为导向，经过了人为的作用而开发利用旅游资源的结果，是一种产品形态。所以，旅游资源和旅游产品有着本质的区别。旅游资源丰富的地区有可能会因为开发过度或开发不出适销对路的旅游产品而失败。而旅游资源欠缺的地区也可能因为解放思想、拓展思路，在现有的旅游资源基础上开发出创新型旅游产品，走上特色发展之路。

破除"唯资源论"最典型的例子当属"焦作模式"。1999年之前，焦作原本是一个以煤炭、化工、冶金、建材、轻纺等为主导的中等工业城市，旅游资源丰裕度不高、品级一般、吸引力不强，但由于系统地实施了政府积极主导、打造精品景区、旅游专列造势、优化生态环境、找准市场定位、科学市场营销、完善服务质量等策略，实现了由"煤城"到"中国优秀旅游城市"、由"黑色印象"到"绿色主题"的成功转型。

另外，旅游资源开发中"毁坏真文物，制造假文物"的误区很多；"抓了芝麻，丢了西瓜"的现象常有；自吹自擂的现象也经常出现。我们要警惕并杜绝此类现象的发生。

#### 思考题

1. 简述国内外学者对旅游资源概念的认识。
2. 概述旅游资源的功能、属性与特性。
3. 简述人们对旅游资源认识的误区。

# 第 2 章　旅游资源学理论研究

**【导言】**

对于某一现象领域所特有的某一矛盾研究，就构成某一门学科的研究对象。所以，旅游资源学研究的对象就是各种旅游资源及其现象与发展规律。

**【目标】**

1. 掌握研究旅游资源学的基本概念。
2. 理解研究旅游资源学的研究方法。
3. 了解旅游资源学的发展态势和未来发展。

**【重点】**

旅游资源学的概念　旅游资源学研究的价值与意义　中国传统区域分析方法

## 2.1　旅游资源学及其核心概念

### 2.1.1　旅游资源学概念

旅游资源学是研究旅游资源的特点类型、形成机制、开发功能、环境保护的一门综合性学科。简言之，旅游资源学是研究旅游资源现象，即研究旅游活动与旅游资源要素相互关系的学科。旅游资源学研究对象就是各种旅游资源及其现象与发展规律，即研究旅游资源的成因、分类、调查、开发利用、规划建设、管理策略与保护措施等。

### 2.1.2　相关的核心概念

自然旅游资源，是指凡能使人们产生美感或兴趣的、由各种地理环境或生物构成的自然景观。它们通常是在某种主导因素的作用和其他因素的参与下，经长期的发育演变而形成。

人文旅游资源，是人类创造的，反映各时代、各民族政治、经济、文化和社会风俗民情状况，具有旅游功能的事物和因素，是能激发旅游者旅游动机的物质财富和精神财富的总和。

旅游资源环境，是以旅游者为中心，以旅游资源为根本，以旅游目的地为基础，并由自然生态环境和人文社会环境共同构成的旅游活动特定区域范围复合环境系统。

地质旅游资源，是指在地球演化的漫长地质历史时期，由于内外力的地质作用，形成、发展并遗留下来的珍贵的、不可再生的地质自然遗产。

地貌旅游资源，是内外地质作用在地表所形成的具有旅游价值的典型地貌景观。山地地貌是指地下水与地表水对可溶性岩石溶蚀与沉淀、侵蚀与沉积，以及重力崩塌、塌陷、堆积等作用形成的地貌。

自然保护区，是人类为了保护自然资源和自然环境，拯救和保护珍贵、稀有或经济价值高而濒于灭绝的生物种源，保存有价值的自然历史遗迹，监测人为自然界的影响，保护和合理利用自然资源而设立的永久性基地和自然资源库。

气象旅游资源。气象是地球外围大气层中经常出现的大气物理现象和物理过程的总体。它是指发生在天空中的风、云、雨、雪、霜、露、虹、晕、闪电、打雷等一切大气的物理现象。千变万幻的各类气象景观与岩石圈、水圈、生物圈等旅游景观结合，再加上人文旅游资源的点缀，构成一幅幅仙景幻影般的自然旅游景观。

气候旅游资源，是指具有能满足人们正常的生理需求和特殊的心理需求功能的气候条件。

历史古迹类旅游资源，是指古代遗存的，有一定纪念意义，或者有一定欣赏、研究价值，能吸引游客参观游览的遗迹、遗物和遗址。

历史文化名城，是指在中国古代政治、经济、文化、军事等方面具有独特地位和较大影响，至今仍具有较大的城市规模，并保存着具有重要传统文化价值、历史价值、艺术价值和科考价值的文物、建筑、遗址和优美环境的各类城市。

古人类文化遗址，是指从人类发展到有文字记载以前的人类活动历史遗址，包括古人类化石、原始部落遗址等。

宫殿建筑，是古代皇帝为了巩固自己的统治，突出皇权的威严，满足精神生活和物质生活的享受而建造的规模巨大、气势雄伟的建筑物。

礼制建筑，也称坛庙建筑，是祭祀天、地、日、月及祖先神灵的建筑。

园林，是在一定的地域运用工程技术和艺术手段，通过改造地形（或进一步筑山、叠石、理水）、种植树木花草、营造建筑和布置园路等途径创作而成的美的自然环境和游憩境域。

民俗风情，即民间风俗，是指不同地域不同民族在特定的自然和社会环境下，在长期的生产、生活和社会活动中所表现出的生活习惯。

旅游主题公园，是为满足旅游者多样化旅游需求而人工建造的一种具有主题性游园活动和氛围的现代旅游产品形态。

旅游商品，是指旅游者在旅游活动中购买的、由旅游目的地向旅游者提供的富有地域特色和民族风格、对旅游者有强烈吸引力的物质产品。

旅游食品，是各地各具特色的菜系与小吃。

旅游产品，是指旅游经营者为满足旅游者在旅游活动中的各种需求而向旅游市场提供的各种物品和服务的总和。

### 2.1.3 与其他学科的关系

旅游资源学是旅游学的一个分支，是资源学、历史学、文化学、经济学等多种学科交叉的边缘学科，与地理学、地质学、地貌学、气候学、水文学、生物学、历史学、社会学、民俗学、考古学、建筑学、环境学、生态学、文学、美学等学科有着不可分割的联系。

## 2.2 研究的特点、价值与意义

### 2.2.1 特点

**1. 综合性、边缘性**

旅游资源研究涉及多门学科的知识，是一个综合性、边缘性的研究领域。在研究过程中，需要针对不同的资源要素特点，综合运用相关学科的有关原理和方法，找到一套科学适用的解决旅游资源开发与管理的相关问题的理论体系。

**2. 理论性、实践性**

旅游资源研究的理论体系既来在于对各个学科理论和方法的综合运用，也来在于对旅游活动的规律性把握和总结。对旅游资源的形成机制、分类体系、调查手段、评价方法、开发模式进行理论探讨，是为了更好地指导旅游资源的规划、开发和保护。同理，对旅游资源客观现象的分析探究，是为了更好地完善旅游资源研究的理论体系。实践是基础，理论是为了更好地指导实践，旅游资源研究是一个实践性和理论性兼备的领域。

**3. 发展性、创新性**

随着社会的不断发展、科学水平的不断提高，人们的旅游需求、旅游理念不断更新，旅游资源的内涵和外延也在不断扩大。当前，旅游资源的研究已经取得了一定的成果，但是随着时间的推移和时代的发展，旅游资源研究的理论体系也在不断完善，人们对旅游资源的认识逐步深入，对旅游资源开发把握的准确性和科学性逐步提高，对旅游资源保护的意识逐步增强，这个研究领域具有与时俱进的发展性和创新性。

### 2.2.2 价值

**1. 旅游资源价值是旅游活动的基础**

对于旅游资源价值的研究，对于旅游学科体系的完善和旅游业的发展具有十分重要的意义。主要研究内容包括界定旅游资源价值的内涵、分析旅游资源价值的本质特征、阐述旅游资源价值的评价标准、探讨旅游资源价值的实现过程。

**2. 旅游目的地本身的特性**

旅游资源除了具有经济、游览等价值外，还具有其他价值，如历史研究价值、学习价值、养生价值等。

### 2.2.3 意义

**1. 旅游资源学是旅游学科的基石**

旅游资源学的研究内容与旅游学科的几乎所有分支学科都有联系，特别是地理学、生物学、历史学、文学、美学、建筑科学、环境科学、技术科学、信息科学等。旅游资源被普遍认为是旅游业的基础，旅游资源学可以被看作是旅游学的基石。

**2. 旅游资源研究对区域旅游开发的作用**

旅游资源研究的直接目的，是促进旅游区域的旅游开发。区域旅游开发包括对旅游地域进行评价、建立旅游地域组织体系、编制旅游区及旅游项目建设规划、组织旅游路线等，这实际上是一个旅游产品的形成过程。在这个过程中，旅游资源研究将起到关键的作用。

**3. 旅游资源研究与景观环境保护**

旅游资源保护是对旅游景观、旅游环境实施保护的核心内容。旅游景观是旅游资源的外在表现，旅游环境是旅游资源的赋存空间，景观的完整程度、赋存空间的环境质量，决定了旅游地的吸引力大小，所以针对旅游资源的研究是景观环境保护的中心议题，此类研究可以确定景观环境保护的类型、保护的力度、保护的方式和保护的结果。在研究旅游资源的同时，还要对旅游资源的赋存环境开展相关研究。

## 2.3 研究方法

旅游资源研究作为一个具有综合性、边缘性的研究领域，其研究的方法必然是相邻或相关学科研究的方法的移植、渗透和融合，也体现出综合性的特点。主要研究方法包括以下几种。

### 2.3.1 调查法

调查法是指通过实地考察、问卷调查、访谈等现场方式获得旅游资源相关的一手资料，是旅游资源研究最为常用的方法之一，主要包括野外调查法和社会调查法。

**1. 野外调查法**

野外调查法是旅游资源评价、开发及合理利用与保护的基础工作，要认识旅游资源的分布特点、形成机制、演化规律、地域特色、数量、规模、类型、结构、功能、价值等内容，获得宝贵的第一手资料，必须深入实地进行考察。野外调查主要包括三个方面的内容：一是调查了解区域旅游资源形成的背景条件（地貌、水文、生物、气象气候、历史等），找出其整体特色及内在联系；二是旅游资源属性（具体特征）调查；三是旅游资源开发条件（社会经济等方面）的调查。上述调查资料可以通过野外观察、测量、记录、录音、摄影、摄像等技术手段获得，强调获得资料的客观性、真实性和准确性。值得一提的是，近年来，现代遥感技术在旅游资源调查中已取得了很好的效果。遥感技术应用于旅游资源调查最大的优点在于其整体性强、直观、成本较低、工作速度较快；缺点是此方法必须与地面调查结合起来。

**2. 社会调查法**

社会调查法是对社会现象的观察、度量及分析研究的活动。一般而言，对于人文旅游资源应进行广泛深入的社会调查。通常可以采用观察、座谈、访问、社会测量、随机抽样问卷调查等手段，直接从现实社会中系统地搜集旅游资源的第一手资料。在此基础上进行分析对比，总结出文物古迹、建筑园林、文学艺术、宗教文化、民俗风情、城乡风貌、娱乐、购物等旅游资源的分布、特点、形成与发展规律，有利于对人文旅游资源的合理利用和保护。下面主要介绍旅游资源研究中常用的三种社会调查法。

（1）访问调查法。访问调查法也称访谈法，就是访问者通过口头交谈等方式直接向被访问者了解社会情况或探讨社会问题的调查方法。当对于一些旅游资源无法辨别、评价和获取有关资料时，当无法对旅游资源开发规划方案进行量化评估和优化时，当对于一些旅游资源的开发和管理策略无法进行决策时，可以采取访问调查法。访问时应根据问题的性质确定访问对象，并且事先应做好准备工作，列出详细的访问提纲。如果在访问中发现有矛盾，则应重点深入调查，并结合自己掌握的情况做出正确的判断。

（2）抽样调查法。抽样调查法是指先将调查对象编制成抽样框，然后运用一定方法从抽样框中抽取一部分抽样单位作为样本，并以样本调查的结果来推断调查总体的调查方法。

抽样调查法的一般程序为界定调查总体、选择抽样方法（随机抽样或非随机抽样）、编制抽样框、抽取调查样本、评估样本质量、对抽样对象问卷调查或访谈、评估抽样效度和信度。通常，抽样时应该注意样点选择的随机性和样点分布的均匀性，使抽样结果具有较高的代表性。抽样调查一般采用问卷调查和访谈等。问卷表格和访谈拟订的问题应较简单、容易填写和回答。调查后要进行归类和认真分析，检验抽样的效度和信度，以得出与实际相符的结果。抽样调查是旅游资源研究中常用的基础性方法。

（3）德尔菲法。德尔菲法是 20 世纪 40 年代美国兰德公司研究人员设计的一种预测方法，由于其预测的准确性较高，因此用古希腊阿波罗神殿所在城"德尔菲（Delphi）"命名该方法。德尔菲法的具体做法：预测机构将要预测的问题写成含义明确的调查提纲，分别送给经过选择的专家，请他们用书面形式做出回答。专家们在背靠背、互不通气的情况下，各自独立提出自己的回答，然后将自己的预测意见以无记名方式反馈预测机构。预测机构汇总专家们的意见，进行定量分析，然后将统计分析结果反馈给专家。专家们根据反馈资料，重新考虑原先的预测意见，然后再以书面形式反馈预测机构，如此循环往复若干轮，预测意见逐渐趋向集中，最后形成集体预测结论。德尔菲法具有匿名性、反复性和定量性的特点，实质上是一种集体的、间接的书面调查，其优点在于排除了会议访谈中无法完全排除的各种社会心理因素的干扰。目前，德尔菲法较广泛地应用于区域旅游资源的综合评价，在旅游资源开发规划方案的评估、旅游资源管理策略的选择等问题中也有一定的运用。

### 2.3.2 文献分析法

文献分析法是通过对二手资料即历史文献的分析、考证，探究旅游资源的形成机制、演化过程等，挖掘旅游资源的历史价值和文化内涵，为科学地处理开发与保护的关系提供依据。任何一种旅游资源都是在特定的自然地理条件和历史文化氛围中形成的，野外调查能够客观真实地掌握旅游资源的赋存状况和现实状态，社会调查能够让人们在一定程度上了解到旅游资源的演化过程和文化内涵，但这些并不能完全满足旅游资源研究，人们必须借助于对历史文献的分析。无论是自然事物的演化，还是人类历史的发展，在时间轴上都是互相联系而又不可分割的整体。以人文旅游资源为例，很大部分是人类社会各历史时期生产、生活、宗教、艺术等方面的文化遗产，并且有很强的地域性和民族性。对其进行研究，必须借助于历史文献进行分析，才能真正了解其产生的原因和演化历程，从而正确判断其历史价值和文化价值。

### 2.3.3 综合统计分析法

综合统计分析法是指将收集整理的第一手资料和第二手资料（前人的研究成果或工作资料）进行分析，对一些可以量化的资料及数据进行分类与计算机处理，以求从量上得到一些有关规律性、精确性、预测性的统计分析资料，进而对研究区内的旅游资源有一个较全面的认识，以把握全区的总貌和重点。任何旅游区域都是由多种旅游资源类型和环境要素组成的，对构成旅游景观的各种要素进行研究，除进行定性研究外，还必须进行定量研究。对这些统计资料的分析，对确定某个旅游区域的资源特色、旅游价值、环境容量等都有重要意义。

综合统计分析法的具体工作包括两种。一是旅游资源相关图件的编制。地图是旅游资源调查评价工作中重要的工具。一方面，地图可以提供丰富的信息与数据，是重要的参考资料；另一方面，通过科学的方法和专业的手段绘制的旅游资源分布图、各类旅游资源评价图等是旅游资源调查与评价工作成果展示的方式之一，可以更加直观地表明旅游资源的属性信息，是对旅游资源研究文字报告的补充和丰富。二是旅游资源研究报告的编写。旅游资源研究报告是旅游资源研究工作的成果汇总，是对整个研究工作的系统总结，报告中应将研究的背景、主要目的及意义、研究方法、研究过程、研究成果等方面的内容详实、准确地做出交代。如有需要，还要撰写专题研究论文。

### 2.3.4　比较分析法

比较分析法指的是对同一类旅游资源的不同个体、不同类型旅游资源以及不同区域的旅游资源进行比较、分析和评价。这种方法有利于发现资源特色及区域特色，合理确定旅游资源开发位序，有效进行资源整合，从而发挥各地的旅游资源优势，扬长避短，防止低水平重复开发，防止形成旅游产品的雷同，避免造成资源和资金的浪费。

### 2.3.5　数学方法

数学方法是以数学为工具进行科学研究的方法，即用数学语言表达事物的状态、关系和过程，经过推导、运算与分析，以形成解释、判断和预言的方法。数学方法具有高度的抽象性、概括性、精确性（即逻辑的严密性及结论的确定性），以及应用的普遍性和可操作性等基本特征，是定量研究的重要技术手段。多年来，很多学者试图运用数学思想或构建数学模型来解决旅游资源研究中的诸多问题，取得了一定成果。下面介绍几种旅游资源研究中常见的数学方法。

**1. 层次分析法**

层次分析法（AHP）是将与决策有关的元素分解成目标、准则、方案等层次，在此基础之上进行定性分析和定量分析的决策方法。该方法是20世纪70年代初，美国运筹学家匹兹堡大学教授萨蒂为美国国防部研究课题时，应用网络系统理论和多目标综合评价方法，提出的一种层次权重决策分析方法。这种方法的特点是在对复杂的决策问题的本质、影响因素及其内在关系等进行深入分析的基础上，利用较少的定量信息使决策的思维过程数学化，从而为多目标、多准则或无结构特性的复杂决策问题提供简便的决策方法,尤其适合于对决策结果难于直接准确计量的问题。层次分析法在旅游资源的评价研究中通过与专家访谈法(德尔菲法)的结合得到了广泛的应用。此外,在旅游资源开发的位序选择、区域影响及区域旅游资源综合竞争力的对比研究中均有应用。

**2. 模糊聚类法**

模糊聚类法是模糊数学理论和聚类分析法的综合运用。模糊理论是 1965 年由美国控制论专家查德(L. A. Zadeh)创立的一门新的数学分支,是研究和处理模糊现象与模糊概念的数学。模糊聚类法是数理统计多元分析方法之一,即用数学定量地确定研究对象的亲疏关系,从而客观地分型划类。将模糊数学方法引入聚类分析,能使聚类分析更好地适应客观世界的模糊性,也能有效地对类与类之间有交叉的部分进行聚类。旅游资源本身的复杂性和多元性,使得旅游资源定量分析不可能简单地采用严密精确的数学计量方法,区域旅游资源评价缺少系统性、科学性与可比性。模糊聚类法用于区域旅游资源的综合评价、分级分型,有利于找准区域旅游资源特色和重点开发区域,有利于旅游资源开发、保护与管理行为走上标准化、规范化与科学化的健康发展轨道。学者们在这方面做了开拓性研究,仍有待于深入探讨。

**3. 主成分分析法**

旅游资源研究往往涉及大量相互关联的自然因素和社会要素,要素众多往往增加了数学模型构建的难度和运算的复杂性,同时不利于分析问题的本质。主成分分析法是通过数理统计分析,将众多影响要素的信息压缩表达为若干具有代表性的合成变量,然后选择信息最丰富的少数因子作为主成分,以每个主成分所对应的特征值占所提取主成分特征值之和的比重作为系数,进行各种聚类分析。主成分分析法克服了变量选择时的冗余和相关,既简化数据,又抓住了主要矛盾。

### 思考题

1. 如何认识旅游资源学的概念?
2. 试论旅游资源学研究的价值与意义。

# 第 3 章　旅游资源学研究内容

**【导言】**

旅游资源学研究的主要内容包括旅游资源的分类、成因、等级、调查、评价、开发、规划、管理与保护等。随着经济的发展和人民生活水平的提高，环境保护问题越来越受到重视，旅游资源整合经营和保护前提下的开发也越来越受到重视。

**【目标】**

1. 掌握旅游资源形成的自然环境、社会条件与历史背景。
2. 认识旅游资源的分类与等级。
3. 初步掌握旅游资源调查与旅游资源评价的内容。
4. 了解旅游资源保护前提下的规划与开发。
5. 正确理解和领会旅游资源的"共抓大保护、不搞大开发"。

**【重点】**

旅游资源学研究的主要内容　旅游资源调查的等级

## 3.1　旅游资源分类

旅游资源分类是旅游资源学研究的重要内容。对旅游资源进行分类实际上是加深对旅游资源属性及价值的认识过程，是建立在对旅游资源进行大量的定性分析与定量分析的基础上的。通过旅游资源分类，总结、发现旅游资源生产、发展规律，挖掘各种客观存在的事物隐含的旅游价值，能够更好地指导旅游开发与规划的实践。

### 3.1.1　分类的概念

分类是指根据分类对象的共同点和不同点，将对象区分为不同种类的过程。分类以比较为基础，通过比较，识别出事物之间的共同点和不同点，然后根据其共同点归并为较大的类，根据不同点将事物划分为较小的类，从而将分类对象区分为具有一定从属关系的不同等级的系统。

旅游资源的分类，是根据旅游资源的相似性和差异性进行归并，划分出具有一定从属关系的不同等级类别（型）的工作过程。在划分出的每一种类别（型）中，其属性上彼此有相似之处，不同类别之间则存在着一定差异。

### 3.1.2　分类的意义

旅游资源分类是旅游资源保护与开发及进行科学研究的重要基础性研究工作，其目的是通过对众多繁杂的旅游资源进行系统化的梳理、对比、归纳、划分，建立、完善旅游资源的分类信息系统，加深对旅游资源整体及局部（区域性）资源属性的系统了解和认识，发现并掌握其特点、规律，为旅游资源的保护、开发利用和科学研究提供基础的科学依据，从而促进旅游资源的有效保护、合理开发利用及科学研究理论水平的提高。

### 3.1.3　分类的对象

《旅游资源分类、调查与评价》（GB/T 18972—2017）将旅游资源分为两类：稳定的、客观存在的实体旅游资源；不稳定的、客观存在的事物和现象。

## 3.2　旅游资源成因

### 3.2.1　自然旅游资源的成因

自然旅游资源是指由自然地理要素（地质、地貌、水文、气象、气候、动植物等）相互作用、长期演化而构成的有规律的典型综合体，是可供人类旅游享用的自然景观与自然环境。自然旅游资源是天然赋存的，它的形成受到地球圈层、地质构造、水文、气象气候、生物等的发展和变化的影响。

**1. 地球各个圈层构成了自然旅游资源的基础**

地球表层可分为岩石圈、生物圈、水圈、大气圈四个圈层，它们是自然旅游资源形成的基础。人类作为生物圈的一员，在漫长的演变过程中，其探索自然、改造自然的能力不断增强，可开发的自然旅游资源景观不断扩展，形成了不同类型的旅游资源。例如，在岩石圈中可以形成各种奇妙深奥的地质旅游资源和千姿百态的地貌旅游资源；在生物圈中可以形成由陆生动植物、水生动植物和微生物组成的令人眼花缭乱的生物旅游资源；在水圈中可以形成江、河、湖、海、泉、瀑等水体旅游资源。地球自形成以来，从未停止变化和发展。人们今天所看到的地球，只不过是其运动发展过程中的一个阶段。尤其是地壳，一直处于运动变化之中，即受到来自地球自身的作用而引起变化。可以说，地球上没有一种岩石、构造、地貌能够完全固定不变，保持其形成时的原貌。例如，据测量，红海正以每年 1.5cm 的速度在加宽；东非大裂谷自 2500 万年前形成至今，其宽度平均已扩展了 65km。

**2. 自然地理要素的地域组合决定了自然旅游资源的形成与演变**

自然地理要素包括地质、地貌、气候、水文、植被、动物等。在一定的地域或地点，各个地理要素之间相互联系、相互制约、相互渗透，构成具有内部相对一致性的自然景观单元。这种景观单元有大小之分，大的景观单元以次一级的景观单元为基本单位，形成结构紧密的自然景观地域系统。

各种旅游资源构成要素以不同比例组合形成各具特色的景点，不同景点的资源特色形成了景区乃至整个风景区的特征。这种特征是各种自然地理要素在一定地点、一定区域内的组合而形成的，是由自然环境的地域组合规律所决定的。如黄山自然景观的"四绝"：花岗岩山地的垂直节理强烈发育形成了千姿百态的怪石；温暖湿润的气候形成美妙的云海；黄山上的松从垂直发育的岩缝中向外生长，使其一面紧贴岩壁，另一面则向空中舒展枝干，形成了姿态千奇的黄山松；黄山温泉每天的出水量约 400t 左右，属高山温泉。

各个地区之间也存在着地域差异，形成了地理环境的地域差异。不同自然区域内发育的旅游景观具有明显的区域性特征，也就是说，各种旅游景观都是在一定的环境中形成的，其规模和结构格局无不受到地域分异规律的制约。即使是人文旅游资源，也是在自然环境基础上建立和发展起来，并与自然环境相适应、相和谐。

**3. 地质构造和地质作用是形成自然旅游资源的根本原因**

地球上千姿百态的地貌景观，是在内力和外力的共同作用下形成的。地球的内力作用对地壳的发展变化起主导作用，决定着海陆分布、岩浆活动、地势起伏等变化；对自然旅游资源的类型与形成具有一定的控制作用，可以形成火山地貌、山岳地貌、峡谷、断陷湖泊、地热景观、地震遗迹等自然景观。地球的外力作用表现形式主要有风化作用、侵蚀作用、岩溶作用、搬运作用、沉积作用和固结成岩作用等。这些外力作用不断改变和塑造着地表形态，可以形成风沙地貌、流水地貌、喀斯特地貌、雅丹地貌、丹霞地貌、海岸地貌和冰蚀地貌等自然景观。

地质地貌条件作为自然环境的重要组成部分，影响其他自然景观的形成，并且对某些人文景观的形成也有一定的影响。自然景观中的山水名胜，无论是峰谷、洞穴，还是河流、泉瀑，都是在特定的地质条件下形成的，受各种地质因素所控制。假设没有构造节理强烈发育的花岗岩地貌，就没有"中国第一奇山"——黄山的"奇峰""怪石"；如果没有地壳变动的断块隆起，雄伟险峻的泰山、华山、庐山等山地旅游景观就无法形成；如果没有地壳变动的构造断陷，也就不可能产生青海湖、鄱阳湖、贝加尔湖等断陷湖泊旅游区。

各种类型和成因的地貌分布是有一定规律的。以外动力地质作用为主形成的地貌，有沿纬向呈水平分布的规律和沿山地呈垂直分布的规律，这主要是与一定的气候条件有关（各气候带或气候区都有独特的外力作用方式和一定的外力作用强度，从而形成不同的地貌组合）。而以内动力地质作用为主形成的地貌，其分布和一定的大地构造单元、地壳构造运动的方向及时间有一定的联系。按板块学说理论，全球可分为六大板块、20多个小板块，各个板块构造的不同部位有不同的地质动力作用，形成不同的自然旅游资源，如太平洋板块与亚欧板块的碰撞，形成火山与地震活动较强的日本群岛—菲律宾群岛，这是以海洋、岛屿、火山、温泉等自然景观为主的旅游区；印度板块与亚欧板块的碰撞，则形成青藏高原，这是以高山冰川为主要景观的旅游区。

**4. 地球水体为自然旅游资源的形成提供了重要的构景环境和素材**

水是自然界最活跃的因素之一，有"大自然的雕塑师"之称。地球表面约有3/4的面积覆盖着水，因此地球有"水的行星"之称。地球上的水以固态、液态、气态等形式分布于海洋、陆地和大气之中，形成了海洋水、陆地水、大气水等各种类型的水体，并共同组成了一个不规则连续的水圈。在海洋内部和陆地边缘形成了海滩、海岛等海洋旅游景观，特别是在滨海地区，形成了许多理想的避暑休闲和疗养旅游胜地。

目前，世界上的海滨活动几乎成了旅游的代名词，尤其是在欧洲地中海沿岸，各国纷纷以沙滩、阳光、海水为资本，向世界出售其滨海旅游资源，其中，西班牙已成为典型的滨海旅游大国。据统计，全世界已有上千个海上娱乐中心和旅游中心，其中有200多个海洋公园。

在陆地上，水形成了江河、湖泊、瀑布、泉、冰川等旅游景观。纵横交错的河流，在流经不同的自然景观及不同的地貌部位时，会形成景观各异的风景走廊。不同的水文特征，往往形成江河源头神秘莫测，上游多激流峡谷，中游波涛滚滚，下游河汊众多、水网密布的不同特色。因陆地表面天然洼地池中蓄积的水体形成的湖泊，由于所处的地形部位、成因、水文特征的不同，形成了形形色色、绚丽多姿的湖泊旅游资源。在特定条件下形成的泉水、瀑布，以其自身优美的景色成为独立的极有价值的风景名胜区，如中国贵州的黄果树大瀑布、济南的趵突泉等。

**5. 气候条件是自然旅游资源区域差异形成的重要因素**

气候是某一地区多年天气的综合特征，气候条件由太阳辐射和大气环流等因素相互作用而成，对自然旅游资源中风景地貌的形成、风景水体的形成、观赏生物的生长及演变等都有着控制性的影响。而气象、气候的地域差异影响着自然景观的季相变化，决定了旅游景观分布的地域差异。在一定的气候条件下，大气中的冷、热、干、湿和风、雨、雷、电、雪、霜、雾等可以形成林海雪原、山间云雾、朝阳晚霞、雾凇雨凇等各种气象旅游资源。实际上，大多数自然风景区都存在气象旅游资源。在一些驰名中外的旅游胜地，气象旅游资源是主要景观之一，如峨眉山的佛光、黄山的云海、蓬莱的海市蜃楼、泰山的日出等都是吸引旅游者前往旅游景区的主要吸引物。但由于气象旅游资源的背景性和多变性，大多数自然风景区不论是开发利用旅游资源还是景点介绍，往往把它们放在次要和从属的位置，甚至将之忽略。

**6. 地球生物的多样性赋予自然旅游资源以活力**

生物是地球表面有生命物体的总称，大体上可以分为动物、植物、微生物三类，是自然界最具活力的群落。据统计，地球动物种类不少于 50 万种，植物种类不少于 100 万种，微生物的种类多得更是难以统计。在地球历史演化进程中，生物物种也在不断演化。由于地质历史环境的变化，大量的古生物遗体或遗迹保存了下来，成为颇具研究价值及观赏价值的古生物化石旅游资源，如三叶虫、珊瑚、鱼类化石，中生代的恐龙化石等。有些生物种群随地质环境的变迁而灭绝，而有些则在特定的条件下存活下来，成为珍稀的动植物旅游资源，如中国的大熊猫、银杏等。不同的地理环境下生存的植物群落和动物群落，在景观上存在着明显的地域差异，不仅形成了地表最有特色最生动的外部特征，也构成了丰富多彩的娱乐环境和观赏游览对象。例如，为了保护珍稀动植物及特殊的地理环境等建立的自然保护区，现已成为科学研究和旅游开发的重要场所。此外，绿色植物不仅是重要的构景要素，而且能够净化空气和美化环境，有疗养、休闲、健身等功能，因此也是绝大多数旅游区必不可少的组成部分。

### 3.2.2 人文旅游资源的成因

人文旅游资源是指古今社会人类活动所创造的具有旅游吸引力，能为旅游业所利用，能产生经济、社会、生态效益的物质财富和精神财富，它是历史现实与文化的结晶。任何旅游资源都有其科学的发生、发展的前提、条件和过程，人文旅游资源的形成不仅受历史遗存、文化地域差异、宗教、市场需求、意识形态等因素的制约，而且受自然环境的深刻影响。

**1. 历史的继承作用**

在人类历史发展的进程中，不同的历史时期有着与之相适应的生产力水平和社会生活方式，形成了许多反映时代特点的历史遗迹。作为历史见证的人文旅游资源，堪称一部直观而生动的历史教科书，能引起人们的普遍兴趣。随着现代旅游活动的兴盛，"好古"成为广大旅游者普遍的心理倾向，因此，凭吊具有悠久历史的文化古迹是旅游者外出旅游的动机之一。众多在人类历史发展过程中被保存下来的古人类遗迹和古代建筑、雕塑、壁画、园林、陵寝等，凝聚着人类的智慧，是前人留给后人的宝贵财富，成为具有强大吸引力的游览热点。人们通过对它们的观赏和研究，了解不同历史事件的政治、经济、科技、社会文化的特点，从中探索、发现人类历史的发展规律。如中国的秦始皇陵、埃及金字塔等，这些工程浩大、建筑宏伟的陵墓也是一座座气势恢宏、文物众多的稀世宝库，为众多猎奇寻古者所向往。还有北京房山区周口店旧石器时代早期的"北京猿人"遗址，对研究人类起源、人类社会的产生和发展具有极重要的意义。

### 2. 文化的差异作用

在自然因素和人文因素的影响下，各地区的社会文化差异相当明显。而且从某种意义上说，正是这种社会文化差异导致旅游者在不同地域上的流动。不同地区、不同民族的人在长期适应环境、改造利用环境的过程中，形成了具有自己特征的文化，表现在生产方式、生活习俗、节日庆典、民间娱乐、宗教信仰、建筑风格、城镇布局和审美观念等方面，从而呈现迥异的地域文化，满足了旅游者求新、求异的旅游需求。可以说，不同地域、不同社会形态、不同民族的社会文化差异，是人文旅游资源形成的一个重要原因。各大洲之间由于海洋隔离及地理位置的差异，形成了相对独立的自然环境和各具优势的自然旅游资源，加之不同的民族文化、宗教信仰、风俗习惯和经济发展水平等社会人文因素，形成了各具特色的旅游资源。但在同一大洲内，因地域的连续性，交通联络、经济来往和文化交流方面比较方便，故其社会风情和经济发展上又有近似性。例如，欧洲各国大部分地处温带和热带地区，经济发达、旅游业繁荣，虽然欧洲各国的旅游资源各具特色，但人文景观中的"欧洲三绝"——王宫、教堂和古堡遍及各地，其建筑形式多样，主要有以线条简单、造型敦实厚重为美的罗马式，以直刺苍穹的垂直线条、锋利的尖顶为主要特色的哥特式，以圆形屋顶、多柱子和呈波浪式曲线窗户为特征的巴洛克式，有以人体的对称、和谐为美，平稳大方的文艺复兴式等。

### 3. 宗教的深刻影响

宗教是一种特殊的社会文化现象，是一种社会意识。宗教文化对人们的思想意识、道德规范、文学艺术、生活习俗，乃至对世界经济、政治等方面都有着极为深刻的影响，并渗透到建筑、音乐、雕塑、壁画等许多艺术领域。早在原始社会时期，由于社会生产力水平极为低下，人们的思维活动也很简单，对自然界出现的现象不能控制也不能解释，就产生了"万物有灵"的原始宗教，人们崇拜山水、岩石、动植物、灵魂等图腾。宗教自诞生之日起，就伴随着交通运输的发展、民族的迁移和日益频繁的地区间的经济文化交流，向世界各地迅速蔓延。目前世界性的宗教有基督教、佛教和伊斯兰教，它们在传播过程中与所传入地区的地域特点相结合，又衍生出许多分支。宗教圣地和圣物、宗教名山、宗教建筑、宗教园林、宗教活动和仪式等都已经成为重要的游览对象。例如，基于对宗教的敬仰和对宗教圣地的向往，宗教信徒的"朝圣"自古就非常频繁，成为较早的旅游活动之一。此外，宗教建筑、艺术精湛的雕塑和壁画等，也以其极高的美学价值为广大非宗教人士所青睐。

**4. 市场的动态需求**

由于旅游资源的广泛性，以及旅游动机和兴趣的多样化，旅游资源可以顺应旅游市场需求的变化，不断更新和再生其吸引力因素，即不断进行旅游产品的创新。现代旅游市场的发展使旅游消费呈现出个性化和多样化倾向，为满足旅游者的不同需要，新的旅游景区、景点正在不断形成。一方面，一些原来不是旅游景点的文化、教育、科研单位和商业场所、农场、工厂等现在已经成为游览对象。另一方面，经济发达、交通便捷、客源充足的城市为满足旅游者多方面的需求创建了大量的人造景观。这些人造景观或是在具备了游客市场的条件下对其他地区建筑实体或游乐场所的仿制，或是对历史遗迹的复原和历史事件、神话传说的再现，或是跟随当今旅游者的旅游偏好而进行设计的主题公园和度假村等。除此之外，随着某一社会事件或人类对自然的多角度发现，原本已经存在的某一些自然实体被赋予了新的社会文化价值，从而形成更新层次上的旅游景观资源。

**5. 地理环境的制约**

人类的生产和生活总是存在于一定的自然地理环境之中，他们对自然的适应与改造总是基于特定的自然环境，他们创造的文化背靠独特的自然与人文土壤，活动也总带有特殊的地域色彩。因此，人文旅游资源虽然是古今人类文化活动产生的现象，但其形成和分布不仅受历史、民族和意识形态等因素的制约，同样不可避免地受到地理环境的制约。例如，古代建筑中凡高台、楼阁、宫殿、庙宇、园林的选址，均要考虑地质、地貌、气候、地下水等问题。而人们常说的"风水"，主要是指选择建筑地点时，要对地质、地貌、气候、生态、景观等建筑环境因素进行综合考量。

## 3.3 旅游资源等级

### 3.3.1 国家 A 级旅游景区评估标准

国家 A 级旅游景区是一套规范性标准化的质量等级评定体系，旅游景区质量等级划分为五级，从高到低依次为 AAAAA、AAAA、AAA、AA、A 级旅游景区。国家 A 级旅游景区是由国家旅游资源质量等级评定机构评定（国家 5A 级旅游景区）或授权省级旅游资源评定机构评定（国家 4A 级旅游景区及以下），依照《旅游景区质量等级管理办法》《旅游景区质量等级的划分与评定》国家标准，以及涉及的一系列相关标准进行评审，颁发"国家 A 级旅游景区"标志牌。其中国家 5A 级旅游景区是我国旅游景区的最高等级，是代表我国世界级精品的旅游风景区。

国家旅游管理部门开展 5A 级旅游景区创建工作，目的就是促使各地方政府加大投资力度以改善景区的硬件设施，强化管理以提升软件水平，在国内形成一批真正有标杆作用的旅游精品景区。根据国家文化和旅游部发布的统计数据，截至2021年8月，全国A级旅游景区共13332家，其中国家5A级旅游景区306家，国家级旅游度假区45家，省级旅游度假区583家。

### 3.3.2 国家湿地公园评估标准

国家湿地公园是指经国家湿地主管部门批准建立的湿地公园。湿地公园是以具有显著或特殊生态、文化、美学和生物多样性价值的湿地景观为主体，具有一定规模和范围，以保护湿地生态系统完整性、维护湿地生态过程和生态服务功能为目的，以充分发挥湿地的多种功能效益、开展湿地合理利用为宗旨，可供公众游览、休闲或进行科学、文化和教育活动的特定湿地区域。《国家湿地公园管理办法》由国家林业局于2017年12月27日印发。本办法共23条，自2018年1月1日起实施，有效期至2022年12月31日，《国家湿地公园管理办法（试行）》[林湿发〔2010〕1号] 同时废止。

### 3.3.3 国家森林公园评估标准

《中国森林公园风景资源质量等级评定》（GB/T 18005—1999）是为了规范森林公园风景资源质量等级的评定工作，确定森林公园风景资源的保护标准、利用形式、开发规模和服务功能，加强对我国森林公园的分级管理和分类指导，为森林公园系统性的开发建设提供指导性依据，在总结多年实践经验和科研成果的基础上，参照国外的先进技术和经验制定的。该标准从森林公园风景资源质量、区域环境质量和旅游开发利用条件三方面确定评价结构和评价方法。

为了规范国家级森林公园管理，我国出台了《国家级森林公园管理办法》，2011年4月12日国家林业局局务会议审议通过，自2011年8月1日起施行。主要内容是保护和合理利用森林风景资源，发展森林生态旅游，促进生态文明建设。国家级森林公园的管理适用本《办法》。国家级森林公园的设立、撤销、合并、改变经营范围或者变更隶属关系，依照《国家级森林公园设立、撤销、合并、改变经营范围或者变更隶属关系审批管理办法》的有关规定办理。

### 3.3.4 国家自然保护区评估标准

《自然保护区类型与级别划分原则》（GB/T 14529—93）由原国家环境保护局提出，由原国家环境保护局南京环境科学研究所负责起草。

自然保护区评价标准是在选择和确定自然保护区时，判断其优劣、取舍以及保护价值、等级的标准。由于自然保护区类型的多样和条件的复杂性，通常可以采用一系列标准进行综合分析和判断，常用的指标有：典型性、稀有性、脆弱性、多样性、面积大小、天然性、感染力、潜在价值和科研潜力等。对不同类型的自然保护区来说，这些指标的要求是不一样的。例如，对于以保护生态系统为目的的保护区，典型性或代表性就至关重要；而对于保护某种生物为主的保护区来说，稀有性和脆弱性就显得更为重要。另外，《海洋自然保护区类型与级别划分原则》（GB/T 17504—1998）是针对海洋自然保护区制定的标准。

## 3.4 旅游资源调查

旅游资源调查是指按照旅游资源分类标准，对旅游资源所进行的研究和记录。调查组成员应具备与该调查区旅游环境、旅游资源、旅游开发的有关专业知识，一般应吸收环境保护、生物学、建筑园林、旅游管理等方面的专业人员参与。

### 3.4.1 前提要求

一是按照最新国家标准规定的内容和方法进行调查，目前最新的标准是《旅游资源分类、调查与评价》（GB/T 18972—2017）。

二是保证成果质量，强调整个运作过程的科学性、客观性和准确性，并尽量做到内容简洁和量化。

三是充分利用与旅游资源有关的各种资料和研究成果，完成统计、填表和编写调查文件等项工作。调查方式以收集、分析、转化、利用这些资料和研究成果为主，并逐个对旅游资源单体进行现场调查核实，包括访问、实地观察、测试、记录、绘图、摄影，必要时进行采样和室内分析。

四是旅游资源调查分为普查、详查和概查三个档次，其调查方式和精度要求不同。

### 3.4.2 基本内容

调查是对旅游资源进行评价和制订开发规划方案的依据和基础，分两个阶段进行。一是室内准备。对目标区域内的旅游资源有一个大体的了解和总体的印象，对本区和邻区有关旅游资源的文献、报告和图表等背景资料加以整理，作为野外调查的实证和参考。旅游资源的背景资料包括：国土资源调查报告、水文气象资料、各种统计资料；卫片、航片和各种现有的较大比例尺地形图；文史资料、地方志、地名志和前人游记；当地群众提供的景点线索等。二是野外考察。验证前人的结论，并进一步详查前人未发现的景点和景物，野外考察是旅游资源调查的最基本方法，有三种调查方式。

**1. 路线考察**

一是沿着交通线考察，重点是开辟新的旅游景点；二是围绕一个景点景区，考察其古往今来的交通路线状况。

### 2. 区域普查

区域普查的重点是对区域内旅游资源的种类、数量、质量、地区分布和差异、利用现状等进行全面调查，并对同类旅游资源进行分析、比较和评价，为景区划分、游览线路设计、人文构景打好基础，从而为区域旅游业的发展提供背景资料。为了确保资料的全面性和准确性，在现场勘测时，可使用现代技术手段——遥感技术等来获取和验证资料。

### 3. 重点考察

重点考察是对重点景区进行周详的实地勘察，包括对旅游资源、自然环境、社会经济、现有基础、工程技术和环境保护等内容的考察。

### 3.4.3 评价报告

旅游资源评价是指按照某些标准确定某一旅游资源在全部旅游资源或同类旅游资源中的地位，也就是从纵向和横向两方面对旅游资源进行比较，以确定某一旅游资源的重要程度和开发价值。

旅游资源评价及其理论研究始于20世纪70年代，评价方法分为两类。一类是经验分析法，在大量调查、考察的基础上，凭经验进行评价；另一类是定量评价法将评价指标数量化，建立量化模型，一般采用旅游资源质量等级加权，即评价值为各评价指标的标准值分别加权后的数值和。旅游资源的多样性和复杂性，给定量评价带来许多困难，纯粹的定量评价往往带有机械性，而单纯的定性评价包含主观成分，只有将两者有机地结合起来，才能做出科学评价。

旅游资源评价报告一定包括以下内容：

（1）对旅游资源本身的评价，主要包括旅游资源的质量特征，如其美感度、奇特度、体育价值等，还包括对旅游资源的丰裕度和集聚程度、环境容量、开发利用现状和开发潜力的评价。

（2）可行性分析，包括：气候条件对旅游业的影响，表现为旅游旺季和淡季的节律性变化；环境质量现状；铁路、公路及航空交通现状及交通建设的难易程度；服务、配套设施建设现状；旅游资源所在的区位距中心城市的距离；地区经济发展水平及对发展旅游业的扶持能力。

（3）客源市场分析，包括：旅游资源对各层次游客的吸引力；目标市场、潜在市场的地理区域确定。

评价报告一般是评价者根据相关评价准则的要求，在履行必要评价程序后，对评价对象在评价基准日特定目的下的价值发表的、由其所在评价机构出具的书面专业意见。评价报告应当包括标题及文号、声明、摘要、正文、附件。

## 3.5 旅游资源保护

改革开放以来，我国已颁布、实施的旅游相关法律法规近百个，但在旅游资源方面，我国并没有专门的旅游资源保护法，与旅游资源保护有关的法律法规主要散见于国务院的行政法规和林业、文化和旅游、环境保护等部门的部门规章中。主要有：《风景名胜区管理暂行条例》（1985年）、《中华人民共和国自然保护区条例》（1994年）、《森林和野生动物类型自然保护区管理办法》（1985年）、《国家级森林公园管理办法》（2011年）、《中华人民共和国森林法》（1984年，2019年修订）、《中华人民共和国环境保护法》（1989年，2014年修订）、《中华人民共和国城市规划法》（1989年，2008年废止，被《中华人民共和国城乡规划法》代替）、《中华人民共和国矿产资源法》（1986年，2009年第二次修订）等法律中对风景名胜区保护所做的规定，《中华人民共和国文物保护法》（1982年，2017年修订）及《中华人民共和国文物保护法实施条例》《中华人民共和国水下文物保护管理条例》（1989年，2019年修订）、《地质遗迹保护管理规定》（1995年），以及《文化和旅游发展规划管理办法》（2019年）、《旅行社管理条例》（2009年，2020年修订）、《中华人民共和国旅游法》（2013年，2018年修订）等法律法规中对文化遗迹保护所做的规定。各地方也结合各自特点制定了一些地方性法规。上述各项法律、法规从不同角度规定了旅游资源的开发、利用和保护的原则。除了法律制度逐步健全之外，人们的旅游资源保护意识也在日益增强。2016年1月5日，在重庆召开的推动长江经济带发展座谈会上，习近平首次提出"共抓大保护，不搞大开发"。不是不要大的发展，而是要立下生态优先的规矩，倒逼产业转型升级，实现高质量发展。

### 3.5.1 保护方式

世界各国在旅游资源保护方面，所采取的方式大致有两类：一是运用法律手段，实行立法，加强法制；二是根据旅游资源质量，将其划分为不同的级别加以保护。旅游资源是旅游业发展的先决条件，旅游环境是以旅游资源为主体的自然、经济、社会诸条件的综合。处理好旅游资源与环境的关系，合理地开发与保护，是旅游业可持续发展的保证。

### 3.5.2 保护内容

保护内容分为旅游资源和旅游环境两部分。旅游资源是指具有旅游开发价值的景点、景物，主要包括文物、古迹、建筑、碑刻及革命文物等人文旅游资源，以及山峰、象形石、水体和树木等自然旅游资源。旅游环境是指影响文物保护、游客旅游行为的周围环境，主要包括气候、水体、地形、林木及社会文化环境等。

### 3.5.3 保护等级

旅游资源环境保护等级划分，是将景区分为重点保护区、一般保护区和外围保护区三部分。重点保护区是指旅游资源周围的环境，包括绿化、污染、施工、采石等活动涉及的问题；一般保护区是指旅游区内重点保护区以外的整体环境，主要包括大气、水质、噪声、垃圾及山体等；外围保护区是指位于旅游区内，但又处于各景区之外的旅游环境氛围营造地带。

### 3.5.4 保护措施

**1. 空气**

空气中二氧化硫、氮氧化物浓度符合二级标准，总悬浮颗粒物浓度基本符合二级标准。

**2. 区内设施设备**

区内各项设施设备符合国家关于环保的要求，不造成环境污染和其他公害，不破坏游览气氛。

**3. 林木病虫**

对林木病虫害坚持"以预防为主，综合防治"的原则，与林业部门配合，及时掌握林木病虫害的发生发展动向，采用生物、化学、物理等措施，控制与消除其危害。

**4. 卫生措施**

垃圾箱标识明显，数量能满足需要，布局合理，造型美观、实用，与环境相协调。垃圾及时清扫，日产日清；餐饮服务符合国家关于食品卫生的规定，配备消毒设施，禁止使用对环境造成污染的一次性餐具；厕所引导标识醒目，数量满足需要，造型、色彩及格调与环境协调。所有厕所具备冲水、盥洗、通风设备或使用免水冲生态厕所。厕所便池洁净、无污垢、无堵塞。室内整洁，无破损、无污迹、无异味，干净、明亮；公共场所全部达到国家规定的卫生检测标准。

**5. 安全措施**

交通、机电、游览、娱乐等设备完好，运行正常，无安全隐患；危险地段防护设施齐备有效，标志明显。认真执行旅游、公安、交通等有关部门安全保卫制度；建立紧急救援体系，或设立医务室，配备专职医务人员，配备游客常备药品，有较强处理突发事件的能力；建立健全防火制度，配备必要防火器材，并在醒目处设立防火宣传牌，指导游客如何防火；部分滑坡现象严重、对游客人身安全造成威胁的山体，规划采用生物与物理防治相结合的方式予以解决。任何开挖山体的行动都要得到有关部门的特别批准，在施工中还应特别小心，把对山体的破坏降到最低程度。

### 3.5.5 注意事项

**1. 突出民族特色和地方特色**

首先是民族特色。有悠久历史的文明古国是中华民族共性，各地旅游资源的特点是其地方个性。例如风景如画的漓江和雄伟壮观的万里长城都有它们各自的个性。开发旅游资源必须使其具有独特的观赏价值。

**2. 古老文明、现代文明和自然风景协调发展**

开发旅游资源，进行旅游设施的建设，要注意不破坏自然景观，不破坏原来环境的格调。例如建爬山缆车时不应破坏原有山体景色的秀丽和雄伟；高层的现代化建筑避免建在古色古香的民族风格建筑物旁边。更要注意保护历史文物古迹，不能因建设现代设施而毁掉了古老文明。

**3. 旅游资源开发要与自然环境相适应，着重环境保护和生态平衡**

旅游业被称为"无烟工业"，指的是它不产生工业"三废"，但旅游业同样会产生污染。现代旅游业中，宾馆饭店排放的生活污水是不容忽视的污染源，餐厅酒楼产生的废气和噪声成了居民的投诉热点，滨海旅游区的过度开发会破坏水生物的生态平衡。这些都是旅游业发展给环境造成的危害，必须制定法规和措施以保护环境。

**4. 注意兼顾经济效益、生态效益和社会效益**

开发旅游资源要以尽量小的投资开发更多的项目，令其更有吸引力，以收到更大的经济效益。要防止只顾经济效益而滥加开发，破坏自然环境。

## 3.6 旅游资源规划

旅游资源规划又称旅游规划，是一个旅游资源调查基础上的地域综合体内旅游系统的发展目标和实现方式的整体部署过程。旅游规划经相关政府审批后，是该区各类部门进行旅游开发、建设的法律依据。旅游规划要求从系统全局和整体出发，着眼于旅游规划对象的综合整体优化，正确处理旅游系统的复杂结构，从发展和立体的视角来考虑和处理问题。因此，旅游规划必然要站在高屋建瓴的角度统筹全局，为旅游景区的开发和旅游产业的发展提供指导性的方针。

### 3.6.1 规划功能

**1. 促进健康发展功能**

设定合理的行政目标，是行政主体正确、合理实施行政的第一步。但是达到既定目标，达到最佳运行效益，仅有目标设定是不够的，还必须在社会现实的基础上，调动一切积极的人力、物力、财力，实现多方共赢、社会和谐和进步、经济发展。这个功能还起着监督行政权的作用，旅游规划一旦做出，公之于众，旅行社、景区等市场主体也可以利用行政规划来监督主管部门的行为，民众也可以享受更好的旅游服务。

**2. 启发和诱导的功能**

旅游规划不属于保密范围的行政规划，具有较强的透明度，旅游经营者的重要目的之一是获取利益以满足自身存在和发展的需要，旅游规划可能使一片荒无人烟的地方变成宜人的旅游胜地，为社会提供就业机会和商业机会。了解旅游规划本身就是获取行政信息、把握就业机会和商业机会的重要途径，可以避免创业和投资方向的盲目性。旅游规划，一方面能使旅游经营者和潜在的旅游经营者更加理性地选择，另一方面也使旅游行政管理者的管理活动更加方便，旅游市场主体和旅游消费者的行为能够更加规范，使旅游业的发展更加顺利。

**3. 调整和整合的功能**

没有旅游规划，其他行政管理活动如组织、人事、协调、控制等都无从实施。旅游业是综合性比较强的行业，旅游规划具有科学、合理地实施旅游相关行政的功能。行政管理有时需要各个部门的协调一致才能达成行政目标，促进旅游业的发展。旅游规划专家指出，科学的旅游规划具有调整和整合功能，能有效地将各行政部门组织起来，共同完成旅游发展事业。

### 3.6.2 规划原则

随着我国旅游业的发展，旅游规划的内容和形式层出不穷，而掌握和遵循旅游规划开发的原则，是弥补不足、解决矛盾、实现预期效果的重要条件。具体规划原则如下。

**1. 市场原则**

有源源不断的客源，旅游目的地才能长久不衰。旅游客源市场受许多因素的制约，如旅游者的动机，旅游资源的吸引力、地理位置，社会经济环境的变化等，规划必须适应旅游客源市场的变化。

**2. 形象原则**

通过开发创造出鲜明的形象，这是旅游规划的基本要求。旅游形象有自己的特色、鲜明的主题、无穷的魅力，才能吸引众多的旅游者，增强旅游目的地的吸引力。设计旅游形象忌讳抄袭/模仿，没有特色。

### 3. 美学原则

对旅游资源进行规划时，要尽量体现旅游资源的美学特征，任何建筑物或服务的形式都必须与相应的自然环境和旅游气氛融为一体，体现自然与人工美的和谐统一。

### 4. 保护原则

从某种意义上说，任何旅游资源都是不可替代的，都具有唯一性，旅游规划应该坚持保护原则。

### 5. 效益原则

现今社会，旅游项目所追求的效益应该是多方面的，包括社会效益、经济效益、环境效益等内容。

## 3.6.3 规划类型

旅游规划按规划层次，分为总体规划、控制性详细规划、修建性详细规划等。目前，旅游规划呈现以下几种类型趋势。

### 1. 综合化的旅游规划产品

旅游规划起初以资源规划为多，之后大体上是产品规划，逐步发展成为产品规划+市场规划，综合性越来越强。下一步可能就会普遍产生旅游目的地规划。随着旅游业的发展，人们的认识也越来越深入，综合化的旅游目的地规划是个趋势。

### 2. 专门化的旅游规划产品

专门化的旅游规划产品也会越来越多，要求越来越细、越来越专业。从这几年的情况来看，北京大学吴必虎教授团队给陕西汉中做的旅游规划，实际上既是一个汉中全域旅游发展总体规划，也是一个生态旅游的专门旅游规划、一个休闲度假目的地的规划。专家团队为黑龙江做的旅游规划，除了黑龙江省旅游总体发展之外，很重要的一个要求就是滑雪规划，任务也越来越细。未来旅游市场形象应该是什么形象？采用什么样的营销方式？需要花多少钱？怎么花这个钱？按理来说，这个旅游规划各地也可以自己做，但是委托专家，特别是国际旅游组织的专家来做，更能够借鉴国际经验，更具体，更详细。

### 3. 跨区域的组合旅游规划

下一步也会逐步发生专项旅游规划。例如，汉江流域旅游规划就是一个跨区域的组合性规划。丹江水库库区区域规划除涉及湖北、河南两省外，还涉及陕西省，形成三个省的组合性规划。以后还要按照这种模式，继续研究同类型问题，如东北亚旅游区、环渤海旅游区、长三角旅游区和三峡旅游区的发展问题等。这个模式产生之后，这样的规划也会逐步产生。

#### 4. 旅游规划外延的扩大化

从发展过程来看，几个层面同时存在，首先是一地旅游资源的整合问题，然后发展到一地的旅游资源和社会资源全面整合的问题，最后发展到旅游和其他产业的交叉问题。例如，近年来，全域旅游与乡村振兴紧密结合了起来。

### 3.6.4 规划要点

一个景区的规划编制要经历总体规划、控制性详细规划、修建性详细规划三个阶段，完成这三个规划正常需要一年半到两年时间。从开发商角度考虑，不可能等三个规划都评审完后才开始动工建设，他的要求是以最少的钱、在最短的时间里做一套实用的、可以马上操作的方案。这个方案至少包括如下规划要点。

#### 1. 资源禀赋分析

资源禀赋分析不仅是对景区资源的详细罗列，而是要求在大区域范围内对景区资源进行相关性比对分析，挖掘、整合、延伸出具有唯一性、第一性和专一性的特色产品。

#### 2. 市场需求和竞争分析

旅游规划不能仅就宏观市场、客源定位和客源数量预测三方面进行初步研究，而是应该就三个层面进行深入分析：市场层面，竞争对手层面，消费者层面。

#### 3. 开发商分析

开发商分析主要是从四个角度进行：开发商投资意图、初步的开发构想、经济实力和操作能力。开发商在投资一个景区时基本上都会有投资意图和初步的开发构想，规划方的任务是从专业角度对开发商的初步开发构想进行把关、深化、延伸和落地。分析开发商的经济实力和操作能力的目的，是在操作层面对旅游区开发主题和旅游产品设计进行校正。任何的旅游规划和旅游策划最终都要由开发商操作，项目规划和策划做得再好，如果超出开发商的实际操作能力，规划文案也会被束之高阁。

#### 4. 开发主题和形象设计

开发主题和形象设计是旅游规划中最薄弱的环节，普遍做法就是形象定位+宣传口号，只有极少数旅游规划中有景区 logo 设计。形象定位+宣传口号最常见的方法就是比附定位法，相互模仿，无法抓住景区的灵魂和独一无二的价值，缺少唯一性、第一性和专一性。正确的做法是要针对项目个性进行大区域范围内的概念采集和本地化，出一套详细而清晰的项目开发思路流程图，形象设计部分可以多向品牌策划机构学习，绘制一套景区 VI 应用体系。

**5. 功能分区和项目设置**

功能分区和项目设置是开发主题和旅游产品设计的落脚点，是旅游规划的重点。考虑开发商的审阅习惯形成图文并茂的景区设计任务书，甚至可以根据开发商要求和设计深度出图。由于设计图册都是静态的，还要再设计一套动态的活动表演方案。做到静态设计很丰富，动态表演很精彩。

**6. 旅游产品设计**

旅游规划涉及旅游产品设计的篇幅一般都很大，旅游产品一般罗列很多，似乎不罗列出这么多产品，就无法显示规划方的水平，不能显示资源的丰富和厚重。但要考虑以下问题：规划方设计的这么多旅游产品是否都有市场？是否都具备竞争力？是否是投资方会操作的？选择产品设计时，必须结合资源禀赋分析、市场需求和竞争分析、投资方的实力和能力分析以及投入产出分析综合考量，哪些是核心产品，哪些是辅助产品，哪些产品先推，哪些产品后推，哪些产品必须充实提升，哪些产品必须割爱抛弃，要有"加法、减法、乘法和除法"。旅游规划解决的是：景区最合适开发哪些产品，而不是景区能开发哪些产品。对于旅游产品设计，如果没有系统的思考、动态的把控，任何的创意都只会变成一个个点子。

**7. 商业模式设计**

商业模式设计的核心内容是景区盈利模式设计和投入产出分析，分析景区需要投哪些钱，投往何处，哪些项目可以开发商自己建设、自己运作，哪些项目只要建好就可以出租，哪些项目需要引入新的合作伙伴，从哪里赚到钱，何时是盈亏平衡点，等等。对于旅游地产项目，还要明确哪些地块必须购买，哪些地块只要租赁，其费用多少。景区盈利模式设计和投入产出分析是开发商最关注的点，规划方案中至少要出现投资估算表、流动资金估算表、资金筹措及计划使用表、全投资现金流量表、资金来源与运用表、资产负债表、借款偿还表、损益表、销售收入和销售税金计算表、成本与费用估算表、固定资产折旧计算表、无形资产和递延资产摊销表、敏感性分析计算表等13张表格。

**8. 开发节奏把控**

景区开发正呈现投资规模越来越大、建设周期越来越长的趋势。在这种情况下，旅游规划中必须对建设项目进行分期，清晰、准确把控开发节奏。不仅是提出短期、中期、长期建设项目，还必须明确地指出哪一个是启动项目，这个启动项目必须满足：一能马上有好的盈利，二能快速形成市场的示范效应，三对后续项目具有明显的带动作用，要有"连环炮"的效果。寻找启动项目就是策划上经常提到的寻找项目引爆点。寻找启动项目是最难的，因为它决定项目的成败。也许景区前景很好，盈利很高，但开发商想要走过最艰苦的开发初期，就必须找准启动项目。规划中，阶段性项目之间如何衔接必须提前设计好，否则项目开发容易发生断层。

**9. 市场营销规划**

市场营销规划是景区推广的主要内容，但是在规划期间做的市场营销规划大多比较笼统，缺少针对性和实操性，很多规划文本出现相互模仿、相互抄袭的现象，指导性不强，意义不大。比较合适的做法是：由于变数太多，前期只做景区网站、宣传画册（含电子画册），最多再做一份第一年度营销计划书，临近开业再做一份景区开业执行策划。

**10. 专项规划**

国务院有关部门、设区的市级以上地方人民政府及其有关部门对其组织编制的工业、农业、畜牧业、林业、能源、水利、交通、城市建设、旅游、自然资源开发的有关专项规划，简称为专项规划。文字和图样可以融入设计任务书，但技术数据来源要清楚，图样要详细、准确。例如，给排水布局图必须有位置、流向、流量、管道粗细、管道长度等基本内容。

**11. 景区组织架构和管理制度设计**

明确部门组成、人员数量、人才的专业和从业经验要求、部门与部门间如何沟通、协调和配合，形成清晰的、可操作的组织架构图、岗位说明书和管理制度手册。

**12. 景区评A建议书**

景区评A是不变的趋势，旅游规划时要明确景区评A计划达到几级目标。但是目前几乎所有旅游规划都缺乏该内容，需要评级时才找规划设计公司做。旅游规划的编制体例必须改革，必须依托一系列国家标准去做，在此基础上再考虑创新出奇，否则规划的景区发展前景堪忧。

## 3.7 旅游资源开发

旅游资源开发是指以旅游资源调查基础上的开发为核心，促进旅游业全面发展的社会经济活动。它是一项全面的、综合性的系统工程，包括旅游资源的调查与评价、旅游项目开发的可行性研究、旅游景区景点的规划与设计、旅游目标市场的选择与营销、旅游景区景点的建设经营和管理、旅游景区景点企业文化的建设、旅游地形象的建设与推广、旅游基础设施与服务设施的建设，以及旅游社会氛围的营造等各方面的内容。

### 3.7.1 开发原因

大部分旅游资源原始的内在质量品质是有一定局限的，或达不到吸引人们前来旅游的等级，或使旅游者可望而不可即，或不能适应旅游需求，需要经过规划建设、点缀补充，创造鲜明的旅游形象；完善基础设施和旅游接待设施，提高旅游地的可进入性；挖掘老旅游区旅游资源的潜力，创造新的包括劳务在内的旅游产品等。唯此才能提升旅游吸引力，从而提高经济效益和社会效益。所以，旅游经营者通常为了发挥、改善和提高旅游资源的吸引力而进行旅游资源开发。

### 3.7.2 开发形式

**1. 景点和风景区建设**

景点和风景区建设包括美化环境，增加人文建筑，铺设景区内的道路、阶梯、观景台，修缮古建筑，增设娱乐设施。

**2. 接待设施建设**

接待设施建设包括饮食、住宿、购物、游览车、景区内交通等方面设施的建设。

**3. 基础设施建设**

基础设施建设包括交通道路、邮电通信等方面设施的建设。

**4. 软件建设**

软件方面的建设包括编写解说词，设计游览路线、旅行社组织行程、导游讲解、饭店多层次服务系统、旅游问讯等，以及进行开发的必要性论证，提高旅游资源吸引力研究，创造优良的旅游环境，做好旅游资源升级再开发，从而延长旅游资源寿命。

### 3.7.3 开发特点

**1. 多样性**

从根本上讲，旅游资源开发是由旅游消费者的兴趣及出游动机的多样性决定的，任何客观存在的事物只要能对旅游者产生吸引力，皆可成为旅游资源。

**2. 观赏性与吸引力**

对旅游者具有吸引力是所有旅游资源共有的特征，但任何一项旅游资源的观赏性与吸引力都具有某种程度的定向性，不会对所有旅游者具有同等吸引力。

**3. 垄断性与依赖性**

除了以主题公园为代表的当代人造景物以外，大多数旅游资源，特别是作为历史文化遗存和自然遗存的旅游资源，都存在地理上的不可移动性，不能脱离特定环境。复制品的旅游吸引力以及所能吸引的旅游者人群都会发生变化。

**4. 重复性与消耗性**

旅游资源属于非消耗性资源，只要管理得当和利用合理，基本上可用之不竭。

**5. 可创新性**

旅游消费者的兴趣及社会时尚潮流都有可能会发生变化，这让人造旅游资源的创新成为可能。各类主题公园、节庆活动的举办等都是旅游资源可创新性的例证。

### 3.7.4 开发内容

旅游资源的开发种类分为某一单项旅游资源的开发、多项旅游资源的综合开发、某一旅游点或旅游地的开发。旅游资源开发的内容包括：①提高旅游地的可进入性，是指旅游资源所在地同外界的交通联系及其内部交通条件的通畅和便利程度；②建设和完善旅游基础设施，是指主要方便当地居民使用、旅游者也需要的旅游设施，如供水、电、气系统，以及道路交通、车站、码头、机场、医院、银行等；③建设旅游上层设施（或服务设施），是指主要供外来旅游者使用的服务设施，如酒店、问讯中心、旅游纪念品商店、娱乐场所等；④旅游景区、景点的开发建设与管理，包括新景区、景点的开辟，也包括对原有景区、景点的改造和更新；⑤培训服务人员。

### 3.7.5 开发原则

**1. 个性原则**

个性原则即独特性原则，是旅游资源开发的中心原则。要尽最大可能突出旅游资源的特色，包括民族特色、地方特色，努力反映当地文化，"只有民族的旅游资源，才是世界的旅游吸引物"，个性→特色→吸引力，说明在旅游资源开发中必须坚持特色第一的方针。为了突出特色，就必须扬己之长、避己之短。特色是产品的生命力、竞争力之所在，没有特色的产品就是没有竞争优势和前途的短命产品。旅游吸引力最初就产生于文化的差异性，求新、求奇、求异、求特是旅游者的主要旅游动机和目的，它们还是实现求乐目的的重要途径。因此，旅游开发必须重视个性特色。

**2. 市场原则**

进行市场调查和预测，准确掌握市场需求和竞争状况，结合资源状况，积极寻求与其相匹配的客源市场，确定目标市场，以市场需求变化为依据，最大限度地满足旅游者的需求。例如，当前旅游需求正在由大众型观光游览式向个性化、多样化、参与性强的方向发展，因此旅游资源的开发应增加活动项目品种，设计多样的、参与性强的旅游活动项目，以适应市场的变化趋势。经济利益是旅游资源开发的主要目的之一，因此要进行旅游经济投入-产出分析，确保旅游开发活动能够带来丰厚的利润。

**3. 未来原则**

未来原则是指旅游项目、产品开发建设要以自身的资源禀赋为立足点，同时必须兼顾周边地区、相关区域的项目、产品，注意与周边地区、整个区域乃至全国旅游开发建设、旅游产品结构调整和布局的协调一致，更重要的是要展望未来，要成为引领旅游时尚的先锋。旅游开发要放眼全局，更要展望未来，强化旅游开发和产品建设中的前卫观念对保证旅游开发建设的整体效益和项目本身的长期效益有重要作用。

**4. 共生原则**

不同旅游项目是共生的。旅游资源的共生性，包括自然资源与自然资源之间、自然资源与文化资源之间、文化资源与文化资源之间的共生现象，而且不同的旅游项目，共生现象是不同的。

**5. 配套原则**

旅游资源开发的配套原则是指旅游项目和产品的开发建设，必须在抓住中心的同时注意协调配套，形成成熟的项目和产品。具体包含四个方面。

一是旅游开发建设必须明确主题，要逐层逐项确定其最核心的内容、最主要的特色是什么。

二是在项目和产品开发的各个环节、各个方面都必须始终注意突出、体现其中心、主题，不能随意规划、选择、建设、组合内容而形成没有主题、没有特色的项目和产品。

三是在项目和产品的设施建设上要注意协调配套，行、游、住、食、购、娱的服务要素都要具备，且在等级、档次、规范等方面协调一致，不能畸高畸低。

四是在项目、产品开发建设的同时重视人员素质、服务规范、企业形象和企业文化等软件的建设，以及项目、产品建成后的包装、品牌塑造、市场宣传等环节的配套，防止出现新开发项目硬件硬、软件软的问题，以及管理、服务、包装、宣传、销售等与开发建设脱节的问题。

**6. 渐进原则**

旅游资源开发的渐进原则是指旅游项目开发、建设应区分轻重缓急、分阶段实施，并注意在项目等级、内容、特征等方面不断提高。就一般建设项目来说，总有主要和次要之分，为了尽快投入运营和产生效益，有的项目是要先完成的，有的则可以逐步建设配套。大多数旅游产品的生产也存在一个由初级到高级，不断完善、升级，形成包含多种型号、档次的系列产品体系的过程。就项目和产品性质来说，可以从一般性的参观、游览到欣赏、考察、参与、体验，有的还可以向娱乐、度假、康体、商务等方向发展。

#### 7. 保护原则

旅游资源开发的保护原则是指制定保护资源的切实方案，防止资源原貌和环境被破坏。在旅游开发中，要坚持科学合理的指导思想和行为方式，注意对资源、环境等切实有效保护，防止和杜绝掠夺性、破坏性开发利用，实现永续利用和可持续发展的绿色产业目标。资源是人们赖以生存和发展的基础，不能有效保护资源就会使人们失去生存和发展的根本。科学开发是有效保护的前提，有效保护又是充分发挥资源效益、实现开发利用目的的前提。

## 3.8 旅游资源管理

旅游资源管理是指为实施旅游资源保护以及合理开发利用与经营工作所进行的计划、组织、开发、协调、监督的活动过程。在发展旅游业的过程中，对旅游资源进行日常的维护与保养，使旅游资源本身不受到破坏，并科学地安排员工，更好地为旅游产品服务。

### 3.8.1 管理内容

按照管理学的一般原理，现代管理的程序是计划—组织—控制（POC）。为保证旅游资源管理的科学性和规范性，旅游区旅游资源的管理也应该遵循这一管理流程。只有将计划、组织和控制协调起来，形成良性的运行机制，才能真正实现科学化的旅游资源管理。

旅游资源的计划管理包括：调查分析区内旅游资源现状，确定旅游资源的具体管理目标，制定旅游资源管理战略，在上述工作的基础上形成并确定旅游资源管理的具体方案。

旅游资源的组织管理要求根据确定的管理战略和方案，建立相应的管理机构，完善相应的实施机制，从而科学地运行管理工作。

旅游资源的控制管理则贯穿于计划和组织的始终，其中包括：旅游资源管理的预测，即预测区内旅游资源管理将会出现的问题和机遇；旅游资源管理的监测，即监督管理的全过程；旅游资源管理的反馈，就是将预测和监测过程中遇到的情况及时反馈计划和组织环节，以便不断修正管理缺陷。

### 3.8.2 管理原则

#### 1. 明确旅游资源管理目标原则

管理是为达到一定的目标而采用各种方式、方法和手段，对相关的人和事进行计划、组织、指挥、协调及控制的一系列活动的总和。它是一种有意识、有目的的活动。因此，旅游资源管理必须明确管理的目标，包括整体性期望目标与阶段性分域目标。

整体性期望目标，是指旅游资源管理活动追求的最终目标，它贯穿于整个管理过程中；

阶段性分域目标，是整体性期望目标在不同管理阶段与不同管理范围的具体体现，包括旅游地在不同发展时期的资源管理目标以及在同一发展时期旅游区内不同功能景区的资源管理目标。阶段性分域目标的确定涉及时间和空间两个范畴。

一般说来，整体性期望目标较侧重于方向性的战略指导；而阶段性分域目标则侧重于实践性的操作指导，它是整体性期望目标的细化与具体化。旅游资源管理要求明确整体性期望目标与阶段性分域目标，目的在于使旅游区能够在"统一目标，分级管理"的思想指导下，获得个体目标与整体目标相结合、近期目标与远期目标相结合的全面的资源管理效果。

**2. 强化旅游资源管理特色原则**

旅游资源开发的效果是旅游资源开发管理质量的直接体现。盲目性或盲从性的低层次旅游资源开发容易导致旅游地旅游开发利用陷入一般化和平庸化，遏制资源个性的表现，不利于旅游产品的组织和营造。因此，旅游资源管理应强调资源管理特色，通过特色管理凸显资源优势。

**3. 坚持旅游资源管理综合原则**

随着中国买方型旅游市场的日趋成熟，旅游者的旅游行为表现出从观光、游览的初级阶段向观光及游览与购物娱乐以及休闲度假、宗教朝拜等专门层次相结合的高级阶段变化。旅游者在旅游活动中表现出日益强烈的文化体验旅游需求。在此背景下，旅游资源的管理应注重资源文化内涵的挖掘与文化价值的凸显。由此，旅游资源管理的思想导向也将由"资源+市场"的双导向模式转为"资源+市场+文化"的综合导向模式，即要求旅游资源管理者树立一种全面的系统管理思想，综合考虑旅游地的客源市场、资源条件及文化属性等多种因素，按照"市场需求与资源条件为前提，文化内涵凸显为中心"的思路进行旅游资源开发管理。

**4. 坚持旅游资源个性优先原则**

在旅游资源开发管理中要注意突出资源的民族特色、地方特色，突出资源"唯我独有"的鲜明个性。在旅游资源建设管理中要优先选建个性突出的代表性资源，如喀斯特石林旅游区的代表性资源具有"天下第一奇观"之誉，这一资源结构决定了云南石林旅游区在资源开发管理中必须对喀斯特石林景观旅游资源给予高度重视并优先考虑，在实际操作过程中要注意突出"石峰林立、万峰叠嶂"的景观特色，充分渲染该旅游区的个性色彩。在坚持资源表现个性优先的前提下，旅游资源开发管理应努力做到突出个性与丰富多彩尽可能统一起来，但要注意"突出为主，丰富为辅"的尺度把握。云南石林旅游区在加强对喀斯特石林主体资源开发建设的同时，积极挖掘、开发其他类型的旅游资源，如大叠水瀑布等，以增强该旅游区"天下第一奇观"的旅游资源整体吸引力。

**5. 整体旅游资源系统管理原则**

旅游区内的各种旅游资源不是孤立存在的，而是相互联系、相辅相成的，不同类型、不同特征的旅游资源共同构成了旅游区资源系统，形成旅游景观系列。在制定旅游区内旅游资源开发战略，合理利用及日常维护旅游资源时，都要从整体的角度出发，进行综合分析和系统控制，绝不能因为局部资源的开发或改变而破坏了整个旅游区的资源系统。旅游资源是旅游区整个系统之中的一个子系统，要使旅游资源系统与旅游区的服务系统、安全系统、营销系统等子系统在结构和功能上相互匹配及协调。

**6. 规范管理操作原则**

旅游区旅游资源的复杂多样，决定了资源的管理操作只有走规范化、科学化的道路，才能获得客观、全面的管理效果。要依据国家有关法律法规、国家和地方旅游管理条例，以及旅游区自己制定的各种规章制度，对旅游资源实行规范化管理。

在坚持法制管理原则的同时，采用先进的旅游资源信息管理系统，对旅游资源进行科学化的管理。

**7. 动态发展的管理原则**

旅游资源的特征以及开发、保护的外部条件是不断变化和发展的，这就要求旅游资源的管理工作不能囿于现状，必须持动态发展的观点，用发展和进步的眼光预测各种外部条件的变化趋势，采用具有一定弹性的措施来实现管理，从而使旅游资源管理始终保持活力。

**8. 提倡"绿色管理"的原则**

广义的"绿色管理"是指将管理成本和环境损害降至最低的一种管理模式。旅游区要大力推广"绿色"，对自然生态环境实现更全面的保育和对人文生态环境实现更多的保全，在管理过程中要树立"成本"意识，推行"绿色管理"，而不是以破坏环境质量来换取经济效益。当旅游者数量超出旅游区环境容量时，将不再允许其他游客入内，以保证旅游区资源的自净能力。九寨沟风景区限定游客量的做法就很值得借鉴。美国国家公园对游客量也有上限规定。在任何重大项目开始实施前都要仔细研究开发的内容、类型及其与现行的资源利用之间的关系，重视对人文环境和自然环境的保护，并以最经济恰当的方式加以利用。比如，鼓励步行和使用对环境无公害的交通工具等。

**9. 可持续发展原则**

旅游区要实现可持续发展，就应该用可持续发展的理念来指导区内旅游资源的管理。也就是说，在实行资源管理时注意制定资源管理的战略规划，而且这一战略规划必须既能反映在现实条件下实现管理目标和管理方式的需要，还能反映长远的资源管理宗旨和运行机制的可持续性，这样才能有利于区内旅游资源的持续利用。

### 3.8.3 管理目标

管理是一种为实现某一种或几种目标的活动，所以管理活动必须有目标。旅游资源管理的核心目标是追求旅游资源开发利用的最优化、旅游资源保护和开发的和谐性以及旅游资源利用的永续性，这三个方面具有内在的统一性，有机构成了旅游资源管理的核心目标体系。

**1. 旅游资源开发利用的最优化**

一个经营性的旅游景区，要吸引旅游者前来消费，就要参与市场竞争。参与竞争的旅游产品是以区域内部的旅游资源为基础经过规划设计形成的。如何利用旅游景区内的有限资源开发出满足市场需要的产品，从而发挥出最大的效益，对旅游资源管理目标的实现至关重要。旅游资源的吸引力取决于其所有的自然因素与人文因素，它们决定了旅游资源的旅游价值。一般而言，旅游资源的旅游价值与它对旅游者需求的满足程度呈正相关关系。旅游资源的价值表现具有明显的复合性特点，更直接地说，取决于旅游资源的开发方式、开发深度及广度。因此，若景区旅游资源管理谋求资源价值开发的最优化，就要深度挖掘资源的潜力及文化内涵。

**2. 旅游资源保护和开发的和谐性**

旅游资源具有易损性，而旅游资源又是开发的基础，因此有效的保护是保持旅游资源长久吸引力的关键所在。不论何种旅游景区，合理保护旅游资源都是旅游资源管理的重要内容。旅游资源一般都是珍贵的稀缺性资源，其中的一些是不可再生的资源，如奇特的地形地貌、遗存的文物古迹等，一旦遭到破坏，会造成难以挽回的损失。这就要求人们必须把对旅游资源的保护放在首位，在保护的前提下加以开发和利用。另外，旅游是以观光为基本内容的，人们到景区旅游的目的就是要观赏景区的风景名胜和文物古迹。风景名胜和文物古迹保存得越完好，其观光的价值就越能得到充分发挥。所以，保护工作是实现旅游资源开发利用最优化的基础和前提。

景区资源的保护和利用是互为依存、相辅相成的。旅游资源是景区的立命之本，每个景区管理者都应该保护好景区内的景观和文物。而保护是为了利用，只有利用才能发挥这些资源的作用，实现其内在的价值。但考虑到景区资源在利用中会不断损耗，有的资源在损耗后不可再生，这就要求人们对景区资源特别是那些不可再生的资源十分珍惜，坚持保护优先、适度开发、永续利用的原则。

旅游资源开发是以良好的自然环境作支撑的，因此在环境承载力范围内，注重环境自我保护与人工保护相结合的最佳资源开发范围和开发深度，这种新资源开发利用模式能够保持旅游资源常用常新，避免造成环境质量本质恶化，有利于旅游区在获取效益满足的同时得以持续发展。

**3. 旅游资源利用的永续性**

旅游资源利用的永续性表现在，大多数旅游资源具有无限重复利用和不断再生的特点，如作为旅游资源主体的观光、度假和专项旅游资源是旅游者带不走的，旅游者带走的只是对它们的各种印象和感受。只要保护得当，大多数旅游资源是可以永续利用的。某些旅游资源还会随着社会经济的发展和科学技术的进步而不断丰富和再生。

### 3.8.4 管理方法

管理方法是实现管理目标的手段、措施与途径。旅游资源管理的方法可以灵活多样、千差万别，但总的来说，大致可以分为以下几种。

**1. 法治性管理**

法治性管理不仅是指依据国家和地方制定的法律法规进行管理，还包括旅游地制定与实施的各种规章制度。与旅游资源管理相关的法律法规目前主要有《中华人民共和国环境保护法》《中华人民共和国森林法》《中华人民共和国水法》《中华人民共和国文物保护法》《中华人民共和国野生动物保护法》《风景名胜区管理暂行条例》等。各地根据上述法律、法规中确定的原则，结合地方具体情况还制定了一系列有关旅游资源管理的地方性法规。此外，各旅游地又在以上法律法规的指导下制定了具体的管理规章制度。上述各种法律法规、条例、制度从不同角度、不同层次规定旅游资源和环境的开发、利用及保护问题，为旅游资源管理提供了有效、可靠的依据。

**2. 规划性管理**

编制旅游地旅游规划，并以此指导景区内旅游资源的开发、利用及保护，是旅游地旅游资源管理的一项重要方法。旅游地的旅游规划，按其内容和要求可以分为两大类：一类是总体规划；另一类是专题规划。任何一个旅游地都可以通过编制"旅游地旅游总体规划"和"旅游地旅游资源开发利用专题规划"为旅游资源管理提供指导。"旅游地旅游资源开发利用专题规划"倾向于为旅游资源管理提供直接指导，而"旅游地旅游总体规划"则从旅游地整体效益出发为旅游资源开发管理提供宏观"质"与"量"的规定，为旅游资源管理处理好要素与系统的关系提供依据。规划性管理方法目的明确，有利于减少无计划资源管理的盲目性，促使旅游资源开发利用的管理活动有序进行。它与法治性管理同属于旅游资源管理中的指导性方法。

**3. 技术性管理**

技术性管理是旅游管理中一种重要的操作方法。技术性管理的思路是在利用多种先进科技手段对旅游地旅游资源进行科学监测与分析研究的基础上提出行之有效的管理措施。技

性管理法可分为"三部曲":

1) 背景基础调研,包括对旅游地内的生物资源、自然风景、人文胜迹等旅游资源进行调查;对旅游地生态环境保护进行研究;制定景区绿化、防火、排污等专业规划与实施方案。

2) 环境监测研究,包括建立资源数据库、不断输入调研数据;定期进行资源保护调查,研究资源消长变化;进行环境质量跟踪监测,并结合各种数据进行生态环境专题研究。

3) 采取管理措施,旅游地旅游资源的多样性决定了资源管理措施不能单调划一,要针对不同类型的旅游资源采取不同的管理措施。

**4. 行政性管理**

行政性管理是管理中最常见的方法之一。把行政性管理方法引入旅游资源的管理中,目的在于推动旅游地整体景区、功能景区、旅游景点等不同层次旅游资源管理机构的组建与完善,便于旅游资源实现"分级管理"与"分域管理",使旅游资源管理的责权落到实处。

这几种旅游资源管理方法各有侧重、各有所长,在旅游地旅游资源管理实际操作过程中,应当取长补短、综合利用,以达到最佳的管理效果。

### 思考题

1. 概述旅游资源学要研究的主要内容。
2. 为什么说旅游资源调查是旅游规划与开发的基础?

# 第 4 章　旅游资源成因及分类

**【导言】**

旅游资源分类是基于地域分异的类别划分，是旅游资源研究的重要内容之一，是旅游资源保护与开发及进行科学研究的重要基础性工作，其目的是通过对众多繁杂的旅游资源进行系统化的梳理、对比、归纳、划分，从而建立、完善旅游资源的分类信息系统，加深对旅游资源整体及局部资源属性的系统了解和认识，发现并掌握其特点、规律，为旅游资源的开发、管理提供科学依据。本章阐述了旅游资源分类的原则、依据以及国内外旅游资源的分类方案，重点探讨了自然旅游资源与人文旅游资源的成因与中国旅游资源的地域分布。

**【目标】**

1. 掌握旅游资源的形成条件与地域分异。
2. 认识旅游资源地域分异的规律。
3. 明确对旅游资源进行分类的基本原则、依据和步骤。
4. 了解现有旅游资源的分类方案。

**【重点】**

旅游资源成因　旅游资源分类　旅游资源地域分异

## 4.1　地域分异与中国旅游资源

旅游资源的差异性或独特性决定的旅游产品差异性，是促使旅游者离开惯常环境前往他处进行观光、度假活动的主要因素，因此，旅游资源的地理地域分异是引起旅游地域分异的重要原因。

### 4.1.1 地域分异规律

地域分异规律，也称空间地理规律，是指地理环境整体及各组成成分的特征按照确定的方向发生分化，形成多级自然区域的现象。自然地理综合体及其各组成成分的特征在某个确定方向上保持相对一致性或相似性，而在另一确定方向上表现出差异性，因而发生更替的规律，对经济、社会文化地域分异具有制约作用。

地域分异规律，包括纬度地带性规律和非纬度地带性规律两类，分别简称地带性规律和非地带性规律。

前者是由于太阳辐射随纬度的不同而导致地球表面热量由赤道向两极逐渐变少，并产生地球表面的热量分带的现象。地球上的热量带有7个，即热带、南亚热带、北亚热带、南温带、北温带、南寒带和北寒带。由于这些热量带平行于纬线呈东西向分布，地球随着纬度的高度呈现南北向的交替变化。地带性规律表明，地理环境及其组成要素（地貌、气候、水文、土壤、植被）均具有地带性特征，这种地带性分异，呈东西延伸、南北更替，呈近似环球性的带状分布。

后者是指由于地球内能作用而产生的海陆分布、地势起伏、构造运动、岩浆活动等决定的自然综合体的分异规律。如在海陆分布因素影响下，由于水分条件的差异，中纬度地区从滨海往内陆方向显示出各种自然景观带大致沿着经度变化的方向逐渐更替。在高山地区，从山麓到山顶的水热状况随着海拔高度的增加而变化，形成了自然景观的垂直分异等。

地带性分异和非地带性分异反映了自然地理环境的大尺度分异，同时也是其他地域分异的规律背景。它们直接导致了地表旅游资源的差异，从而形成类型众多、特征迥异的自然地理环境与自然地理景象，塑造出复杂多样、地域特征明显的自然旅游资源。如非洲赤道附近的刚果盆地为热带雨林景观，而同纬度的东非高原却呈现热带草原景观。

人类是在一定的自然地理环境中生存和发展的，地域文化景观的地域分异现象是在自然地理分异的规律基础上形成的，具有间接性特征并与自然地理环境存在一定的对应关系。分布于不同自然带内的地域文化，在乡村聚落、聚落选址、空间布局、建筑材料、建筑形式和景观形态等方面都存在着明显的区域差异。例如，南方的古建筑翼角更加高挑，屋顶呈舒展的飞翔姿态，主要是因为南方雨水多，建筑飞檐翘得高，可以将房顶的雨水尽量抛得远一些，以减少雨水对建筑的损害。而北方雨水少，但冬天常有大雪，屋顶的积雪对高挑翼角的压力大，容易损伤建筑。在石窟和摩崖造像类旅游资源中，西北地区气候干旱，缺乏坚硬岩石作为雕刻对象，因此以壁画艺术见长。而在中原和南方，岩石质地较好，宜于精雕细刻，且气候潮湿，壁画难以保存，因此便发展了雕刻造像艺术。

### 4.1.2 中国旅游资源地域分异

中国地域广阔、差异显著、历史悠久、人口众多，自然旅游资源和人文旅游资源丰富多彩、特色突出。受自然地理环境、人类地域空间活动等因素的影响，中国旅游资源的分布呈现出一定规律性。

### 1. 旅游资源的东西差异

自然旅游资源所表现出的综合形态大体有两种：一种是由各自然要素相互协调、衬托辉映的调和型综合形态；另一种是由各自然要素构成的相互矛盾、对立抗衡的矛盾型综合形态。就中国而言，两种形态的地区差别主要体现在东西部地区之间（黑龙江漠河—云南腾冲线）。东部地区的旅游资源往往是层次丰富、相互协调、相互烘托的统一体，形成自然旅游资源美的综合形态。西部地区由于受地形地势和深居欧亚大陆中部的地理位置的影响，自然旅游资源总体特征多以矛盾型综合形态存在。如在沙漠中的短命菊、仙人掌、胡杨树，在干旱或高寒气候条件下出现的大草原等，都是在对立抗衡的关系中发展起来的。东部地区是汉民族的发祥地和集中分布区，人文旅游资源以汉文化为特色。数千年来，汉族人民通过在该地域内的生产和生活活动，通过对国外异族文化和国内各民族文化的兼收并蓄，创造了灿烂的博大精深的汉族文化，从而成为中华文明的主体。西部地区是中国少数民族的主要分布地区，以少数民族文化为特色。由于西部地区内部各地的自然环境条件差别较大，民族构成不同，西部地区的人文旅游资源既与东部地区有着显著不同，内部也存在着差别。西部地区浓厚的少数民族文化特色，充分体现在风俗习惯、节日庆典、语言文字、宗教信仰、文化艺术、生产活动，以及吃、穿、住、乐等各个方面。

### 2. 旅游资源的南北差异

中国自然旅游资源的空间分布，不仅具有显著的东西差异，而且具有明显的南北差异。

西部地区，以昆仑山和祁连山为界，分为南北两大部分。南部属青藏高原区，自然景观呈高寒性特点，自然旅游资源也多具高寒特色，如雄伟的雪峰、广布的冰川、星罗棋布的咸水湖、高山草原和草甸植被，以及以羚羊、牦牛、藏羚羊等为代表的高原动物等。北部自然景观呈干旱特征，如辽阔的高原与草地、浩瀚的沙漠和戈壁、婀娜多姿的沙海绿洲，以及奇形怪状的草原和沙漠性动物等。

西部地区，由于自然条件、地缘关系、民族构成等条件的不同，人文旅游资源南北之间差别相当明显。南部因临近南亚各国，地势高峻，气候寒冷，民族构成以藏族为主，故其人文旅游资源的特点是：以藏传佛教为主的宗教色彩浓厚，藏文化特点突出，生产和生活设施景观都具有高寒性特点。北部地理位置既临近西亚各国，又靠近西藏，自然景观呈干旱特点，民族构成以维吾尔族、回族和蒙古族为主，故其人文旅游资源的基本特点是：区内伊斯兰文化和佛教文化都很发达，牧场、绿洲和古城特色突出。

东部地区，以秦岭—淮河为界，大致也可分为南北两大部分。南部多为丘陵山地，水、热条件较好，气候温暖湿润，植被茂盛，动物多样，自然风景清新动人，从而使这个地区的旅游资源形成了以"秀"为主的风景特色。北方虽然生物和水景差于江南，但该地区有雄、险、奇为特色的名山，有一望无际的田园风光，有强烈流水侵蚀塑造而成的各种黄土地貌，有茫茫的林海雪原奇观，其"雄"的特点较南方突出，从而构成了南秀北雄的旅游资源风景特点。

东部地区，由于受自然条件和历史条件的影响，人文旅游资源同样存在着南秀北雄的特点。如北部既有巍峨的宫殿、高大的陵墓、气派的园林、雄伟的礼制建筑，又有悠久的历史古城、平阔的田园风光、数不尽的文化古迹，处处给人以雄的美感。而南部从一般的民宅建筑、私家园林，到田野风光、城市街景，都处处以秀为特色。

总体来说，我国人文旅游资源"南秀北雄"的分布特征的形成，是人类社会经济活动、文化活动与所处自然地域环境相适应的结果。

首先，是因为南北方自然条件的不同。如由于气候的影响，南北方的建筑结构和形式、某些生产和生活设施都表现出很大的不同。

其次，是由于历史的原因。北方地区自古以来绝大部分时间是中国的政治、经济、文化和人类活动的中心地区，统治阶级为了满足其统治、奢侈享受、显示威严权贵的需要，往往倾国家之资财，建设各种浩大工程，如宫殿、陵墓、园林和各种礼制建筑等。这些建筑不仅工程浩大，气势雄伟壮观，而且用料讲究，艺术性高，极为富丽堂皇。而南方地区这类建筑极少，但经济发达，有钱的商人和富户较多，私家园林和宅院建筑一般较北方气派，无论建筑形式、建筑结构和用工用料都极为讲究。但是这些建筑终因是私家民宅，其建筑式样、结构、色彩都受到诸多限制，故南方建筑虽多秀丽淡雅。

最后，北方是历代王朝战略争夺的重点，有许多大的历史战争发生于此。游览这些战争遗址，往往也会使人产生一种雄浑、悲壮的意境。而且北方的古人类文化遗址较多，这些遗址对游人具有神奇的吸引力，会给游人留下原始、粗犷的自然美感。而南方的一些人文古迹文明程度较高，常给游人留下精巧秀雅的美感。

**3. 旅游资源富集区的分布**

旅游资源对旅游者的吸引力主要是通过旅游资源的一系列美学效用特征表现出来的，即自然因素、人文因素的珍、稀、古、名、特、奇。

首先，旅游资源的美学效用特征在成因上具有普遍一致性，即典型的地质构造决定了典型的地貌形态、地势特征。正因为如此，旅游资源的分布并非均匀的。地势地貌，特别是大型的地势地貌，通过下垫面的作用，对气候因素产生影响进而形成典型的多生态环境，决定生物资源的典型性和多样性，最终各自然因素复合成具有典型性、多样性的环境区域、旅游景区点。所以，地质地貌作用强烈的地方往往是旅游资源集中的地区。

其次，旅游资源受人文因素影响较弱的而得以保留至今。高大地形或自然条件较差的区域在农业文明时期受到的改造十分有限，工业文明时期又相对城市，因此受到现代文明的影响较小。

### 4.1.3 中国旅游资源分布规律

中国旅游资源主要分布在三大地形阶梯的过渡区域，这是中国旅游资源分布最明显的地理规律。在第一阶梯与第二阶梯交界区域，即青藏高原的边缘过渡区的昆仑山—阿尔金山—祁连山—岷山—邛崃山—横断山脉，集聚了众多国家级风景名胜区，如敦煌石窟、九寨沟、四姑娘山、玉龙雪山、三江并流区、西双版纳等。在第二级阶梯和第三级阶梯交界过渡区，即大兴安岭—太行山—巫山—雪峰山一线，主要分布着五大连池、承德避暑山庄及周围寺庙、五台山、华山、洛阳龙门石窟、神农架、长江三峡、武陵源、漓江等著名景区。第三级阶梯向沿海过渡区的山脉主要分布在长白山山脉—千山山脉—武夷山脉一线，著名景区有镜泊湖、松花湖、长白山天池、金石滩、胶东半岛海滨、泰山、九华山、黄山、千岛湖、武夷山等景区。

**1. 三大纬向构造带也是旅游资源的富集区**

中国由北向南，每隔 8 个纬度分布着一个巨纬向地形，形成了三大纬向构造带。居北的是天山—阴山—燕山，集聚着如天池、博格达峰、吐鲁番、长城、西夏王陵、北戴河。居中的是昆仑山—祁连山—秦岭—大别山，其中，重要的旅游资源有昆仑山、祁连山、华山、武当山等。居南的是南岭，著名的景区如丹霞山景区。

**2. 三大阶梯和三大纬向构造分割的网状低矮区**

这里是人文旅游资源相对富集区，尤其表现在第一级阶梯以东以汉文化为主的区域。开阔的平原、丰富的水资源使之留下了大量的历史文化名城、古村落、园林等。改革开放以后，东部地区经济发展迅速，现代经济文化景观的分布也充分证明了这一点。

**3. 旅游资源富集区多为贫困人口集中区**

中国西部旅游资源集中分布，以及待开发旅游资源富集区，大多位于中国贫困人口集中分布的区域。东部的贫困人口主要集中在交通不便、耕地少的低山丘陵地区。中部的贫困人口集中在高原向平原过渡地区，地势起伏大，地形复杂，自然要素呈过渡性，敏感而脆弱。西部的贫困人口主要集中在荒漠和高寒地区。这些地区又与老革命根据地、少数民族聚居区、边疆地区在空间上重叠，自然与人文旅游资源都非常丰富。

**4. 自然旅游资源富集区多为生态脆弱区**

中国以自然旅游资源为主的景区，包括风景名胜区、自然保护区、国家森林公园、国家地质公园等，主要分布在山区、高原、荒漠等区域，同时往往也是生态脆弱区。

山区虽然拥有茂密的森林，但受到多年砍伐的威胁，以及本身地质构造的复杂活跃、谷深坡陡，一旦被破坏，恢复困难。而且地质灾害严重，如横断山区。

高原或因喀斯特地区，或因黄土流失或因高寒等，植被稀少，地表裸露。例如黄土高原地形破碎、沟壑纵横、土质疏松、气候干燥、水资源缺乏而又易遭暴雨冲刷。又如西南喀斯特地区山丘崎岖、可供方便利用的水资源较少，生态环境十分脆弱。

荒漠地区干旱、植物少，本身就是恶生态区域。

## 4.2 旅游资源形成的条件

存在于自然界和人类社会中的任何可为人类利用的资源皆有其形成的原因、条件和过程，由于其形成原因、条件、过程各不相同且复杂多变，导致资源的多种多样、千差万别。旅游资源的形成亦不例外，因而呈现出资源的多样性和差异性。了解旅游资源的形成，有助于进一步理解旅游资源的内涵。

### 4.2.1 自然旅游资源形成的条件

自然旅游资源是自然界天然赋存的可为旅游业发展利用并产生效益的物质资源。由于现阶段人类群体活动范围尚限于地球表面，对于地表圈层以外的太空宇宙，人类主要限于在地表通过肉眼和天文仪器观看各种天体物理现象及其壮丽景观，太空旅游尚刚刚起步，故这里所介绍的自然旅游资源主要是指地表圈层的旅游资源。

地表圈层包括岩石圈、水圈、生物圈、大气圈四个空间层面，由岩石、土壤、水、植被、人与动物、大气、阳光等要素构成，各要素在一定的地域范围内相互依存、相互制约，形成既相联系又相互独立的各种自然景观。岩石圈表面形成山脉、峡谷、断层、溶洞、奇峰、怪石等地质地貌景观。水圈形成海洋、河流、湖泊、瀑布等水文景观，并与岩石圈作用而形成暗河、泉水景观，受大气圈影响而形成冰川、雪地等景观。生物圈内数以万计的动植物及其适应地貌、水文、大气环境的演化进程形成生物景观。大气圈在地貌、水圈、生物圈、阳光及地外星体的作用下形成风雨、雷电、云雾、日月星辰等气候与天象旅游资源。岩石圈、水圈、生物圈、大气圈在地表构成一个完整的生态链，由于岩石圈在地表分布的不均匀，影响到水圈在地表平面形成不均衡分布，而岩石圈、水圈分布的不均衡加上大气影响又导致生物圈的区域性分布和垂直性差异，受岩石圈、水圈、生物圈的作用，大气圈在地表亦形成区域性和垂直性差异，从而在地球表面呈现出全球性、区域性、陆地型、海洋型等等自然景观的地带性差异，形成高原、盆地、高山、峡谷、河流、沼泽、森林、沙漠等等各类不同自然景观的旅游资源。

**1. 地质地貌景观的形成**

宇宙是物质的，物质运动是宇宙的基本属性。科学家发现宇宙中的天体处于不断产生、消亡的运动过程中。作为太阳系的成员，地球是一个处于不断运动变化中的行星。由于地球内营力和外营力的作用，形成不间断的地质构造运动。地球表面的岩石圈在漫长的地质构造运动过程中，形成了由6个大板块、20多个小板块组成的板块结构。受地球地转偏向力及外星体的引力作用，分布于地球地幔层上的各大小板块处于缓慢的漂移状态中，各板块在漂移过程中发生碰撞挤压，因各板块地质构造的差异，不同部位具有不同的地质内营力作用，从而形成不同的地形。例如，印度次大陆板块与亚欧板块碰撞挤压，形成雄伟的青藏高原和喜马拉雅山脉；太平洋板块向亚欧板块俯冲，形成岛屿、火山、温泉、地热众多及地震频繁的环太平洋西海岸日本群岛—菲律宾群岛火山岛弧带。不同的地质内营力作用可形成不同类型的地质地貌旅游资源，如火山作用形成火山地貌、地热景观，地质构造运动形成断层、峡谷、陷落湖，高温高压形成各种岩石、宝石、化石等旅游资源。而地球外部的外营力则不断改变地表形态，如风蚀、水蚀、冰蚀、岩溶等外营力而形成雅丹地貌、喀斯特地貌、冰蚀地貌等景观，风力、水力、冰川等自然力可通过搬运、堆积改变原生地貌形成沙漠、江心岛、冰川漂砾等景观。

**2. 水文景观的形成**

水是地球演化过程中形成的重要物质因素之一，水圈与岩石圈、生物圈、大气圈相互作用而形成海洋、河流、瀑布、湖泊、冰川、涌泉、湿地等各种水体形态，组合成丰富多彩的水域风光旅游资源。

在地球表面，海洋占据了71%的广阔面积，在大洋型地壳的地质构造与海底地形地貌、海洋气候与洋流、海洋生物等因素的作用下，辽阔的海洋形成了丰富的旅游资源。陆地与海水相接的海滨部分，海岸、沙滩、岛屿、潮汐等地貌与现象为人类提供了良好的观赏大海、运动健身、度假疗养的旅游活动场所，形成极具吸引力的海滨旅游资源。在海洋深处，珊瑚礁、海洋生物等成为海底探险者的乐园。

河流是地球上陆地动植物赖以生存的主要水源，纵横交错的河流不但孕育了人类文明，而且是人类在陆地上的重要交通动脉，在旅游资源中成为重要的构景因素，并在地表形态上承担着重要的造型功能。由于河流流经不同的地理区域，地形地貌有差异，受地域分异规律和区域地理环境的影响，形成多种多样的河流景观，因而呈现出不同的旅游吸引力。

如在青藏高原地区，河流呈放射状向四方奔流，形成高原上奔腾湍急的高山峡谷河流、高原边沿丘陵与平原地带蜿蜒宁静的河流等。欧洲因陆地与海洋交错，从而形成蓝色的多瑙河与清澈明亮的莱茵河。美洲西部的科迪勒拉山系因临近太平洋，入海河流皆较短小；而美洲东部因地势开阔，在南、北美洲分别形成了亚马孙河、密西西比河等世界著名大河，受独特的地质地貌影响则形成了委内瑞拉丘仑河上的安琪尔瀑布、尼亚加拉河上美国与加拿大之间的尼亚加拉大瀑布等世界奇观。

即使在同一条河流的上、中、下游不同河段，海拔高度、地形地貌、水文特征以及生物景观、季节等的不同，亦造成河段景观出现巨大差异。如发源于崇山峻岭中的江河源头多神秘隐匿，河流上中游河段多峡谷急流，下游河段则开阔平缓、河网密布，而大江大河入海的尾段则波澜壮阔、气势宏伟。

瀑布受水流流量和地形地貌的影响而呈现出不同形态、规模，并在光照作用下呈现出绚丽而变幻莫测的彩虹景观，引人入胜。

地表上星罗棋布的湖泊为陆地低洼地蓄积的水体，因受地形地貌环境和植被环境的影响，湖泊水质、水色、水体规模、水体景观亦呈现出多样性。既有河流雨水注入洼地、地表陷落形成的淡水湖，也有高山冰川溶蚀形成的冰蚀湖和海水消退形成的潟湖。湖泊景观既有烟波浩渺的壮美湖景，也有娇媚秀丽的湖光山色，还有若宝石般的高山碧湖，有的湖水宁静优雅、澄湖倒影，有的湖面则暴戾汹涌、变幻莫测。

冰川是水在高寒山地长期的高寒条件下凝固形成的固体河流，景色壮美。

涌泉为地下水在地下受压力作用涌露地面而形成，因受水质、水温、出露形态的影响而形成各种各样的冷泉、温泉、矿泉等，其中矿泉和温泉因对人体具有特殊的医疗和保健价值而在旅游业发展中得到广泛利用。

湿地为地表生长有大量植物的浅蓄水洼地，因其壮阔而神秘、平静而险恶令游人感到惊险、刺激。

**3. 生物景观的形成**

地球是一个拥有众多生命物体的星球，地球上的各类生命物体总称为生物。人类已知的地球生物可以分为植物、动物和微生物三大类，每一大类又包括若干种类，具有丰富而多样的特性。其中，植物种类约100万余种，动物种类约50万余种，微生物种类更是数不胜数。由于地球处于不断发展变化过程中，随着地理环境的变化，在不同的地质历史时期，生物的种群亦随之发生演化。受"适者生存"规律的影响，生物在各个地质历史时期的不同地理环境条件下不断新生、繁衍、演化、消亡，从而形成具有明显时代特征的生物种群结构。大量的古生物因生命自然消亡或不适应地理环境的变化而灭绝，其遗体、遗迹被埋藏在地层中形成生物化石，成为重要的观赏和科考旅游资源，如恐龙、海百合化石等。少部分属于古生物种群的动植物在特定环境条件下生存下来，成为再现古地理环境、研究古生物演变的"活化石"，因其在地球上存在的稀有而成为重要的观赏和科考旅游资源，如大熊猫、珙桐、桫椤等。生物种群不仅仅是自然生态旅游资源的重要组成部分，而且赋予自然景观以生机与活力。

不同地理环境条件下生存的各种动植物群落由于景观上的地域差异，为增添自然景观的观赏性、形成自然景观的地域特色发挥了重要作用，成为独具吸引力的旅游资源。如地球上的植物景观受纬度、地域、海拔等影响，形成自然植物景观的水平地带性、垂直地带性分布特色。

低纬度形成热带雨林、常绿阔叶林，中纬度形成针阔叶混交林，高纬度形成针叶林和苔原植被，其间还生存着各种动物（包括珍稀、濒危动物）和微生物。

在同一地带，气温随海拔升高而降低（在对流层中，通常海拔每升高100m，气温平均下降0.65℃），植物生长周期随海拔高度的变化而变化，呈现"一山有四季"的垂直分异现象，并导致秋季高海拔山地常因不同植物种类衰老过程的差异而形成彩林景观。

海陆分布差异还对植物景观造成经度地带性分布影响，自沿海向内陆依次出现森林、草原、荒漠景观。

此外，绿色植物为人类提供部分食物，其光合作用能有效净化空气、改善空气环境质量，并且是美化环境的重要物质，故绿色植物在人们日常生活中发挥着日益重要的作用。

**4. 天象气候景观的形成**

茫茫宇宙浩瀚无垠，无以计数的大大小小各种天体在不断诞生和消亡，形成形态各异的天体结构并发出美丽灿烂的各色光芒与光环；由于地球围绕太阳公转及地球自转、月亮围绕地球旋转而形成日出日落及日食、月食等天文现象，游荡漂移的无数彗星和流星亦不断划过夜空；受阳光照射及大气、地貌环境等因素影响，在大气中还出现彩虹、海市蜃楼等现象……美丽的天象景观不仅吸引着大批的天文爱好者，而且吸引着无数的普通人带着浓厚的兴趣观看奇异天象，而一些具备良好条件观察天象景观的地点便成为天象观察的旅游地。

地球表面的气候，由于受纬度位置、海拔高度、地表形态、海陆位置、大气环流等因素的影响，形成多种多样的气候现象和区域性差异，成为重要的构景因素。各种气候现象不仅可直接形成气候景观（如风、霜、雨、雪、云、雾等），对塑造地貌景观、水体景观、生物景观等亦发挥着重要作用（如对形成热带雨林、干旱沙漠、雪原冰川等发挥着重要作用）。气候的区域性差异则形成山地和海滨等避暑胜地、热带与亚热带避寒胜地等有益的康乐气候旅游资源。由于气温在垂直方向上的差异，可以形成"一山有四季""十里不同天"的立体气候旅游景观。

### 4.2.2 人文旅游资源形成的条件

在自然因素和人文因素的影响下，不同地区、不同民族、不同社会形态形成文化差异，呈现出颇具魅力的民族文化和不同风情。为适应旅游市场的不断扩大和旅游者多样化的需求，旅游资源的范畴也在不断扩大，新的旅游景区、景点正在不断建设形成。

人文旅游资源是人类在适应、改造大自然以求得生存和发展的生产劳动、生活活动以及其他社会活动过程中，创造的可以为发展旅游业所利用的物质财富与精神财富。人文旅游资源是由人类社会、经济、文化和历史等多种因素相互作用形成的，它以其特有的历史、文化、艺术魅力向人们传播知识，给人以各种美的享受，或为人们的旅游活动提供便利和舒适的服务。

**1. 建筑与设施旅游资源的形成**

建筑与设施是人类在生产生活及其他社会活动过程中创造的重要物质文化财富，它以各种古代和现代的建筑物、构筑物、工程设施，反映人类社会在政治、经济、文化、科技、军事、宗教等各方面的历史与成就，成为旅游活动中最常见、数量最多、形式最多样的旅游观光景观或活动场所，其占地面积、体量的大小差异巨大（大到一座城市、小到一座小型亭台等），材料、造型、结构更是千差万别，从而构成重要的人文旅游资源。建筑与设施作为重要的人文旅游资源，不仅可独立成景，甚至成为旅游目的地，亦可作为补充、完善自然景观不足的构景因素，而且是承载历史文化、宗教文化、民族民俗文化、文学艺术等其他文化旅游资源的重要物质载体。

例如，成都作为一座国家级历史文化名城及中国著名的休闲城市、美食之都、西南商贸中心城市，成为众多旅游者向往的旅游目的地城市。成都青羊宫作为一组古建筑群，既独立构成一处旅游景观，同时又承载着大量历史文化，还是著名的道教圣地。成都的世界文化遗产都江堰水利工程，既独立构成一处闻名世界的旅游景观，同时又承载着大量历史文化信息。四川的世界自然遗产九寨沟风景名胜区以山水秀美闻名于世，景区内的小磨坊、栈桥、藏寨、寺庙等建筑既是独立景观，又是当地优美的山水自然景观的重要补充和完善，为九寨沟山水景观增加秀雅氛围，注入文化的灵性与活力。而诸如车站、港口、机场等交通建筑和桥梁、公路、铁路等交通工程设施，不仅本身可独立构成旅游观光景点，同时亦为游人的旅游活动提供舒适的交通条件，并承载着大量的文化艺术信息。

**2. 遗址与遗物旅游资源的形成**

新石器时代以来，人类在长期的生存、发展过程中产生大量物质文明和精神文明遗存，如古遗址、古墓葬、古建筑、古代雕塑与绘画等艺术作品、古代文学与音乐等艺术作品，以及古代遗存的生产生活物品、政治与军事活动物品等。这些物质文明和精神文明遗存，既是当代以及未来人类宝贵的财富，也是当代及未来最丰富多彩和最重要的人文旅游资源。

古遗址是古代人类生产活动、生活活动以及其他社会活动（如政治活动、战争活动等）形成的活动场所、建筑废墟（包括城镇、村落、单体建筑）等历史遗迹。古墓葬为古代人类安葬死者遗体及遗物的丧葬场所及构筑物；古建筑是古代人类为满足人类社会各种需要而建设的工程设施（尤其是古代帝王的宫殿、陵墓、重要宗教活动场所的庙宇等规模宏大而富丽堂皇的建筑）。古代雕塑与绘画等艺术作品是古代人类用双手创造的反映精神生活而以物质艺术作为表现形式的智慧结晶。古代文学与音乐等艺术作品则是古代人类在精神生活领域的重要成果。古代遗存的生产生活物品是古代人类为满足生产生活活动需要而创造的用品用具。古代政治与军事活动物品是古代人类为满足政治与军事活动需要而创造的用品用器。这些历史的文化遗存，因承载了古代人类的大量智慧，充满了美学魅力并能满足人们的思古情怀，因而成为重要的人文旅游资源。历史文化旅游资源的价值，通常其历史越久远、艺术性越强、特色越突出、存世量越稀少、保存越完整，则价值越高。

### 3. 民族民俗文化旅游资源的形成

不同国家、地区和民族之间，因为生存环境、民族形成、社会发展历史不同，在生产劳动、服装、饮食、建筑、婚丧、音乐歌舞、节日活动等民俗风情上皆存在较大差异，从而形成旅游资源。即使在同一民族中，不同区域的人群亦可能因为有不同的来源和形成历史、生活的自然环境条件存在差异等而有不同的民俗风情。

例如，川西平原地区因明末清初的社会动荡导致本地人口几乎丧失殆尽，在"湖广填四川"的移民大潮中，大批移民由两湖两广、两江、福建、中原、西北等各地迁徙并留居下来，从而形成了川西平原地区民俗风情融汇各地民俗风情的复合型现象以及独特的客家风情。而在川西北的阿坝州，生活在大草原上的藏族人呈现出游牧文化的民俗风情，而居住在农区的藏族人呈现出农耕文化的民俗风情。

通常，地域性、民族性的文化差异越显著，对陌生人群的旅游吸引力越强，因而旅游价值也越高。

### 4. 宗教文化旅游资源的形成

宗教文化是人类在宗教信仰活动中创造的财富，是人类创造的古老文化现象之一。世界上的宗教多样，既有世界性的，也有地域性。目前世界性的宗教信仰主要为佛教、基督教、伊斯兰教三大宗教；道教、天主教等亦有着众多的信众。各个不同的宗教皆有其信奉对象、教义教规、信仰活动、建筑和艺术等，彼此间具有明显的文化差异，形成重要的人文旅游资源。其中，世界三大宗教因为信众众多，每年举办许多宗教仪式活动，其精美的建筑、雕塑和绘画等吸引着众多对宗教文化有浓厚兴趣的人们前往参观游览。

### 5. 文学艺术旅游资源的形成

文学艺术是人类在生产生活及其他社会活动过程中创造的重要精神文化财富，它以诗歌、散文、音乐、歌舞、戏剧、小说、传说、绘画、雕塑等文化形式，反映人类思想、情感，促进人们的精神文化交流，丰富人们的精神文化生活，带给人们精神上的美好享受，因而成为重要的人文旅游资源。文学艺术的各种文化形式是旅游活动中重要的组成成分，在旅游活动中不仅可作为独立形态构景，还可充实、完善其他旅游活动形式，尤其是在增强旅游者的精神感受方面发挥着重要作用。例如音乐歌舞既可在旅游活动中作为独立观赏项目，又可作为丰富旅游节会活动的重要内容，还可在美食宴饮活动中增强游人对美食的美好感受、增进食欲。雕塑艺术品既可独立成景，吸引游人欣赏；又可作为补充和完善自然景观、园林景观不足的构景因素；还可作为旅游文化活动中突出活动主题内容、烘托文化氛围的造景标志物和构景单元等。

### 6. 服务旅游资源的形成

旅游活动离不开旅游服务和旅游服务设施。旅游服务是人类在旅游业领域提供的为旅游者服务的非物质形态的劳动过程，旅游服务设施则是人类创造的为旅游业服务的物质形态产品。优质的旅游服务使旅游者获得身心享受、体验经历和知识，成为旅游活动过程的重要组成部分。为旅游提供服务的设施既是旅游服务的组成部分，又是重要的独立旅游产品。因此，旅游服务和旅游服务设施也是重要的旅游资源。

以前，由于旅游活动主要是以旅游观光为主，旅游服务所受到的重视度不够，旅游服务未被作为旅游资源看待。随着观光型旅游向体验型旅游转变，人们对旅游活动过程中的感受和经历日益重视，旅游服务的方式、内容和质量成为旅游活动的重要组成部分，如餐饮服务、交通服务、导游讲解服务、购物服务、娱乐服务、休闲与运动服务、旅行社中介服务等，皆已成为旅游者在旅游过程中重要的体验内容，成为旅游者旅游全过程的重要组成部分。

以前人们未将旅游服务设施作为旅游资源看待，随着人们对旅游过程感受和经历的重视，宾馆、酒店、度假村、飞机、游轮、旅行客车等服务设施可为旅游者的旅游过程提供良好的住宿、休闲享受和交通便利与旅途享受，享受旅游服务设施提供的舒适物质条件成为旅游者旅游过程中重要的体验内容。

优秀的旅游专业人才可提供优质的旅游服务，增强旅游地的旅游吸引力。好的旅游科研成果可以转化为适应旅游市场需求的旅游产品，科学的旅游咨询服务可以为提升旅游地的经营管理水平、丰富旅游地的旅游活动内容、增强旅游地的市场影响力等发挥重要作用。

### 4.2.3 综合旅游资源形成的条件

大自然以神奇的造化之力创造了自然旅游资源，给人以各种自然美的享受。人文旅游资源以人类自身创造的物质财富和精神财富给人以各种物质享受和精神享受。由于人类活动往往以自然景物、自然环境作为改造和利用对象，因而形成了许多自然景物与人文遗存并存、经人类活动改造或利用形成的自然因素与人文因素紧密结合的旅游资源，此类旅游资源，因而成为有别于独立存在的自然旅游资源和人文旅游资源的综合旅游资源。

人文旅游资源与自然旅游资源相结合，一方面可使人文旅游资源因获得自然旅游资源在自然景观和自然生态环境方面的陪衬而变得更具美学魅力、提升文化意境，另一方面也可使自然旅游资源因获得人文旅游资源的补充而变得具有精神活力、更加适应人类旅游活动的需求。自然旅游资源与人文旅游资源既相互独立又相互联系乃至相互依存，而且彼此的结合日益紧密。许多自然生态旅游地正是因为注入了文化内涵、丰富了文化景观和文化活动，在旅游市场上变得更具生命活力。而许多人文旅游地亦因为增加或改善了自然景观和生态环境，在旅游市场上变得更具吸引力。

**1. 风景名胜地旅游资源的形成**

作为自然与人文综合型旅游资源的风景名胜地，是由自然和人文两大类旅游资源组合而成的旅游资源，大多数是以广阔的自然风景作为背景，再经过人类活动的修饰、建设（如增加房屋建筑、道路桥梁、诗文题刻、绘画雕塑等），形成的人与自然共同创造的旅游资源形态。风景名胜地旅游资源既有优美的大面积自然风光，又有丰富的文化内涵（尤其以宗教文化、名人遗迹、民族风情、故事传说等方面内容居多），使人们不仅可观赏自然风光、享受大自然清新的空气，而且可游览人文胜迹、感受文化氛围、接受文化知识教育，因而极具旅游吸引力，成为旅游胜地。中国许多依托著名风景名胜地设立的景区，皆已成为重要的旅游目的地，如山东泰山、安徽黄山、陕西华山，以及四川峨眉山、九寨沟等。

**2. 乡村田园旅游资源的形成**

乡村田园旅游资源，是指以自然地貌环境为人类活动的基础场所，经过人类对地表进行改造而形成的农业生产场所、农业景观、可供收获的劳动成果、农业劳动者的生活场所，加上农业劳动者的日常生产和生活活动，构成人类与自然共同创造的旅游资源形态。乡村田园旅游资源由于其广阔的田园风光和清新的空气、不同于城市的生产生活方式和生活习俗，成为日益被紧张的城市生活、空气污染所困扰的城市居民向往的场所。在城市居民追求不同文化感受的心理驱动下，与城市文化存在显著差异的乡村文化成为他们追求的对象。因此，乡村田园旅游资源，尤其是大中城市周边的近距离乡村田园区域，日益成为深受城市居民喜爱的近地旅游目的地。如在北京、广州、深圳等许多大城市周边兴起的大型观光采摘园，成都郊区的农家乐等。

**3. 野外民俗活动场所旅游资源的形成**

各民族皆有其特定的民俗活动，各种民俗活动皆有其特定的活动场所。有的民俗活动限于城镇、村落、建筑等场所范围内，而有的民俗活动则于野外特定的场所开展。这种野外民俗活动是以特定的自然地域及其环境作为人们的专用定点活动场所，加上人类活动本身，形成人类与自然共同创造的旅游资源。野外民俗活动场所由于可供游人观赏独特的民俗活动并感受其文化氛围，有的还可供游人参与娱乐，因而对游人具有较强吸引力，成为民俗旅游的重要内容。如中国西南地区的祭神山及转山活动，赛马、射箭、摔跤、斗牛所及相关竞技民俗活动，青年男女对情歌、"抢亲"场所及其活动等。

## 4.2.4　特殊旅游资源形成的条件

世界文化遗产和自然遗产是人类祖先和大自然的杰作，有效保护世界文化遗产和自然遗产，就是保护人类文明和人类赖以生存的环境。1972年11月16日，联合国教科文组织大会第17届会议通过的《保护世界文化和自然遗产公约》，对文化遗产和自然遗产分别规定了定义。由联合国教科文组织在全球范围内遴选并公布的世界遗产和世界地质公园，从遴选的标准从旅游的角度看，皆是世界上最具有旅游吸引力的地方，实际上也是世界公认的最具有旅游吸引力的旅游目的地。因此分布于世界各地的世界遗产和地质公园自然就成为受到全世界关注的旅游热点地区，成为特殊的旅游资源。在许多国家，世界遗产和地质公园几乎成为所在国家的旅游象征，也成为全世界了解、认识该国家的重要窗口，因而申报世界遗产和地质公园受到了世界各国的高度重视。从资源类型上来说，世界自然遗产和地质公园属自然旅游资源，世界文化遗产则属人文旅游资源，而兼具自然和文化保护价值的世界自然与文化双重遗产则应属综合旅游资源。

## 4.3 旅游资源分类的原则

旅游资源是旅游业赖以产生和发展的基础，其形成机制多样，有着各自的发展与演化规律。只有掌握与理解各类旅游资源的成因、发展和演化规律，才有可能对旅游资源进行科学合理的开发。

旅游资源可依据的性状，即现存状况、形态、特性、特征进行划分。

旅游资源的分类是一项科学性极强的工作，分类的结果将直接应用于制定旅游资源保护与开发工作的有关政策、措施、实施方案等。因此，旅游资源的分类必须坚持一定的原则，即遵循一定的分类准则、标准，以保持旅游资源分类的科学性和实用性。

旅游资源分类的主要原则如下。

### 4.3.1 相似性与差异性原则

依照相似性与差异性原则进行分类，即将具有相同属性或相似属性的旅游资源归为一类，被划分为同一类同一型（小类）的旅游资源必须具有相同的属性，被划分为同一类不同型的旅游资源在总体特征上必须具有相似的属性，不同的类型之间应具有一定的差异性。

### 4.3.2 逐级划分原则

依照逐级划分原则，即采用分类结合分级的方法，将同一大类的旅游资源按照其相似性和差异性逐级划分为具有隶属关系的不同层次、不同等级的亚系统。旅游资源是一个极其复杂的系统，逐级分类可以避免出现分类的逻辑性混乱，通过先确定高一级的旅游资源类型，再将其划分为多个次一级的亚类型，然后将每一亚类型向下划分出更低一级类型。

例如，人文旅游资源之下可划分为遗址遗迹与遗物、建筑与设施、人文活动、旅游商品与纪念品等次一级的亚类型，人文活动亚类型之下可再划分为人事记录、文学艺术、民间习俗、民间传说、现代节庆等再次一级的类型。根据需要，还可再向下划分出多个更次一级的类型。

### 4.3.3 对应性原则

对应性原则是指，旅游资源分类逐级划分出的次一级类型，在内容上必须完全对应于上一级类型的内容，即上一级类型在内容上应涵盖所有下一级类型的内容，下一级类型的内容不得超出上一级或少于上一级类型的内容，上、下级类型的内容相互对应。

例如，人文旅游资源之下划分的类型必须包括所有人文类旅游资源，但不能涵盖自然类旅游资源。人文旅游资源之下划分出的遗址遗迹与遗物类旅游资源，应包括遗址、遗迹、遗物三个次一级的旅游资源类型，不能包括诸如建筑与设施等类型旅游资源；而遗址、遗迹、遗物三个类型亦不能划入建筑与设施等类型旅游资源中。

## 4.4 旅游资源分类的依据

进行旅游资源分类，除了应遵循一定的基本原则外，还必须有一定的具体依据（标准），即必须根据旅游资源本身的某些具体属性或关系进行分类。

### 4.4.1 依据旅游资源的属性分类

旅游资源的属性是指旅游资源的性质、特点。人们通常根据旅游资源的自然属性和人文属性将旅游资源分为自然旅游资源和人文旅游资源两大类。其中，自然旅游资源为自然界天然赋存的或主要是由自然界的作用形成的自然属性，或以自然属性为主的旅游资源；人文旅游资源则是由人为作用形成的或主要是由人为作用形成的人类文化属性，或以人类文化属性为主的旅游资源，二者的事物属性（或成因）有着显著差异。在自然旅游资源和人文旅游资源两大类下，根据差异性将旅游资源进一步划分为多个次一级类型，从而形成具有一定从属关系的多个等级的类型系统。由于部分旅游资源同时具有自然资源和人文资源双重属性，二者相辅相成、缺一不可，且很难将其简单归类，故近年来部分研究者主张在自然旅游资源和人文旅游资源之外增加综合旅游资源，即按此三分法分类。

### 4.4.2 依据旅游资源的性状分类

《旅游资源分类、调查与评价》（GB/T 18972—2017）中，定义旅游资源的性状为旅游资源的"现存状况、形态、特性、特征"。依据旅游资源的性状将旅游资源划分为地文景观、水域风光、生物景观、天象与气候景观、建筑与设施、历史遗迹、旅游购品、人文活动等八个主类。在各个主要类别下，又分23个亚类别，每一亚类别之下又分出110个基本类型。在具体工作中，基本类型之下还可以细分出若干亚类型。

### 4.4.3 依据旅游资源的成因分类

旅游资源的成因是指旅游资源形成的基本原因、过程。由于旅游资源的成因多样，故人们通常根据旅游资源的成因将旅游资源划分为多种不同的大类型，如自然旅游资源中按照成因通常可分为地质、地貌、水域、天象与气候、生物以及综合类等大类。每一大类之下还可分为若干亚类，亚类之下还可细分为若干基本类型。例如，地貌类型按成因可分为水成地貌、风成地貌、溶蚀地貌等，其中水成地貌还可细分为流水堆积、流水侵蚀、泥石流堆积、冰川堆积、冰川侵蚀等基本类型。

### 4.4.4 依据旅游资源的功能分类

旅游资源的功能是指旅游资源满足开展某种旅游活动的需求。一些旅游资源能满足开展多种旅游活动的需求，因而具有多种旅游功能。根据旅游资源功能的不同，人们通常将旅游资源区分为不同的大类型，如观光游览类、休闲度假类、运动探险类、文化娱乐类、康疗保健类、食宿类、购物类等。各大类型之下还可以细分为若干基本类型，如运动探险类之下还可分自驾车、登山、攀岩、滑雪、漂流、科考、狩猎等若干基本类型。

### 4.4.5 依据旅游资源的级别分类

旅游资源由于存在着质量差异，因此其旅游资源价值（包括美学、历史、文化、科学、环境、社会等方面的价值）有高有低，通常质量越好旅游价值越高，对旅游者的旅游吸引力越强，经济效益、社会效益、环境效益越大。而旅游资源质量和旅游价值的高低通常与相关资源的管理级别相对应，通常管理级别越高，其旅游资源的质量和旅游价值越高（仅有少部分文物保护单位、地质公园等因具有特定的历史、科学价值，管理级别高而旅游价值不高）。因此，人们在进行旅游资源分类时常常按照旅游资源的管理级别进行。

按照管理级别可将旅游资源分为世界级、国家级、省级（包括省、直辖市、自治区）、市级（包括副省级市、地厅级市、自治州、盟）、县级（包括县级市、县、旗）五级。世界级旅游资源主要包括由联合国教科文组织公布的世界自然遗产、世界文化遗产、世界自然与文化遗产（通常简称为"双遗产"）、世界地质公园，以及世界自然联盟公布的人与生物圈保护区等。国家级旅游资源主要包括由国务院审批公布的国家历史文化名城、国家级风景名胜区、国家级森林公园、国家级自然保护区、全国重点文物保护单位，以及由国土资源部公布的国家级地质公园等。省、市、县级旅游资源则为具有区域性旅游价值的旅游资源，其旅游吸引力的辐射范围通常限于本行政区内的旅游客源市场，少数可辐射影响到邻近的其他行政区旅游客源市场。

### 4.4.6 依据旅游资源的年代分类

由于旅游资源形成的年代不同，人们有时亦按照旅游资源的形成年代进行分类。最明显的例证是人文旅游资源分类。人们往往将人文旅游资源区分为古代人文旅游资源、近代人文旅游资源、现代人文旅游资源，对古代人文旅游资源则常常按照其产生的历史时期划分（如旧石器时代、新石器时代、商周时期、春秋战国时期、汉代、唐宋、明清等）。即使是某种具体的人文旅游资源类型，亦往往按照其产生年代予以划分（如将建筑类旅游资源区分为古代建筑、近代建筑、现代建筑）。

### 4.4.7 依据旅游资源材质结构分类

在人文旅游资源中，由于建筑物、构造物、制作品等的建造或制作过程中使用多种不同材质或按照不同结构，故实际工作中，人们常常按照相关人文旅游资源的材质或结构，将一些基本类型细分为若干类型。

例如，人文旅游资源大类下的建筑与设施主类中，交通建筑与设施亚类中的桥梁基本类型按照材质可细分为石桥、木桥、竹桥、藤桥、铁桥、钢桥、混凝土桥等亚类型，按照结构可细分为平桥、拱桥、索桥、吊桥、浮桥等类型。而根据工作需要，各亚类型还可结合材质或结构进一步细分，如索桥可进一步细分为藤索桥、藤网桥、竹索桥、铁索桥、钢索桥等。

### 4.4.8 其他分类依据

除上述七种外，还有其他一些分类依据。例如，依据开发利用情况，可将旅游资源划分为已开发旅游资源和未开发旅游资源（潜在旅游资源）；依据旅游资源质量和吸引力高低，可将旅游资源划分为不同等级（通常采用平分方法划分为3~4个等级）；依据旅游资源属地性质，可将旅游资源划分为不同类型（如划分为都市型、乡村型、海滨型、山地型等）；依据旅游资源的可利用性，可将旅游资源划分为可再生旅游资源和不可再生旅游资源；依据旅游资源的特性（包括区位特性）和旅游者体验性质，可将旅游资源划分为旅游者导向型游憩资源（主要为人口集中的城市及城郊地区的小型休闲游憩地）、资源基础型游憩资源（主要为距客源市场距离较远的大中型旅游观光、活动地）、中间型游憩资源（主要为一日游和周末度假地）等。各种不同的分类依据，皆是为了满足保护与开发以及科学研究不同目的需要。

## 4.5 国外及世界组织旅游资源分类方案

自20世纪50年代以来，全球旅游经济活动蓬勃发展，人们对旅游资源的认识范围不断扩展，学者们对旅游资源分类的研究亦随着旅游业、旅游研究的发展而不断前进。但由于旅游资源的多样性以及随时代的延展性，目前，世界各国对旅游资源尚没有统一的分类标准和分类方法。

### 4.5.1 西方国家主要分类方案

西方国家对旅游资源的分类富于人本主义色彩，西方国家地理学家或旅游资源规划师在划分游憩资源时，较多地从资源使用者的角度考虑问题。美国的 B. Driver 等依据旅游者的心理体验将旅游资源（旅游地）分为五大类，即原始地区、正原始地区、乡村地区、人类利用集中地区、城市化地区。Burkart 和 Medlik 将旅游资源分为资源基础性和游客导向型两大类，前者不管区位状况如何都对旅游者有着高度的吸引力，其旅游趋向是全国性甚至国际性的。后者区位条件较好但是资源质量一般，旅游趋向是地方性与区域性的。Corbet 等人按照旅游者的旅游活动性质将旅游资源分为供陆地活动的旅游资源、以水体为基础的旅游资源和供欣赏风景的旅游资源。

在众多的旅游分类方案中，M. Clawon 和 J. L. Knetsch 在 1966 年提出的按照旅游资源特征与游客体验分类方案影响深远，其分类系统如下。

**1. 利用者导向型游憩资源**

利用者导向型游憩资源以利用者需求为导向，靠近利用者集中的人口中心（城镇），通常满足的主要是人们日常的休闲需求，如球场、动物园、一般性公园。面积一般为 40~100 公顷㊀，通常由地方政府（市、县）或私人经营管理，海拔一般不超过 1000m，距离城市在 60km 的范围内。

**2. 资源基础型游憩资源**

这类资源可以使游客获得亲近自然的体验。资源相对于客源地的距离不确定，主要供旅游者在中长期度假中利用，如自然风景、历史遗迹及远足、露营、垂钓等所用资源，面积一般在 1000 公顷以上，主要是国家公园、国家森林公园、州立公园以及某些私人领地。

**3. 中间型游憩资源**

中间型游憩资源的特性介于上述两者之间，主要为短期（一日游或周末度假）游憩活动所利用，游客的体验相比利用者导向型游憩资源更接近自然，但又比资源基础型游憩资源差一些。

### 4.5.2 日本主要分类方案

与西方国家不同，日本对旅游资源的分类主要着眼于目的地属性特征。末武直义

---

㊀ 1 公顷 = 15 亩 = 10000m²。

(1984) 在自然资源、人文资源两分法之下，将自然资源进一步分为观赏旅游资源和滞留旅游资源两大类，共 41 小类；将人文资源划分为文化旅游资源、社会旅游资源、产业经济有关的旅游资源三大类，共 67 小类。

足羽洋保（1997）在其《观光资源论》一书中，将旅游资源划分为自然资源、人文（文化）资源、社会资源、产业资源 4 种基本类型。其中，人文（文化）资源和社会资源中都分别给出了有形资源和无形资源两种情况，产业资源主要将产业旅游场所，如工厂、观光农林业、观光牧场、观光渔业、展览设施等单独列为一类。

### 4.5.3 世界旅游组织推荐的分类方案

世界旅游组织（WTO）于 1997 年在杭州向中国推荐了全国性和区域性旅游规划的理论方法，提出的资源类别确定为 3 类 9 组，3 类即潜在供给类、现实供给类以及技术资源类。其中，潜在供给类旅游资源包括文化景点、自然景点和旅游娱乐项目；现实供给类旅游资源包括途径、设施、整体形象；技术资源类旅游资源包括旅游活动的可能性、手段和地区潜力。

## 4.6 我国旅游资源分类方案

我国改革开放以来，随着对旅游资源的开发和保护，旅游学者们对旅游资源的认识产生了差异，旅游资源的分类标准和方法也随之发生了很大变化。但旅游资源的分类研究总的发展趋势是以定量化、模型化代替定性化、经验化，并更加注重建立系统模型，更加适用于旅游资源的开发与保护、旅游规划与项目建设、旅游行业管理与旅游法规建设、旅游资源信息管理等方面的工作。

### 4.6.1 我国旅游资源分类的历史进程

经过十几年的若干普查实践，在旅游学术界的研究支持下，我国旅游行政主管部门制定公布了《旅游资源调查、分类与评价》（GB/T 18972—2017）的国家标准，并在旅游资源调查研究、开发利用和保护管理的实践中不断补充修订，逐步完善。不过，旅游资源是一个开放动态的系统，因此旅游资源分类方案也有一个不断发展完善的过程。

#### 1. 《中国旅游资源普查分类表》中的分类方案

对中国旅游资源分类的系统研究，传统方法是两分法，即分为自然旅游资源和人文旅游资源，再根据其组合要素进一步细分，又有各种不同的分法。具有代表性的是 1990 年由中国科学院地理科学与资源研究所牵头制作的《中国旅游资源普查分类表》，将旅游资源划分为二级，共八大类 108 种。其中第一级八大类分别是：地表类、水体类、生物类、气候天象类、历史类、近现代类、文化游乐体育胜地类和风情胜地类。

**2. 《中国旅游资源普查规范（试行稿）》中的分类方案**

1992 年，由国家旅游局和中国科学院地理研究主编的《中国旅游资源普查规范（试行稿）》根据当时普查的要求提出了一种应用性的分类方案。该方案主要以旅游资源的性质和状态、旅游资源特性指标的一致性、类型之间有较明显的排他行为原则进行分类，确定旅游资源由类和基本类型组成，其中基本类型是普查的具体对象，类是若干属性相同或相近的基本类型的归并，不开展实际调查。由此，将全部旅游资源划分为两大类 6 类 74 种基本类型，即旅游资源首先分为自然旅游资源和人文旅游资源。其中自然旅游资源又分为地文景观类、水域风光类和生物景观类；人文旅游资源又分为古迹与建筑类、消闲求知健身类和购物类。

《中国旅游资源普查规范（试行稿）》的制定主要是依据传统实物类资源，而一些抽象旅游资源如神话传说、山水诗词等尚未被确认，很难采用一套统一的测量标准进行量化处理，使旅游资源的定量评价较难采用《中国旅游资源普查规范（试行稿）》所提供的数据来进行具有可比性的分析。

除此之外，还存在着下列一些问题：对旅游资源的定义太宽泛，但分类体系中尚有未加体现者，如适宜的气候、便利的交通、舒适的住宿等；对旅游资源类型所述等级未加区分，如将古树名木、桥等单体对象与名山、河段等复合形式一视同仁；每一基本类型的旅游资源所列特征数据较重视事物的物理特性和地学特性，对其旅游美学特性和实际调查时可测量性重视不够等。

**3. 《旅游资源分级分类系统修订方案》中的分类方案**

1997 年，中国科学院地理资源与科学研究所和国家旅游局提出了《旅游资源分级分类系统修订方案》，依据旅游资源的景观属性和组成要素，将旅游资源划分为 3 个景系 10 个景类 95 个景型。具体为：①自然景系，包括地文景观景类、水文景观景类、气候生物景类、其他景类，共 4 个景类、37 个景型；②人文景系，包括历史遗产景类、现代人文吸引景物类、抽象人文吸引景物类、其他人文景物类等共 4 个景类、50 个景型；③服务景系，包括旅游服务景类、其他服务类景物，共 2 个景类 8 个景型。

**4. 《旅游资源分类、调查与评价》（GB/T 18972—2003）中的分类方案**

2003 年 2 月 24 日，由国家质量监督检验检疫总局发布，从 2003 年 5 月 1 日起开始实施中华人民共和国国家标准《旅游资源分类、调查与评价》（GB/T 18972—2003）。国标主要依据旅游资源的性质，对稳定的、客观存在的实体旅游资源和不稳定的、客观存在的事物和现象进行分类，以"主类""亚类"和"基本类型"为层次结构，共分为 8 个主类 31 个亚类 155 个基本类型。

**5. 《旅游资源分类、调查与评价》（GB/T 18972—2017）中的分类方案**

《旅游资源分类、调查与评价》（GB/T 18972—2017）国家标准是现行执行标准，代替 GB/T 18972—2003 国家标准。由国家质量监督检验检疫总局和国家标准化管理委员会联合发布。

本标准与 GB/T 18972—2003 相比，主要技术差异如下：旅游资源分类表做了继承性修编，分类层次和类型进行了简化；对旅游资源主类排序和名称做了调整，将原主类的第五类"遗址遗迹"和原主类的第六类"建筑与设施"前后移位，分别改为第六类和第五类；"水域风光""遗址遗迹""旅游商品"分别修改为"水域景观""历史遗迹""旅游购品"；旅游资源亚类设置了 23 个，比原亚类总数减少 8 个，取消重复类型、同类归并，名称也随之做了相应调整；旅游资源基本类型设置了 110 个，比原基本类型总数减少了 45 个，同类归并，科学吸纳和整合相关物质及非物质遗产类资源，名称也随之做了相应调整。

### 4.6.2 我国旅游资源分类的基本特点

从具体分类情况看，相较于此前的分类体系，自然旅游资源的分类变化不大，而人文旅游资源的分类有了明显的调整，主要表现在两个方面：一是将"旅游商品"单列为一类旅游资源；二是将"人文活动"作为一种区域社会活动的抽象，单列为一类旅游资源。

除此之外，《旅游资源分类、调查与评价》（GB/T 18972—2017）还具有以下特点：

一是突出了普适性和实用性，调查者根据调查的具体情况可自行增加基本类型，加强了对实际旅游资源调查工作的指导性。

二是注重旅游资源的观赏属性，强调了现存状况、形态、特征等因素在资源分类划分中的作用与意义。

三是分类体系中分别增加了综合自然旅游地和综合人文旅游地亚类，使得旅游资源单体区分更符合实际情况。例如，综合自然旅游地包括山岳型旅游地、谷地型旅游地等。这类旅游资源由多种要素和多个景点共同构成，内部联系紧密，并且在旅游资源开发与保护方向上具有相对一致性，因此，如果将其归入某一要素类型都不能真实反映资源的特征。

《旅游资源分类、调查与评价》（GB/T 18972—2017）在充分考虑了前期研究成果和广泛实践的基础上，试图建立全国或者区域可以比较的五级旅游资源分级体系，其划分更为科学合理，更具有操作性，也更加容易辨别区分。作为一部应用性较强的技术标准，《旅游资源分类、调查与评价》（GB/T 18972—2017）提出了较为完善的旅游资源的类型划分、调查、评价的实用技术和方法，为各地区旅游资源的研究及其地区旅游业的健康发展提供了可操作性的指导。

### 4.6.3 我国现行旅游资源的分类结构

《旅游资源分类、调查与评价》（GB/T 18972—2017）分为"主类""亚类""基本类型"3个层次，每个层次的旅游资源类型有相应的英文字母代号。

旅游资源基本类型分类如下。

**A 地文景观**

AA 自然景观综合体

AAA 山丘型景观 山地丘陵内可供观光游览的整体景观或个别景观。

AAB 台地型景观 山地边缘或山间台状可供观光游览的整体景观或个别景观。

AAC 沟谷型景观 沟谷内可供观光游览的整体景观或个体景观。

AAD 滩地型景观 缓平滩地内可供观光游览的整体景观或个别景观。

AB 地质与构造行迹

ABA 断裂景观 地层断裂在地表面形成的景观。

ABB 褶曲景观 地层在各种内力作用下形成的扭曲变形。

ABC 地层剖面 地层中具有科学意义的典型剖面。

ABD 生物化石点 保存在地层中的地质时期的生物遗体、遗骸及活动遗迹的发掘地点。

AC 地表形态

ACA 台丘状地景 台地和丘陵形状的地貌景观。

ACB 峰柱状地景 在山地、丘陵或平地上突起的峰状石体。

ACC 垄岗状地景 构造形迹的控制下长期受溶蚀作用形成的岩溶地貌。

ACD 沟壑与洞穴 由内营力塑造或外营力侵蚀形成的沟谷、劣地，以及位于基岩内和岩石表面的天然洞穴。

ACE 奇特与象形山石 形状奇异、拟人状物的山体或石体。

ACF 岩土圈灾变遗迹 岩石圈自然灾害变动所留下的表面痕迹。

AD 自然标记与自然现象

ADA 奇异自然现象 发生在地表一般还没有合理解释的自然界奇特现象。

ADB 自然标志地 标志特殊地理、自然区域的地点。

ADC 垂直自然带 山地自然景观及其自然要素（主要是地貌、气候、植被、土壤）随海拔呈递变规律的现象。

**B 水域景观**

BA 河系

BAA 游憩河段 可供观光游览的河流段落。

BAB 瀑布 河水在流经断层、凹陷等地区时垂直从高空跌落的跌水。

BAC 古河道段落 已经消失的历史河道现存段落。

BB 湖沼

BBA 游憩湖区 湖泊水体的观光游览区与段落。

BBB 潭池 四周有岸的小片水域。

BBC 湿地 天然或人工形成的沼泽地等带有静止或流动水体的成片浅水区。

BC 地下水

BCA 泉 地下水的天然露头。

BCB 埋藏水体 埋藏于地下的温度适宜、具有矿物元素的地下热水、热气。

BD 冰雪地

BDA 积雪地 长时间不融化的降雪堆积面。

BDB 现代冰川 现代冰川存留区域。

BE 海面

BEA 游憩海域 可供游憩观赏的海上区域。

BEB 涌潮与激浪现象 海水大潮时海水涌进景象，以及海浪推进时的激岸现象。

BEC 小型岛礁 出现在江海中的小型明礁或暗礁。

C 生物景观

CA 植被景观

CAA 林地 生长在一起的大片树木组成的植物群体。

CAB 独树与丛树 单株或者生长在一起的小片树林组成的植物群体。

CAC 草地 以多年生草本植物或小片灌木组成的植物群落构成的地区。

CAD 花卉地 一种或者多种花卉组成的群体地域。

CB 野生动物栖息地

CBA 水生动物栖息地 一种或者多种水生动物常年或者季节性栖息的地方。

CBB 陆地动物栖息地 一种或者多种陆地野生哺乳动物、两栖动物、爬行动物等常年或者季节性栖息的地方。

CBC 鸟类栖息地 一种或者多种鸟类动物常年或者季节性栖息的地方。

CBD 蝶类栖息地 一种或者多种蝶类常年或者季节性栖息的地方。

D 天象与气候景观

DA 天象景观

DAA 太空景象观赏地 观赏各种日、月、星辰、极光等太空现象的地方。

DAB 地表光现象 发生在地面上的天然或者人工光现象。

DB 天气与气候现象

DBA 云雾多发区 云雾及雾凇、雨凇出现频率较高的地方。

DBB 极端与特殊气候显示地 易出现极端与特殊气候的地区或者地点，如风区、雨区、热区、寒区、旱区等典型地点。

DBC　物候景象　各种植物的发芽、展叶、开花、结果实、叶变色和落叶等季节变化现象。

E　建筑与设施

EA　人文景观综合体

EAA　社会与商贸活动场所　进行社会交往活动、商业贸易活动的场所。

EAB　军事遗址与古战场　古代用于战争的场所、建筑物和设施遗存。

EAC　教学科研实验场所　各类学校和教育单位、开展科学研究的机构和从事工程技术实验场所的观光、研究和实习的地方。

EAD　建设工程与生产地　经济开发过程和实体单位，如工厂、矿区、农田、牧场、林场、茶园、养殖场、加工企业以及各类生产部门的生产区域和生产线。

EAE　文化活动场所　进行文化活动、展览、科学技术普及的场所。

EAF　康体游乐休闲度假地具有康乐、健身、休闲、疗养、度假条件的地方。

EAG　宗教与祭祀活动场所　进行宗教、祭祀、礼仪活动的场所和地方。

EAH　交通运输场站　用于运输通行的地面场站等。

EAI　纪念地与纪念活动场所　为纪念故人或者开展各种宗教祭祀、礼仪活动的馆室或者场所。

EB　实用建筑与核心设施

EBA　特色街区　反映某一时代建筑风貌或经营专门特色商品和商业服务的街道。

EBB　特性屋舍　具有观赏游览功能的房屋。

EBC　独立厅、室、馆　具有观赏游览功能的景观建筑。

EBD　独立场、所　具有观赏游览功能的文化、体育场馆等空间场所。

EBE　桥梁　跨越河流、山谷、障碍物或其他交通线而修建的架空通道。

EBF　渠道、运河段落　正在运行的人工开凿的水道段落。

EBG　堤坝段落　防水、挡水的构筑物段落。

EBH　港口、渡口与码头　位于江、河、湖、海沿岸进行航运、过渡、商贸、渔业活动的地方。

EBI　洞窟　由水的溶蚀、侵蚀和风蚀作用形成的可进入的地下空洞。

EBJ　陵墓　帝王、诸侯陵寝及领袖、先烈的坟墓。

EBK　景观农田　具有一定观赏游览功能的农田。

EBL　景观牧场　具有一定观赏游览功能的牧场。

EBM　景观林场　具有一定观赏游览功能的林场。

EBN　景观养殖场　具有一定观赏、游览功能的养殖场。

EBO　特色店铺　具有一定观光游览功能的店铺。

EBP　特色市场　具有一定观光游览功能的市场。

EC　景观与小品建筑

ECA　形象标志物　能反映某处旅游形象的标志物。

ECB　观景点　用于景观观赏的场所。

ECC　亭、台、楼、阁　供游客休息、乘凉或观景用的建筑。

ECD　书画作　具有一定知名度的书画作品。

ECE　雕塑　用于美化或纪念而雕刻塑造、具有一定寓意、象征或象形的观赏物和纪念物。

ECF　碑碣、碑林、经幢　雕刻记录文字、文的群体刻石或多角形石柱。

ECG　牌坊牌楼、影壁　为表彰功勋、科第、德政以及忠孝节义所立的建筑物，以及中国传统建筑中用于遮挡视线的墙壁。

ECH　门廊、廊道　门头廊形装饰物，不同于两侧基质的狭长地带。

ECI　塔形建筑　具有纪念、镇物、标明风水和某些实用目的的直立建筑物。

ECJ　景观步道、甬路　用于观光游览行走而砌成的小路。

ECK　花草坪　天然或人造的种满花草的地面。

ECL　水井　用于生活、灌溉用的取水设施。

ECM　喷泉　人造的由地下喷射水至地面的喷水设备。

ECN　堆石　由石头堆砌或填筑形成的景观。

F　历史遗迹

FA　物质类文化遗存

FAA　建筑遗迹　具有地方风格和历史色彩的历史建筑遗存。

FAB　可移动文物　历史上各时代重要实物、艺术品、文献、手稿、图书资料、代表性实物等，分为珍贵文物和一般文物。

FB　非物质类文化遗存

FBA　民间文学艺术　民间对社会生活进行形象的概括而创作的文学艺术作品。

FBB　地方习俗　社会文化中长期形成的风尚、礼节、习惯及禁忌等。

FBC　传统服饰装饰　具有地方和民族特色的衣饰。

FBD　传统演艺　民间各种传统表方式。

FBE　传统医药　当地传统留存的医药制品和治疗方式。

FBF　传统体育赛事　当地定期举行的体育比赛活动。

G　旅游购品

GA　农业产品

GAA　种植业产品及制品　具有跨地区声望的当地生产的种植业产品及制品。

GAB　林业产品与制品　具有跨地区声望的当地生产的林业产品及制品。

GAC　畜牧业产品与制品　具有跨地区声望的当地生产的畜牧产品及制品。

GAD　水产品及制品　具有跨地区声望的当地生产的水产品及制品。

GAE　养殖业产品与制品　具有跨地区声望的养殖业产品及制品。

GB　工业产品

GBA　日用工业品　具有跨地区声望的当地生产的日用工业品。

GBB　旅游装备产品　具有跨地区声望的当地生产的户外旅游装备和物品。

GC　手工工艺品

GCA　文房用品　文房书斋的主要文具。

GCB　织品、染织　纺织及用染色印花织物。

GCC　家具　生活、工作或社会实践中供人们坐、卧或支撑与储存物品的器具。

GCD　陶瓷　由瓷石、高岭土、石英石、莫来石等烧制而成，外表施有玻璃质釉或彩绘的物器。

GCE　金石雕刻、雕塑制品　用金属、石料或木头等材料雕刻的工艺品。

GCF　金石器　用金属、石料制成的具有观赏价值的器物。

GCG　纸艺与灯艺　以纸材质和灯饰材料为主要材料制成的平面或立体的艺术品。

GCH　画作　具有一定观赏价值的手工画成作品。

H　人文活动

HA　人事活动记录

HAA　地方人物　当地历史和现代名人。

HAB　地方事件　当地发生过的历史和现代事件。

HB　岁时节令

HBA　宗教活动与庙会　宗教礼仪活动，以及节日或规定日子里在寺庙附近或既定地点举行的聚会。

HBB　农时节日　当地与农业生产息息相关的传统节日。

HBC　现代节庆　当地定期或不定期的文化、商贸、体育活动等。

### 思考题

1. 如何认识旅游资源的成因？
2. 比较并评判国内外旅游资源分类方法。
3. 概述我国旅游资源国家标准制定的历史进程。

# 第 5 章　旅游资源调查样式、原则、内容、程序及方法

**【导言】**

对旅游资源的全面调查是对旅游资源进行适当开发利用的科学手段和方法。有目的、系统地收集、记录、整理、分析和总结旅游资源及其相关因素的信息与资料，以确定旅游资源的存量状况，为旅游资源的开发和管理提供客观的决策依据。旅游资源调查，包括旅游资源的调查样式、原则、内容、程序和调查方法。

**【目标】**

1. 掌握旅游资源调查的基本样式。
2. 认识和领会旅游资源调查的原则。
3. 了解旅游资源调查的基本内容和调查程序。
4. 掌握基本的旅游资源调查方法。

**【重点】**

旅游资源调查的原则　旅游资源调查的基本内容　旅游资源调查方法

## 5.1　旅游资源调查样式

旅游资源是旅游活动赖以开展的物质基础，是旅游活动的客体。一个地区的旅游业要得到合理的发展，必须依赖于对旅游资源的适当开发和利用。而适当的开发利用，又依赖于对旅游资源进行的全面调查和科学的评价。作为游客，要想找到一个最理想的旅游地，也需要对旅游地的各种旅游资源进行比较研究和正确评价。因此，旅游资源调查与评价工作是一项具有重要理论意义和实践价值的工作，它直接关系到旅游资源的合理开发和有效利用。

### 5.1.1 普查

旅游资源普查规范是指旅游资源普查的法规和标准，通常由旅游主管部门制定，是一种行政法规，内容包括旅游资源类型划分、普查区范围的界定、工作实施要求（包括基础数据的收集、填写、普查图件、普查报告的编制要求等）、普查报告验收程序等。资源定量评价的规范把旅游资源分为自然旅游资源和人文旅游资源两大类，共 8 主类、110 种基本类型。

普查对旅游资源图的比例尺要求是：西部省区可采用 1 : 100 万或更小；东部省区要求 1 : 20 万或更大。省级旅游局是普查验收的组织者和普查成果的主要承受者，国家旅游局是普查验收的指导者和普查成果的主要承受者。

为推进我国旅游资源普查工作，2019 年年初确定了海南、贵州、四川、青海、浙江、内蒙古、重庆 7 个省（区、市）为旅游资源普查试点省份。经过近一年的实践，各试点省份先试先行、大胆探索，并取得了阶段性成果。

一是突出强化组织领导。四川省委、省政府将普查工作纳入 2019 年全省重点工作范畴，并成立了省市县三级普查办和专家委员会。重庆将市旅游经济发展领导小组作为全市旅游资源普查的领导机构，建立市区两级整体联动和督查机制，确保普查工作深入推进。

二是突出强化守正创新。海南在遵循《旅游资源分类、调查与评价》（GB/T 18972—2017）的基础上，补充了雨林、沙滩与海岸等特色类型，形成了本地旅游资源分类方案并优化了资源评价因子。

三是强化"文旅融合"。四川、青海、内蒙古等地均统筹开展文化资源和旅游资源普查，实现由侧重旅游向文化和旅游并重转变，做到"应普尽普、应查尽查"。贵州、浙江等地加大了美食、休闲、音乐、体育、康养、网红打卡地等新兴文旅资源的普查力度，主动适应文化和旅游发展的新趋势、新特点。

四是突出强化技术支撑和强化质量把控。建立周报、月报、通报制度，及时掌握和督促各地普查进度，并随机核查 10% 的一至三级旅游资源和全部四、五级旅游资源。强化技术筛查力度，设置了数据入库、出库规则，严控普查数据录入质量。

五是突出强化成果应用。将普查成果与扶贫工作有机结合，形成了"五个一"成果，即"一个标准、一个系统、一套图集、一个报告、一个指南"，为旅游项目开发、招商引资、项目策划等打下了坚实基础。

文化和旅游部将着手建立旅游资源公共信息平台，全面开展分省旅游资源普查工作。同时，结合国家重大战略，科学推进长城、大运河、长征、黄河等区域旅游资源普查和整合利用工作。

## 5.1.2 详查

**1. 适用范围和要求**

适用于了解和掌握整个区域旅游资源全面情况的旅游资源调查；完成全部旅游资源调查程序，包括调查准备、实地调查；要求对全部旅游资源单体进行调查，提交全部"旅游资源单体调查表"。

**2. 调查准备**

一是成立调查组。调查组成员应具备与该调查区旅游环境、旅游资源、旅游开发有关的专业知识，一般应吸收环境保护、生物学、建筑学、历史学、旅游管理等方面的专业人员参与；根据最新国家标准的要求，进行技术培训；准备实地调查所需的设备，如定位仪器、简易测量仪器、影像设备等；准备足够的"旅游资源单体调查表"。

二是资料收集。与旅游资源单体及其赋存环境有关的各类文字描述资料，包括地方志书、乡土教材、旅游区与旅游点介绍、规划与专题报告等；与旅游资源调查区有关的各类图形资料，重点是反映旅游环境与旅游资源的专题地图；与旅游资源调查区和旅游资源单体有关的各种照片、影像资料。

**3. 实地调查**

一是确定调查区内的调查小区和调查线路。为便于运作和此后的旅游资源评价、旅游资源统计、区域旅游资源开发，将整个调查区分为若干"调查小区"。调查小区一般按行政区划分（如省级一级的调查区，可将地区一级的行政区划分为调查小区；地区一级的调查区，可将县级一级的行政区划分为调查小区；县级一级的调查区，可将乡镇一级的行政区划分为调查小区），也可按现有或规划中的旅游区域划分。调查线路按实际要求设置，一般要求贯穿调查区内所有调查小区和主要旅游资源单体所在的地点。

二是选定调查对象。选定具有旅游开发前景，有明显经济价值、社会价值、文化价值的旅游资源单体，选择集合型旅游资源单体中具有代表性的部分，代表调查区形象的旅游资源单体进行重点调查。品位明显较低、不具有开发利用价值的，与国家现行法律、法规相违背的，开发后有损于社会形象的或可能造成环境问题的，影响国计民生的，某些位于特定区域内的旅游资源单体，暂时不进行调查。

三是填写"旅游资源单体调查表"。调查表各项内容填写要求如下：

（1）单体序号：由调查组确定的旅游资源单体顺序号码。

（2）单体名称：旅游资源单体的常用名称。

（3）"代号"项：代号用汉语拼音字母和阿拉伯数字表示，即"表示单体所处位置的汉语拼音字母-表示单体所属类型的汉语拼音字母-表示单体在调查区内次序的阿拉伯数字"。

如果单体所处的调查区是县级和县级以上行政区，则单体代号按"国家标准行政代码（省代号 2 位-地区代号 3 位-县代号 3 位，参见 GB/T 2260—1999 中华人民共和国行政区代码）-旅游资源基本类型代号 3 位-旅游资源单体序号 2 位"的方式设置，共 5 组 13 位数，每组之间用短线"-"连接。如果单体所处的调查区是县级以下的行政区，则旅游资源单体代号按"国家标准行政代码（省代号 2 位-地区代号 3 位-县代号 3 位，参见 GB/T 2260—1999 中华人民共和国行政区代码）-乡镇代号（由调查组自定 2 位）-旅游资源基本类型代号 3 位-旅游资源单体序号 2 位"的方式设置，共 6 组 15 位数，每组之间用短线"-"连接。如果遇到同一单体可归入不同基本类型的情况，在确定其为某一类型的同时，可在"其他代号"后按另外的类型填写。操作时只需改动其中旅游资源基本类型代号，其他代号项目不变。填表时，一般可省略本行政区及本行政区以上的行政代码。

（4）"行政位置"项：填写单体所在地的行政归属，从高到低填写政区单位名称。

（5）"地理位置"项：填写旅游资源单体主体部分的经纬度（精度到秒）。

（6）"性质与特征"项：填写旅游资源单体本身个性，包括单体性质、形态、结构、组成成分的外在表现和内在因素，以及单体生成过程、演化历史、人事影响等主要环境因素。

（7）"旅游区域及进出条件"项：包括旅游资源单体所在地区的具体部位、进出交通、与周边旅游集散地和主要旅游景区景点之间的关系等。

（8）"保护与开发现状"项：旅游资源单体保存现状、保护措施、开发情况等。

（9）"共有因子评价问答"项：旅游资源单体的观赏游憩价值，历史文化科学艺术价值，珍稀或奇特程度，规模、丰度与概率，完整性，知名度和影响力，适游期或使用范围，环境保护与环境安全。

### 5.1.3 概查

**1. 适用范围和要求**

适用于了解和掌握特定区域或专门类型的旅游资源调查；要求对涉及的旅游资源单体进行调查。

**2. 调查技术要点**

各项技术要求；简化工作程序，如不需要成立调查组，调查人员由其参与的项目组织协调委派；资料收集限定于与调查目的相关的范围；可以不填写或择要填写"旅游资源单体调查表"等。

**3. 旅游资源评价**

总体要求是：按照旅游资源分类体系对旅游资源单体进行评价；采用打分评价方法；评价主要由调查组完成。

**4. 评价体系**

依据"旅游资源共有因子综合评价系统"赋分；本系统设"评价项目"和"评价因子"两个档次；评价项目为"资源要素价值""资源影响力""附加值"。其中，"资源要素价值"项目中包含"观赏游憩使用价值""历史文化科学艺术价值""珍稀奇特程度""规模、丰度与概率""完整性"等5项评价因子。"资源影响力"项目中含"知名度和影响力""适游期或使用范围"等2项评价因子。"附加值"含"环境保护与环境安全"1项评价因子。

**5. 计分方法**

评价项目和评价因子用量值表示。资源要素价值和资源影响力总分值为100分，其中"资源要素价值"为85分，分配如下："观赏游憩使用价值"30分、"历史科学文化艺术价值"25分、"珍稀或奇特程度"15分、"规模、丰度与概率"10分、"完整性"5分。"资源影响力"为15分，其中："知名度和影响力"10分、"适游期或使用范围"5分。"附加值"中"环境保护与环境安全"，有正分、负分之分。每一评价因子分为4个档次，其因子分值相应分为4档。旅游资源评价的赋分标准，包括评价项目、评价因子、评价依据和赋值。

**6. 计分与等级划分**

计分是根据对旅游资源单体的评价，得出该单体旅游资源共有综合因子评价赋分值。旅游资源评价等级指标是依据旅游资源单体评价总分，将其分为五级，从高级到低级为：

(1) 五级旅游资源，得分值域 $\geqslant 90$ 分。

(2) 四级旅游资源，得分值域为 75~89 分。

(3) 三级旅游资源，得分值域为 60~74 分。

(4) 二级旅游资源，得分值域为 45~59 分。

(5) 一级旅游资源，得分值域为 30~44 分。

此外还有未获等级旅游资源，得分值域 $\leqslant 29$ 分。其中，五级旅游资源称为"特品级旅游资源"，五级、四级、三级旅游资源被通称为"优良级旅游资源"，二级、一级旅游资源被通称为"普通级旅游资源"。

**7. 提交文（图）件**

(1) 内容和编写要求。全部文（图）件包括旅游资源调查区实际资料表、旅游资源图、旅游资源调查报告；旅游资源详查和旅游资源概查的文（图）件类型和精度不同，旅游资源详查需要完成全部文（图）件，包括填写旅游资源调查区实际资料表，编绘旅游资源地图，编写旅游资源调查报告。旅游资源概查要求编绘旅游资源地图，其他文件可根据需要选择编写。

(2) 产生方式。旅游资源调查区实际资料表的填写。调查区旅游资源调查、评价结束后，由调查组按照规定的栏目填写，栏目内容包括：调查区基本资料、各层次旅游资源数量统计、各主类及亚类旅游资源基本类型数量统计、各级旅游资源单体数量统计、优良级旅游资源单体名录、调查组主要成员、主要技术存档材料。旅游资源调查区实际资料表同样适用于调查小区实际资料的填写。

**8. 旅游资源图的编绘**

(1) 类型。旅游资源图分五级、四级、三级、二级、一级旅游资源单体；优良级旅游资源图分五级、四级、三级旅游资源单体。

(2) 编绘程序与方法。准备等高线地形图和调查区政区地图等工作底图。等高线地形图的比例尺根据调查区的面积大小而定，较大面积的调查区为 1∶50000~1∶200000，较小面积的调查区为 1∶5000~1∶25000，特殊情况下为更大比例尺。在工作底图的实际位置上标注旅游资源单体（部分集合型单体可将范围绘出）。

## 5.2　旅游资源调查原则

旅游资源调查是指运用科学的方法和手段，有目的、有系统地收集、记录、整理、分析和总结旅游资源及其相关因素的信息与资料，以确定旅游资源的存量状况，并为旅游经营管理者提供客观的决策依据的活动。其作为认识和掌握旅游资源的必要手段，对旅游业的发展具有重要意义。

首先，通过旅游资源调查，可以全面认识调查区域内旅游资源的类型、数量、特征、规模和开发潜力等因素，从而为其评价和开发工作奠定基础，提供可靠的第一手资料。

其次，通过旅游资源调查所获得的基础资料，为建立旅游资源信息库提供丰富的数据资料，对区域旅游发展、旅游资源的管理、利用和保护工作有很大的参考价值。

再次，通过对旅游资源自身及外部开发条件的深入调查，可以全面掌握旅游资源的开发、利用和保护现状及存在的问题，从而为确定旅游资源的开发导向、开发时序、开发重点和提出有针对性的管理措施提供详实可靠的资料。

最后，通过对旅游资源的定期调查，可以动态、全面地掌握旅游资源的开发进展状况，检查其保护情况，从而及时、准确地为旅游管理部门提供有效信息，有利于工作的科学化和现代化。

科学有效的旅游资源调查应遵循内外结合原则、综合调查原则、创造性原则、选择性原则。

### 5.2.1 内外结合原则

旅游资源调查不仅要对搜集整理出来的旅游资源方面的第二手资料进行分析，而且要进行野外考察，获取第一手资料，从而撰写调查报告。采用内外结合的方法，研究资源的性质、价值、等级、开发利用潜力等。

### 5.2.2 综合调查原则

旅游资源调查不仅要求调查人员的知识结构尽量涵盖旅游、地理、经济、环境等专业，以便充分利用不同学科的特长及研究方法，而且要求对调查区域内的自然景观资源、人文景观资源以及所依托的经济因素、社会因素、交通条件、客观状况和地理背景等进行全面的调查分析，以获得综合、系统的资料。

### 5.2.3 创造性原则

在调查过程中，要准确把握被调查对象在当前及今后市场吸引力的变化趋势，深入了解已开发景区旅游资源的吸引力，发现旅游资源新潜力和可以进行深度开发的内容，做出准确评价。

### 5.2.4 选择性原则

旅游资源调查应突出重点，选择市场需求大、有价值的旅游单体；对极具特色或有可能发挥特殊旅游功能的旅游资源要给予充分重视；对现阶段不具有开发价值或开发条件的旅游资源也应进行调查。

## 5.3 旅游资源调查内容

根据调查工作的详略程度，可以把旅游资源调查分为旅游资源概查、旅游资源普查和旅游资源详查三种类型。旅游资源概查是指对旅游资源的概略性调查或探测性调查，适用于了解和掌握特定区域或专门类型的旅游资源。旅游资源普查是指对一个旅游资源开发区或旅游远景规划区内的各种旅游资源及其相关因素进行的综合调查，适用于对旅游资源的宏观认识和了解。旅游资源详查属于旅游资源综合性调查，适用于了解和掌握整个区域旅游资源的全面情况。

旅游资源调查的基本内容大致包括旅游资源形成条件的调查、旅游资源本体的调查和旅游资源开发环境的调查。

### 5.3.1 旅游资源形成条件的调查

旅游资源形成条件的调查主要是了解和掌握区域内的基本情况，从而找出资源的整体特色及内在联系。涉及内容有：

（1）调查区的地貌特征：包括调查区所处的地貌单元、地质构造状况、岩性、地壳活动状况等。

（2）调查区的水文特征：包括调查区内地表水和地下水的类型、分布、水文特征和特殊的水文现象等。

（3）调查区的动植物特征：包括调查区内动植物的类型、分布和珍稀或特色动植物类型的基本状况等。

（4）调查区的气象、气候和环境因素：包括调查区内降水、气温、光照、湿度的基本状况和特殊的现象等。

（5）调查区的历史沿革：包括调查区在人类历史上的发展历程及遗留下的各种遗迹情况。

### 5.3.2 旅游资源本体的调查

旅游资源本体的调查主要是深入细致地根据旅游资源的属性进行调查，为开发提供基本素材。涉及内容有：

（1）自然景观的调查。自然景观包括构成特色山体的岩石、地层、构造，构成地貌形态的沟谷、洞穴等，构成水景的泉、溪、瀑、湖等，具有特色的动植物和气象因素等。

（2）人文景观的调查。人文景观包括古建筑遗址、古人类活动和文化遗址、古交通遗址、石刻、壁画及特色村寨等。

### 5.3.3 旅游资源开发环境的调查

旅游资源开发环境的调查主要是调查对旅游资源开发有重要影响的依托环境及条件。涉及内容有：

（1）调查区的经济环境：包括国民经济发展状况、国民生产总值、工农业生产总值、国民收入、人口与居民状况、居民收入水平、消费结构与消费水平、物价指数与物价水平、就业率与劳动力价格等。

（2）调查区的社会文化环境：包括调查区教育设施、邮电通信设施、医疗环卫设施、安全保卫设施，以及当地居民的民族构成、受教育程度、宗教信仰、风俗习惯、社会审美观念、价值观念、文化禁忌，还有当地的旅游氛围以及采用新技术、新工艺、新设备的情况等。

（3）调查区的政策法规环境：包括地区旅游机构的设置变动情况以及旅游相关法律法

规等的执行情况。

（4）旅游客源市场调查：包括国际游客、国内游客、外地游客、本地游客的数量，所占比例，各自停留时间，旅游动机，消费构成和消费水平，以及年龄、性别、职业、文化程度等基本情况。

## 5.4 旅游资源调查程序

旅游资源调查是一项烦琐的基础工作，必须经过规范的程序，才能保证工作效率和调查质量。一般而言，较为典型的旅游资源调查分为三个阶段：准备阶段、实施阶段和旅游资源调查整理阶段。

### 5.4.1 准备阶段

准备阶段是旅游资源调查工作的开始，准备阶段的工作是否充分扎实直接关系到整个旅游资源调查结果的质量。

**1. 成立调查小组**

旅游资源调查是一项系统性很强的工作，首先需要成立调查小组，以便更好地开展工作。调查小组通常由承担旅游资源调查工作的部门或单位如旅游局、科研机构、调查机构等负责组建，吸收不同管理部门的工作人员、不同学科方向的专业人员及普通的调查人员组成调查小组。小组要有一定的组织关系和协调配合机构，必要时须进行野外考察的基本培训，如野外方向辨别、伤病急救处理、基础资料的获取等，以应对突发事件和保证调查工作的顺利完成。

**2. 明确调查目标及重点对象**

明确旅游资源调查所要达到的目的，要将调查目标明确化、具体化，并进一步研究调查所应采用的方式、调查重点对象。应将具有较好旅游资源开发前景及具有显著的经济价值、社会价值和文化价值的资源单体，代表调查区形象的旅游资源单体，集合型旅游资源单体中具有代表性的部分，作为重点调查对象。而对于那些资源价值品位低、没有特色、历史文化内涵模糊、体量小、不完整、不具有开发价值的资源单体，可以暂时不进行调查。

**3. 制订调查方案和工作计划**

调查工作正式开始前，应先制订调查方案和工作计划，内容主要包括：调查目的、调查区域范围、调查对象、主要调查方式、调查工作的时间安排、调查的精度要求、调查小组的人员分工、调查成果的表达形式、投入人力与财力的预算等内容。

**4. 拟订旅游资源分类体系、编制旅游资源单体统计表**

调查小组以国家标准《旅游资源分类、调查与评价》(GB/T 18972—2017) 为依据，结合调查区域的旅游资源分布、类型、数量的基本情况，拟订旅游资源分类方案，设计旅游资源单体统计表。旅游资源单体统计表的主要内容应包括旅游资源单体的序号、名称、基本类型、所属区域、建议等级等。旅游资源单体统计表是旅游资源调查阶段非常重要的表格，一方面该表是对旅游资源单体基本信息的汇总，其设计和填写是进行实地调查的基础性工作；另一方面该表便于在计算机上对旅游资源单体进行统计排序，以便在此后的旅游资源调查文件汇编和旅游资源开发时使用。

**5. 确定调查小区**

为便于实际操作和适应今后的旅游资源评价、旅游资源统计和区域旅游资源开发的要求，将整个调查区分为若干"调查小区"。调查小区一般按行政区划分：省级调查区，可将地市州级的行政区划分为调查小区；地市州级的调查区，可将县级行政区划分为调查小区；县一级的调查区，可将乡镇一级的行政区划分为调查小区；也可视具体情况按现有或规划中的旅游区域划分。

**6. 确定调查线路**

调查线路按实际要求设计，一般要求贯穿调查区内所有调查小区和主要旅游资源单体所在的地点。可根据调查对象范围的大小，选取比例尺适中的地图，编制与调查工作计划相配套的野外考察线路图。

### 5.4.2 实施阶段

该阶段的主要任务是在准备工作的基础上，根据调查方案的要求和调查工作计划的安排，系统地收集第二手和第一手的资料数据，并填写旅游资源单体调查表。

**1. 收集第二手资料**

调查工作应注意收集已有的第二手资料，主要包括有关调查区域内的与旅游资源单体及其依托环境有关的各类文字描述资料（如广泛存在于书籍、报刊、网络及宣传材料上的文字记述、地方志、旅游区与旅游景点介绍、旅游规划与专题报告等），与旅游资源调查区和旅游资源单体有关的各种照片、图片及影像资料。在此基础上，对调查区域内的基本情况要形成一个概要的基本印象，对于第二手资料中介绍详尽的旅游资源，可直接用于填写旅游资源单体调查表，以便野外考察时比较、变更，查漏补缺。

**2. 收集第一手资料**

第一手资料又称实地调查资料，它是调查人员为了目前的调查目的专门搜集的各种原始资料。虽然第二手资料是实地调查的基础，也可以得到实地调查无法获得的某些资料，并能鉴定第一手资料的可信度，但第二手资料不能取代第一手资料，必须搜集一定数量的第一手资料加以补充。

**3. 填写旅游资源单体调查表**

填写旅游资源单体调查表是调查实施阶段最重要的工作步骤，这张表格承载和表现了旅游资源最核心的内容，调查者在旅游资源调查准备阶段中收集到的各类旅游资源资料和数据，本阶段对旅游资源的实地研究和验证，都要在这一张表格中体现出来。填写的主要内容包括单体序号、单体名称、代号、行政区划位置、地理位置、性质与特征、单体保护与开发现状、共有因子评价问答等。旅游资源单体调查表对此后旅游资源评价、旅游资源调查成果的质量以及依据旅游资源调查成果所进行的旅游资源开发，都将起到重要的作用。

### 5.4.3 整理阶段

完成数据和资料收集的工作后，将所调查的资料全部汇总，仔细整理和分析，最后完成图文资料的编辑工作，呈送相关部门审阅并参考执行。

**1. 整编调查资料**

资料的整理主要是把收集的零星资料整理成有条理的、能说明问题的情报，包括对文字资料、照片、影像资料的整理，以及图件的编绘等。首先，对资料进行鉴别、核对和修正，使其达到完整、准确、统一、客观的要求。其次，应用科学的方法对资料进行编码与分类，以便于分析利用。最后，采用常规的资料储存方法或计算机储存方法，将资料归卷存档，以利于今后查阅和再利用。在完成了资料的整理工作之后，调查人员要借助科学的统计分析技术对经过整理后的资料、数据和图件进行分析、解释，从而为该项调查结果提出合理的行动建议。

**2. 绘制旅游资源分布现状图**

整理反映旅游资源调查工作过程和工作成绩的手绘草图，选取形象直观的图例，经过编辑，绘制到选定的地理地图上，形成旅游资源分布现状图。

**3. 编写旅游资源调查报告**

旅游资源调查报告是体现调查工作综合性成果的图文材料。外界可以通过该报告认识调查区内旅游资源的总体特征，并从中获取各种专门资料和数据。如针对旅游规划进行的旅游资源调查报告，是编制旅游规划的重要依据，因此，该报告也可作为调查区规划的重要附件收录。

## 5.5 旅游资源调查方法

### 5.5.1 资料收集法

对已有第二手资料的收集是旅游资源调查工作顺利开展的重要基础和开端。资料收集法是通过收集旅游资源的各种现有信息数据和情报资料，从中筛选与旅游资源调查项目有关的内容，进行分析提炼的一种方法。对旅游资源资料的收集主要包括收集两个方面的资料：一是本区和邻区旅游资源的资料，包括各类有关的调查报告、相关报道、旅游发展规划、文献资料、统计年鉴、统计报表、地方志、文学作品等文字、照片和影像资料；二是本区和邻区地理环境、社会环境、经济状况等方面的资料，主要包括地质、地貌、水文、气候、生物、生态环境及有关经济等方面的文字、图表、图像和统计数据资料。

接下来，通过科学的方法对所收集的文案资料进行归类和分析统计，并对其权威性、准确性、可利用性进行评价和比较，在此基础上对旅游资源的分布状况进行一些必要的预测，拟出实地调查提纲，编写下一步具体调查的工作部署、人员配备、考察方法等计划书，为实地调查做好准备工作。

### 5.5.2 实地考察法

实地考察法是指调查人员在现场通过观察、测量、记录、填绘、摄像等形式直接接触旅游资源，从而获得旅游资源信息资料的调查方法，是旅游资源调查最常用的一种方法。采用实地调查法可以获得宝贵的第一手资料以及专业人员较为客观的认识，资料的真实性高，结果详实可靠。调查中要求调查者勤于观察、善于发现、及时填涂、现场摄录，并做好总结工作。

### 5.5.3 询问调查法

询问调查法是旅游资源调查的一种辅助方法，运用这种方法，可以向旅游资源所在地部门、居民及游客及时了解旅游资源客观事实和难以发现的事物和现象。可通过面谈调查、电话调查、邮寄调查、留置问卷调查等形式进行询问访谈，获取需要的资料信息。如果是访问座谈，要求预先精心设计询问或讨论的问题，同时调查对象应具有代表性。如果是调查问卷，要求问卷设计合理、分发收回的程序符合问卷调查的规定，以保证调查结果的有效性与合理性。

### 5.5.4 现代科技分析法

现代科技手段的应用为旅游资源的调查带来了便利。使用现代声像摄录设备，如照相机、摄像机等，可以将野外考察过程全面记录下来，真实地显现出旅游资源地的原貌。遥感技术（RS）和全球定位系统（GPS）是应用于旅游资源调查最主要的两种现代科技手段。

采用遥感技术（RS），收集多种比例尺、多种类型的遥感图像和与之相匹配的地形图、地质图、地理图等，提取图像中的旅游资源信息，不仅能对旅游资源类型做出准确的判断，而且能获取大量旅游资源的定量信息，还能发现一些野外考察不易发现的潜在旅游资源，特别适用于对人迹罕至、山高林密及常规方法无法达到的地区进行旅游资源的调查。这一方法具有覆盖面积大、信息量丰富、资料获取迅速、直观并能进行动态检测等特点，是调查、研究和开发利用旅游资源的一种有效方法。

全球定位系统（GPS）是一种空间定位技术，可用来测定调查区旅游资源的位置、范围、面积、长度等，有利于提高旅游资源调查的准确性和精度，在实际旅游资源调查中具有重要的作用。

### 5.5.5 分类分区法

调查区域内的各种旅游资源景观美感各异，把调查区域内的旅游资源，按照存在形态、内在属性、吸引力等加以分类，并进行研究调查，与同类型或不同类型的旅游资源区域加以比较、评价，得出该区域旅游资源的分类、一般特征与独特特征等，以便于指定开发规划和建立旅游资源信息库。

---

**思考题**

1. 比较普查、详查和概查的异同。
2. 简述旅游资源调查的原则，简述遵循的理由。
3. 试论旅游资源调查的内容、程序和方法。

# 第 6 章 旅游资源评价与报告

**【导言】**

旅游资源评价为旅游资源的开发和管理提供客观的决策依据。旅游资源评价工作是一项具有重要理论意义和实践价值的工作，它直接关系到旅游资源的合理开发和有效利用。

**【目标】**

1. 掌握和领会旅游资源评价原则。
2. 了解旅游资源评价方法。
3. 熟悉旅游资源评价的内容。
4. 了解旅游资源经济价值评估。

**【重点】**

旅游资源评价原则　旅游资源评价方法　旅游资源经济价值评估

## 6.1 旅游资源评价原则及依据

在通过旅游资源调查获得旅游资源的基本情况后，还必须经过有意识的开发利用，才能将旅游资源的潜在价值转化成现实的社会经济优势，这就需要对旅游资源进行系统、科学与全面的评价。旅游资源评价是在旅游资源调查的基础上根据一定的要求选取评价指标和因子，运用科学的方法对旅游资源的质量、品位、等级、价值、开发条件等做出全面的评判和鉴定的过程，是旅游资源调查的深化与延伸。

### 6.1.1 旅游资源评价原则

客观的评价是旅游资源有效保护、合理开发和进行旅游规划的重要前提和依据。通过对区域内旅游资源、资源环境和开发条件的综合评价,直接为调查区域旅游开发的重点、步骤等宏观规划与开发研究提供理论依据。通过对调查区旅游资源特点、结构、功能和性质的评价,在宏观规划的指导下,为新旅游产品的开发方向、建设项目提供论证材料,为已开发和部分开发的老旅游景点提供改造和扩大的依据。通过对旅游资源质量、规模、水平的鉴定,以及分级管理提供系列资料,也对开发产品过程中出现的生态环境问题和行业管理问题的修正提供依据。

由于旅游资源评价工作具有涉及面广、情况复杂、方法多样等特点,因此,目前还没有形成统一的评价模型和评价标准。为了使旅游资源评价做到尽可能的公正、客观、准确、可靠,在对旅游资源进行评价时需要遵循以下原则:

### 1. 标准化原则

旅游资源的评价将主要依据 2018 年正式实施的《旅游资源分类、调查与评价》(GB/T 18972—2017)中的旅游资源分类体系对旅游资源单体进行评价。

### 2. 客观实际原则

旅游资源是客观存在的事物,旅游资源的评价工作,要从客观实际出发,即在旅游资源调查的基础上,对旅游资源的形成、本质、属性、价值、功能等核心内容做出实事求是的评价,不能任意夸大,也不能随意低估,要做到客观实际、恰如其分。

### 3. 全面系统原则

全面、系统的评价原则主要体现在两个方面:一是旅游资源的价值和功能是多方面、多层次、多类型的,就其价值而言,有文化价值、美学价值、科考价值、观赏价值、历史价值、社会价值等,功能上也有观光功能、度假功能、娱乐功能、健身功能、商务功能、探险功能、科普功能等功能,因此,评价时要全面、系统地衡量。二是对涉及旅游资源开发的自然、社会、经济、环境和区位、投资、客源、施工等开发条件也要全面综合考虑。

### 4. 动态发展原则

旅游资源的特征以及开发的外部社会经济条件是不断变化和发展的。这就要求旅游资源的评价工作不能只局限于现状,必须用动态发展的眼光,考察不同阶段旅游资源所呈现的变化趋势和其变化规律,从而对旅游资源及其开发利用前景做出积极、全面和正确的评价。

### 5. 综合效益原则

旅游资源评价的最终目的是开发利用,开发利用的首要目的是能够取得效益,而且是经济效益、社会效益和环境效益的综合效益。因此,在进行旅游资源开发利用效益评价时,要兼顾经济效益、社会效益和环境效益,既要保证增加旅游经济收入,促进当地经济发展,又要做到美化环境,为人们提供一种有利身心健康的空间场所,为旅游地提供绿色、文明、健康的生活环境和蓬勃发展的社会环境。

**6. 定量与定性相结合原则**

旅游资源评价可分为定性评价和定量评价。在资源评价方法日渐完善的今天，为了避免主观色彩、个人感情色彩，必须坚持定性与定量评价相结合的原则，既要从理论方面进行深入全面的论证分析，又要根据一定的评价标准和评价模型对各种评价因素进行客观的量化处理，把定性描述用定量关系来表示，使旅游资源的评价更具科学性与客观性。

### 6.1.2 旅游资源评价依据

**1. 价值判断统计学评价**

由于价值观和人口社会学特征的不同，不同个体对同一事物的评价会产生不同的结果。但从实验统计学规律得出，不同人群或个体对同一事物的评价还是趋向于一个相同的结论，在对多个个体或人群进行统计的情况下，这一相同的结论会清晰地显现出来。因此，在对旅游资源进行评价时，可依据价值判断的统计性规律，选取不同专业背景和足够数量的人员来工作，以提高评价的权威性和可信性。

**2. 人类认知比较学评价**

人们对事物的认知具有较大的差异，这是由于不同人群或个体的差异引起的，但如果随机抽取的大量人群或个体比较不同旅游资源的质量，不同人群或个体得到的比较结果的分布呈现出的是围绕某一中心值的正态分布，最终应选择认可人数最多的评价作为评价结果。

**3. 审美学评价**

活动是人类的基本精神需求之一，旅游活动就是某种意义上的一种审美活动，包含着对美的追求和享受。从审美学角度判断旅游资源，主要评价其形态美、色彩美、动态美、静态美等。实际上，各种审美元素的最高级审美是文化审美，也可认为文化审美涵盖了各种审美。

## 6.2 旅游资源评价内容

旅游资源评价的内容和范围较广，可以把旅游资源的评价分为三个方面：一是旅游资源自身价值评价，旅游资源自身价值是吸引游客的关键性因素，也是旅游开发的生命线和产生效应的内力，是旅游开发可行性预测的重要条件之一；二是旅游资源环境条件评价，包括自然环境条件、社会环境条件等的评价；三是旅游资源开发现状与序位评价，即旅游资源的区位条件、市场条件、开发现状等的评价，它是旅游资源开发可行性的重要制约因素。在评价过程中，对旅游资源自身价值评价是基础，在此基础上结合后两个角度的评价，从而得到更为全面的综合评价结果。

### 6.2.1 旅游资源自身价值评价

**1. 旅游资源特色**

旅游资源特色，即旅游资源的特质或个性，是旅游资源的生命力所在，是旅游资源能否开发及开发程度的决定条件。旅游资源的个性化程度是评价旅游资源的重要因素，评价指标主要是旅游资源的特殊度或奇特度。

**2. 旅游资源价值**

旅游资源的价值与人的审美观和价值观相关，是旅游资源质量和水平的反映，主要包括美学价值、观赏价值、文化价值、科学价值、市场价值等。其中，美学价值涉及形象美、色彩美、意境美、组合美等；观赏价值评价指标有知名度、可游度、魅力度等；文化价值评价指标主要有文保度、完整度、可观度等，涉及历史文物、宗教文化、休憩娱乐、民俗风情、人文景观等多个方面；科学价值评价内容则包括珍稀度、研究度、科普度等方面；市场价值主要包括向往度、满意度等。

**3. 旅游资源功能**

旅游资源一般具有娱乐功能、度假功能、休憩功能、健身功能、医疗功能、探险功能、商务功能等。旅游功能是旅游资源的地位、意义、开发规模等级、市场指向的决定性因素，进而影响到旅游资源开发和保护的前景。

**4. 旅游资源规模**

旅游资源规模有景点数量、景区面积、景区容量等指标。不同的旅游资源，其规模和评价指标不同。对同一种旅游资源，在其他指标相同条件下，旅游资源规模与旅游资源价值通常成正比。

**5. 旅游资源组合**

旅游资源组合，一是指自然旅游资源与人文旅游资源的结合与互补情况；二是指各旅游资源单体要素的组合及协调性；三是指旅游资源单体的集聚程度。旅游资源只有在一定地域内集中、具有一定密度或丰度、多类型资源协调布局和组合、形成特定形态的旅游路线，才能构成具有一定的开发规模、一定开发的可行性。其评价指标包括：景点集中度、景点相异度、资源结构协调配套组合关系等。

**6. 旅游资源容量**

旅游资源容量又称为旅游承载力或饱和度，是指在一定时间条件和旅游资源的空间范围内的旅游活动能力、旅游资源的特质和空间规模所能容纳的游客活动量。旅游资源容量的评价指标有：旅游空间容量、旅游经济容量、旅游社会容量等。

**7. 旅游资源性质**

旅游资源按性质可将主要分为两大类：自然旅游资源、人文旅游资源。不同性质的旅游资源，其利用价值、旅游功能和开发方向不同，评价标准存在明显差异。

### 6.2.2 旅游资源环境条件评价

**1. 自然环境条件**

自然环境条件作为旅游资源区域整体感知形象的主要影响因素和旅游活动的重要外部环境条件，包括自然条件和环境生态两方面。在自然条件方面，主要涉及气候、生物、地质地貌、水文等环境要素，评价指标有：绿化率、舒适指数、环卫指数、环境容量系数等。在环境生态方面，主要涉及生态度、植被度、珍稀度等。相关的评价内容及指标包括：生态垂直分带性、生物多样性、生态结构特殊性、生态环境原始性、环境生态协调性、环境生态美观度等。

**2. 社会环境条件**

一般来说，旅游资源自身价值越高，社会环境条件越好，其开发利用价值越高。若其所处的社会环境条件不利，开发利用价值就会明显降低。社会环境条件评价内容主要包括：交通条件、通信条件、政治环境、经济条件、城镇分布与功能、基础设施、投资环境、施工条件等。评价指标主要有：可进入性、接待可行性、供需调节度、游览适宜度、社会安全系数、工程建设难易度等。

**3. 区位特性和客源环境条件**

区位条件评价指标包括：地理区位条件、交通区位条件、市场区位条件以及与其他资源地之间的关联区位条件。客源环境条件评价指标有：客源范围、辐射半径、客源层次、客源回馈和客源季节性变化等。

### 6.2.3 旅游资源开发现状与序位评价

旅游资源开发现状与序位评价的评价指标包括：旅游资源开发度、成熟度、资源开发顺序及投资条件。

旅游资源评价在强调旅游资源自身的特色、价值、功能、规模、组合、性质、容量等重要性的同时，更要注重旅游资源环境的自然条件、环境生态、社会条件、区位环境、客源条件、开发现状、开发序位等因素，即旅游资源市场价值和经济效益的综合评价。

旅游资源自身价值评价作为一种旅游资源吸引力指向，是旅游资源吸引能力大小的具体反映，也是决定旅游资源开发价值的主要方向。旅游资源环境条件评价则是从旅游开发潜力的角度，在旅游吸引力指向前提下对旅游资源开发价值的综合反映，主要依据旅游资源景观的旅游价值、开发条件、旅游功能类型等因素综合判定。而旅游资源开发现状与序位评价则是作为一种对旅游开发限制类型的评价，在旅游资源开发潜力范围内，依据旅游开发现状和各类资源的性状，对限制因素的种类及其强度进行划分。

## 6.3 旅游资源评价方法

旅游资源评价尽管类型很多，但从评价方法的角度可以分为定性评价和定量评价两种类型。

根据旅游资源的特点，对旅游资源的评价一般以定性描述较易把握。定性评价法也被称为经验性评价，是评价者在对旅游地资源进行了详细考察后，凭借自己的经验知识，对旅游地资源所做的主观色彩较浓厚的结论性描述，常常是旅游资源分类和规划的依据，其评价结构具有一定的可比性。定性评价的优点在于能从宏观上把握旅游地的特色，其缺点是不能量化，缺少精密的科学性。

定量评价法是指针对评价对象的特征及评价目的，采用一种或几种数学、经济或社会的数量化模型或方法对评价对象的主要因子进行数量化的仿真模拟分析与预测，从而为评价对象的认知、开发、保护与利用提供客观依据的评价方法，评价结构为数据指标，便于同类或不同类旅游资源的评价和分析。定量评价法又可以分为技术性单因子定量评价方法和综合性多因子定量评价方法两大类。

### 6.3.1 定性评价法

**1. 一般体验性评价法**

一般体验性评价法是指由游客或旅游专家根据自己的亲身体验对某一旅游资源单体或一系列的旅游地，就其整体质量进行定性评估的方法。统计问卷上大量游客对旅游资源的优劣排序，或统计旅游资源在报刊、旅游指南、书籍上出现的频率，或邀请各相关领域的专家讨论评议等，通过这些方式形成一个国家或地区最优旅游资源的评价序列，这一排序结果能够大致表明旅游资源（地）的整体质量和知名度。

一般性体验评价的特点是：评价的项目简单，只要求对旅游资源进行整体质量评价，这种方法常局限于少数知名度较高的旅游资源开发地，无法用于一般类型或尚未开发的旅游资源。

这种评价方法的使用多由传播媒介或旅游行政管理机构发起，其评价的目的多着眼于推销和宣传，评价的结果往往可以使某些旅游地知名度提高，客观上也会对旅游需求流产生导向作用。

随着网络的发展和旅游电子商务的兴起，许多网友在网上对国内部分旅游地进行点评，点评采用"五分制"的形式计分，"五分"为最佳，"一分"为最差，点评的内容包括风景区的风景、住宿、餐饮、娱乐、交通等。这种方式也是一般体验性评价的典型代表。

**2. 美感质量评价法**

美感质量评价法是一种专业的旅游资源美学价值的评价方法，对自然风景视觉质量评价较为成熟，通常是在对游客或专家体验深入分析的基础上，建立规范化的评价模型。评价的结果多为具有可比性的定性尺度或数量指标。目前已发展出四个公认的学派，即专家学派、心理物理学派、认知学派和经验学派。

(1) 专家学派。专家学派以受过专业训练的观察者或者专家为主体，以艺术、设计、生态学以及资源管理为理论基础，对景观进行评价。强调形体、线条、色彩和质地四个基本元素在决定风景质量时的重要性，以丰富性、奇特性等作为风景质量评价的指标。目前，美国及加拿大等国的土地管理部门、林务部门及交通部门多采用专家学派的评价方法进行风景评价。

(2) 心理物理学派。心理物理学派主要研究如何建立环境刺激与人类的反应之间的关系。把"风景—审美"的关系看作"刺激—反应"的关系，主张以群体的普遍审美趣味作为衡量风景质量的标准，通过心理物理学方法制定反映"风景—审美"关系的量表，然后将这一量表与风景各要素之间建立定量化的关系模型——风景质量估测模型。心理物理学派的评价方法在小范围森林风景的评价研究中应用较广。

(3) 认知学派。认知学派把风景作为人的生存空间，主张以进化论思想为依据，从人的生存需要和功能需要出发来评价风景。强调风景在人的认识及情感反应上的意义，试图用人的进化过程和功能需要解释人对风景的审美过程。

(4) 经验学派。经验学派把人的主观作用提到了绝对高度，用历史的观点，以人及其活动为主体来分析景观的价值及其产生背景，而对客观景观本身并不注重，把人对风景审美的评判看作是人的个性及其文化、历史背景、志向与情趣的表现。

通过对以上四个学派观点的总结分析，可以看出各学派在思想、方法各方面是相互补充的，而不是相互对立的。

**3. "三三六"评价体系**

"三三六"评价体系是由北京师范大学的卢云亭先生提出的，可以概括为"三大价值""三大效益""六大条件"。"三大价值"是指旅游资源的历史文化价值、艺术观赏价值和科学考察价值。历史文化价值属于人文旅游资源范畴，评价这类旅游资源要看它的类型、年代、规模和保存现状及其在历史上的地位。艺术观赏价值主要是指客体景象的艺术特征、地位和意义，景象中具有奇、绝、古、名等某一特征或数种特征并存的，景象艺术水平就高，这些是对风景旅游资源艺术景象的高度评价。科学考察价值是指景物的某种研究功能，中国有许多旅游资源具有较高的科学考察价值，获得了中外科学界的赞誉。"三大效益"是指经济效益、社会效益和环境效益。经济效益主要包括风景资源利用后可能带来的经济收入。社会效益是指对人类智力开发、知识储备、思想教育等方面的功能。环境效益是指风景资源的开发，是否会对环境、资源造成破坏。"六大条件"是指旅游资源分布区的地理位置和交通条件、景物和景类的地域组合条件、景区旅游容量条件、施工难易条件、投资能力条件、旅游客源市场条件。旅游资源的开发，必须建立在一定可行性条件的基础上。

### 6.3.2 定量评价法

定量评价法是指对旅游资源各要素适宜于游客从事特定旅游活动程度的评估方法，主要特点是大量技术性指标的运用。一般限定于自然旅游资源评价，对于开展专项旅游，如登山、滑雪、海水浴等尤为适用。

**1. 地形适应性评价法**

作为关键的旅游资源因子，地形对风景观赏有一定的影响。一方面，崎岖、陡峭的地形给游客空间移动带来了困难（通常能借助人工设施解决）；另一方面，地形的这种特性本身又能提高风景的美感质量。此外，地形要素通常对运动型旅游活动至关重要。各种参与性旅游活动对地形的倾斜程度都有严格的要求，如滑雪要求的坡度必须在35°以下。但滑雪区缓坡所占面积太大，又会影响滑雪者的体验水准，难以吸引大量滑雪者。各种旅游活动特别是参与性旅游活动对于地形的要求，成为评估地形适宜性的重要衡量标准。

**2. 气候适应性评价法**

气候对所有户外旅游活动都有影响，对从事观赏性旅游活动的影响主要在于游客的体感舒适程度，对于从事运动型旅游活动的影响主要在于游客的活动质量。

特吉旺（W. H. Teriung, 1966）在对美国大陆生理气候的评估中，选用气温、相对湿度与风速三项指标，用气温和相对湿度的不同组合来表示舒适程度的不同状况，用气温和风速的不同组合来标示风效的状况，通过获得的舒适指数和风效指数对气候的适宜性进行生理评价。其中，舒适指数是指人们对周围空气环境感觉舒服的程度，根据大多数人的感受，特吉旺把温度和湿度的不同组合分为11类，舒适指数为$-1\sim1$的日期为适宜旅游的季节，其中"0"区持续的日期为最佳旅游季节。风效指数是指人们的裸露皮肤在气温和风速的不同组合作用下感觉冷暖的程度，根据大多数人的感觉，特吉旺把温度和风速的组合分为12类，风效指数为"$-a$"的暖风期和"$-c$"的凉风期为适宜旅游的季节，而风效指数为"$-b$"的舒适风期为最佳旅游季节。

国内学者刘继韩（1989）利用特吉旺提出的舒适指数和风效指数对秦皇岛、大连和烟台的各月舒适指数和风效指数进行了比较。就舒适指数来看，三个城市的5~9月都是旅游的好时节，7月大连的避暑效果最好，7月秦皇岛比较闷热，7月和8月烟台比较闷热。就风效指数比较，三个城市差异不大，7月秦皇岛比烟台舒适。

**3. 海滩及海水浴场评价法**

1970年乔格拉斯（Georgulas）在研究海滩旅游地的一般特征时，提出了一级浴用海滩的评价标准。对用于消极活动（阳光浴等）的海滩，要求如下：海滩沙质细洁，至少长300英尺[①]，宽50英尺，沙滩在全年中应有80%以上的时间免于暴晒；后腹地有遮掩、树木，而且环境优雅，无人工废物和自然灾害物，坡度小于15°，易于通达，具有开发潜力。对用于积极活动（游泳等）的海滩，要求如下：水底没有或很少有淤泥，水质无色无味，大肠菌群数含量小于50个/1000mL，无生物垃圾，涨潮时水深8英尺，海底无珊瑚和尖石，无危险激流，与水域邻接之海滩坡度不大于8度；海滩性质同上，但要求更长更宽；一年中应有9个月的时间适于游泳。

**4. 综合多因子定量评价法**

综合多因子定量评价法是指在考虑多因子的基础上运用一些数学方法，通过建模分析，对旅游资源进行综合评价的方法。这类评价方法也非常多，如综合价值评价模型、模糊数学评价法、层次分析法、美学评分法、观赏性旅游地评价模型、价值工程法、指数表示法。这里选择性地介绍几种常用的综合多因子定量评价方法。

（1）菲什拜因—罗森伯格模型。对旅游地的综合性分析，有一个潜在的认定，即游客出游的行为与旅游地的综合性评估之间呈确定的正相关。换言之，旅游地的综合性评估值越高，游客到这一旅游地来旅游的愿望（对潜在的旅游地）和行为反映（对已开发的旅游地）越强烈。游客的消费决策和行为规律是旅游地综合评估的理论基础，旅游地综合评估模型是基于消费者决策模型：菲什拜因—罗森伯格模型。一般情况下，对应旅游地综合评估值，还有一个定名量表，即可将定量的结果转化为确定的定性结论，以便于决策者使用评估结果。比较旅游地综合评估模型和菲什拜因—罗森伯格模型，可以看出，两个模型的形式是完全一致的，旅游地综合性评估模型的结构也只是菲什拜因—罗森伯格模型的变种。到目前为止，世界上许多国家在对旅游地进行综合性评估时，大都使用这一模型。

（2）指数评价法。旅游资源的指数评价法主要分为三步：①调查分析旅游资源的开发利用现状、吸引力及外部区域环境，要求有准确的定量统计资料；②调查分析旅游需求，主要内容有游客数量、游客构成、逗留时间、旅游花费趋向、需求结构及节律性等；③拟定总体评价公式，建立表达旅游资源特质、旅游需求与旅游资源之间关系的若干量化模型。

---

① 1英尺=0.3048m。

（3）层次分析法（AHP）。层次分析法最早是由美国运筹学家托马斯·塞蒂（T. L. Saaty）提出的，在国内应用这一研究方法的领域很广泛。其将复杂的问题分解成若干层次，在比原问题简单得多的层次上逐步分析，将人的主观判断用数量形式表达出来。主要步骤如下：①将旅游资源的评价进行层次划分，划分出大类、类和层次，构成旅游资源评价模型树；②给出评价因子的大类、类、层的权重，对决策树中各层次分别建立反映其影响关系的判断矩阵，确定评价因子排序的权重及位次；③根据权重排序，以100分为总分，按权重赋予各个因素分值，得到旅游资源定量评价参数表；④根据各评价因子的权重，确定基本评价因子的指标；⑤可以应用调查结果和评价指数确定旅游资源的旅游容量、密度、需求规律和开发顺序。

（4）模糊数学法。这是运用模糊数学理论和方法构筑旅游决策模型，提出的旅游区开发价值综合评价的方法。如国内学者罗成德以地表岩石、构造、侵蚀速度、地貌组合、旅游环境、知名度、愉悦感或奇异感等7项因子，对旅游地貌资源进行打分，对峨眉山、张家界等10个景区景点进行评价。

其他常见的综合多因子定量评价法还有主成分分析法（PCA）和综合价值法。主成分分析法作为一种多变量数学分析方法，能将众多具有错综复杂关系的指标归结为少数几个综合指标（主成分），每个主成分都是原来多个指标的线性组合。通过适当调整线性函数的系数，既可使各主成分相对独立，舍去重叠的信息，又能将各原始指标所包含的不十分明显的差异集中地表现出来，使研究对象在主成分上的差异反应明显，便于做出比较直观的分析判断。主成分分析法既吸收了传统专家打分法的优点，又能消除各指标的重复信息，在旅游资源实体等级评价中是一大进步。

### 6.3.3　综合价值法

针对旅游开发的目的，就旅游资源的品质属性、资源外的区域环境气氛和资源的开发条件三方面内容，按照一定的标准，选取要素种类、优美度、特殊度、规模度、历史文化价值、景象组合、环境容量、绿化覆盖率、安全稳定性、舒适性、卫生健康标准、市场区位、产业经济基础、可进入交通条件、距地距离、基础设施条件、景点离散程度作为相关因子，来评比和鉴定区域旅游资源，确定其综合价值的大小。

《旅游资源分类、调查与评价》（GB/T 18972—2017）中将旅游资源评价体系分为"评价项目"和"评价因子"两个档次，依据"旅游资源共有因子综合评价系统"赋分，采用打分评价的方法对旅游资源单体进行评价，得出该单体旅游资源共有综合因子评价赋分值。依据旅游资源单体评价的总分值，将旅游资源划分为五级，从高到低分别为：五级旅游资源，得分≥90分；四级旅游资源，得分值域为75～89分；三级旅游资源，得分值域为60～74分；二级旅游资源，得分值域为45～59分；一级旅游资源，得分值域为30～44分。此外，还有未获等级旅游资源，得分≤29分。其中，将五级旅游资源称为"特品级旅游资源"，五级、四级、三级旅游资源被通称为"优良级旅游资源"，二级、一级旅游资源被通称为"普通级旅游资源"。

## 6.4 旅游资源经济价值评估

旅游资源经济价值是旅游资源内在旅游价值的货币化表现。国外对旅游资源经济价值评估的研究起源于20世纪80年代中期，国内对旅游资源经济价值的研究开始于20世纪90年代，主要是在森林游憩价值方面的应用。随着旅游资源开发过程中出现的经营权转让现象，我国学者对旅游资源经济价值评估问题的研究对象已经不再局限于森林旅游资源，研究范围也从实际操作层面转向对其理论的思考。旅游资源经济价值评估的理论和方法主要来源于环境学、经济学、社会学、心理学、行为学等学科，与环境影响评价理论有着直接的关系。

### 6.4.1 旅游资源经济价值评估意义

旅游资源经济价值评估无论是在旅游资源开发和管理方面，还是在旅游资源保护方面，都具有重要的意义。

**1. 有利于明确旅游资源的价值构成**

通过旅游资源经济价值的评估，有利于旅游开发规划者、经营管理者、各级政府及当地居民明确旅游资源价值的大小及相对重要性，保障各利益群体在分配中的公平与公正。

**2. 有利于制定合理的景区门票价格**

通过对已开发景区旅游资源经济价值的评价，可以建立旅游资源的质量等级与价值数据库。在开发新的旅游资源时，可对照数据库，找出与新开发景区旅游资源质量等级相同或近似的旅游资源的价值，将其纳入开发的投资—收益系统，为制定合理的门票价格提供依据。

**3. 有利于建立我国的 5G 旅游**

目前，我国对旅游业的测度所提供的数据已经能够系统描述旅游活动，运用云计算技术，能将旅游活动放在国民经济整体框架中做大数据综合分析，能全面理解旅游业对总体经济的多重意义。5G 技术为我国旅游资源经济价值的评估开辟了广阔的天地和精准的旅游服务，无论是旅游线路的规划和路况的预报，还是对旅游目的地旅游信息的精确查询，还是订票、订酒店和在线支付，都能给游客一目了然的报价和成交回复，更有利于对旅游资源价值的客观评估。

**4. 有利于景区旅游资源的开发和保护**

由于旅游资源和环境的消耗往往未被纳入旅游开发成本，导致私人开发成本大大低于社会成本。要实现旅游业的可持续发展，必须使旅游资源走市场化道路，依靠市场机制的作用来优化资源配置。协调旅游资源开发与保护之间的矛盾，把旅游资源和游憩环境的消耗纳入投资—收益系统中，实现环境成本的内在化。

### 6.4.2　旅游资源经济价值构成

从某种意义上说，很多旅游资源具有不可替代性，也就是说其"总价值"是无限的。因此，分析旅游资源"值多少钱"是没有意义的，但分析旅游资源的自然资产和生态系统服务在数量和质量上的变化对人类福利的影响是有意义的。旅游资源自然资产和生态系统服务能够增加以货币计量的人类福利，具体包括可以商品化的价值，主要是自然资产，如土地资产、森林资产等价值；也包括非商品化或难以商品化的价值，主要是生态系统服务功能形成的资产，如水体净化、水土保持、生物多样性保护、空气质量的维持、美学及文化效益等。因此，有必要对旅游资源的总经济价值进行界定。

### 6.4.3　旅游资源经济价值评估方法

目前，旅游资源经济价值评估方法主要有两类：一是替代市场技术评价法，它利用与所要评价的资源功能或特点相近的现有商品市场价格（如果市场价格不能准确反映产品或服务的稀缺特征，则要通过影子价格进行调整），赋予资源被利用所带来的效益，具体有费用支付法、旅行费用法、机会成本法、市场价值法、享乐定价法等，主要适合无市场交换但有市场价格部分的评价；二是模拟市场技术评价法，它以游客的支付意愿或接受赔偿意愿来表达旅游资源的货币价值，目前主要是条件价值法。

**1. 费用支付法**

费用支付法（EM）形成于20世纪初，自20世纪50年代后广泛应用于森林旅游资源的评估。它是以效用价值论为基础，从消费者角度出发，以游客为旅游而实际支出的有关费用的总和作为风景资源的旅游经济价值。旅游有关费用包括交通费、食宿费、门票费、摄影费、购物费、时间成本等。该方法根据不同的计算方式又分为三种形式：毛费用法、区内费用法和游憩费用法。毛费用法把旅游过程的全部费用与时间成本费用的总和作为旅游资源的经济价值；区内费用法把游客在旅游区内游览、食宿、摄影、购物等方面支出的费用作为旅游资源的经济价值；游憩费用法仅把游客因游憩而支出的费用如交通费、住宿费、门票费等作为旅游资源的经济价值。费用支出法适用于开发比较成熟的旅游资源经济价值的评估，其缺点主要是所得结果是旅游资源的现实经济价值，而消费者剩余价值未能体现出来，同时无法测定和评估未开发的旅游资源经济价值。

**2. 旅行费用法**

旅行费用法（TCM）由美国学者克劳森（Clawson）于1959年创立，1964年J.I.肯奇

(J. I. Kentsch) 对其进行了修改和完善，到 20 世纪 80 年代后才得到广泛的应用。其作为间接经济价值评估方法，以消费者剩余理论为基础，通过对游客实际的旅行支出的调查建立旅游需求函数，从中估计旅游资源的价值。具体步骤如下：

（1）在评价区域对游客进行抽样调查。主要调查游客的来源、旅行花费和影响人们出游的有关的社会经济特征，如收入、年龄、受教育水平、连接游憩地的交通条件。

（2）定义和划分游客的出发地区。理论上是将以游憩地为中心、一定距离为半径的客源地划分为同一个出发区，同一出发区的游客的旅行费用相同，不同出发区的游客的旅行费用不同。

（3）旅行费用估算，统计回归，找出旅游率与相关因素的关系。根据抽样调查得出的数据，对不同区域的旅游率和旅游费用以及各种社会经济变量进行回归，求得旅游率与收入、人口、旅游费用等的关系。

（4）绘制出第二阶段的需求曲线。利用不同区域中的游客实际数据，根据这个数据随旅游费用的增加而变化的情况，绘制一条实际的需求曲线。通过提高旅游费用，来确定边际旅游成本增加对不同区域内旅游人数的影响，把每个区域内的旅游人数相加，就可以确定一单位旅游成本的变化对总旅游人次的影响，然后绘制出第二阶段的需求曲线。计算消费者剩余。将实际费用与消费者剩余加总，得出景区的旅游总价值。

旅行费用法适用于客源市场较广、游客旅行费用差别较大、开发成熟的旅游资源经济价值的评估。其最大贡献是对消费者剩余的创造性应用，在评估时考虑了潜在旅游经济价值；其缺点是无法对未开发的旅游资源经济价值进行测算。

**3. 条件评价法**

条件评价法（CVM）最初是由西里爱希·沃恩特鲁普（Ciriacy Wantrup）于 1947 年提出的，1963 年戴维斯（Davis）研究缅因州林地宿营、狩猎的娱乐价值时首次将其应用于实践，通过调查捕鹅者对捕鹅的收益进行价值评估。条件评价法随后在许多国家及很多领域得到比较成功的应用。条件评价法作为直接经济价值评估法，从主观满意度出发，利用效用最大化原理，让被调查者在假想的市场环境中回答对某物品的最大支付意愿（WTP），或者是最小接受补偿意愿（WTA），采用一定数学方法评估其价值。旅游资源经济价值为平均意愿支付量与游客数的乘积。

条件评价法的关键在于设计问题的针对性、科学性以及回答问题的真实性。其优点是可运用于所有类型旅游资源经济价值的评估，缺点是易导致评估结果偏差较大。因此，在运用这种方法评估时，旅游客源市场范围越小，评价效果越好。同时，采用该方法时还要考虑实际旅游容量问题，如果调查得出的客源市场规模大于同期该旅游地的最大容量，则在评估时应采用旅游地的实际容量进行计算，否则会夸大旅游资源的经济价值。

## 6.5 旅游资源调查报告的文件提交

旅游资源调查报告是必须提交的规范化文件，报告汇集了旅游资源调研的全部数据和资料，是旅游资源调研工作的综合性成果。报告编制是旅游资源调查与评价工作的最后一项内容，应本着材料典型、内容详实、中心明确、重点突出、结构合理、实际客观的原则进行编写，以求为外界认识调查区域内旅游资源的总体情况提供丰富、准确的资料，为业内人员进行区域旅游规划提供理论依据和附件材料。

### 6.5.1 旅游资源调查报告的内容概要

调查报告的内容根据调查区资源类型和调查方法的不同而有所区别，但一般由标题、目录、前言、概况、正文、附件等几个主要部分组成。

（1）标题。标题主要包括调查项目的名称、调查单位、调查日期等内容。

（2）目录。通常是调查报告的主要章节及附录的索引。

（3）前言。要将调查任务来源、目的、要求、调查区位置、行政区划与归属、调查组基本情况、工作期限、工作量等内容做一概述。

（4）概况。概况包括调查区域概况以及此次调查的工作任务、目的、具体要求等内容。同时，在概况中，还应对调查人员的组成、工作安排及期限、工作量和取得的主要成果做一个简要的介绍。

（5）正文。这是调查报告的主体，其核心内容包括以下几个方面：①调查地区的旅游环境，包括调查区的位置、行政区划、自然地理特征（地形、水系、气候和气象、动植物等）、交通状况和社会经济概况等。②旅游资源开发的历史和现状，应以动态发展的眼光简述调查区旅游开发的基本情况。③旅游资源基本类型，包括旅游资源的类型、名称、分布位置、规模、形态和特征等（可附带素描、照片、录像资料）。④旅游资源评价，运用科学的方法对调查区内旅游资源做出综合性评价。同时，在与同类旅游资源和其他区域内的主要旅游资源进行对比的基础上，结合旅游资源的自身状况评定旅游资源的等级。⑤旅游资源保护与开发建议，此部分重点指出调查区旅游资源开发中存在的问题并有提出针对性建议。⑥并在报告的结尾列出主要参考文献。在报告的撰写过程中，以上内容是必须包含的，不能遗漏，调查者可根据具体情况对报告的内容做一定的调整和增补。

（6）附件。旅游资源调查报告附件是对主题报告的补充或详尽说明，主要包括背景资料、图件、声像材料及其他需要进一步详细说明的材料等：①背景材料，由于一些有关调查区基本概况的材料在报告中不便过多地强调，可以在附件中详细列出。②调查图表，图件主要是反映调查区旅游资源状况的系列图件；表格主要是有关旅游资源统计数据的汇总表。

③声像材料，主要是提供调查区内经编辑整理后的旅游资源录像带、影像碟片、照片集、幻灯片等。④其他包括一些主要的调查日记、资料卡片、随笔等。

### 6.5.2 文图件的内容和编写要求

全部文（图）件应包括旅游资源调查区实际资料表、旅游资源图、旅游资源调查报告。

旅游资源详查和旅游资源概查的文（图）件类型和精度不同，旅游资源详查应完成全部文（图）件，包括填写旅游资源调查区实际资料表，编绘旅游资源地图，编写旅游资源调查报告。旅游资源概查应编绘旅游资源地图，其他文件应根据需要选择编写。

### 6.5.3 文图件的产生方式

调查区旅游资源调查、评价结束后，应由调查组填写旅游资源调查区实际资料表，栏目内容包括：调查区基本资料；各层次旅游资源数量统计；各主类、亚类旅游资源基本类型数量统计；各级旅游资源单体数量统计；优良级旅游资源单体名录；调查组主要成员；主要技术存档材料。

旅游资源调查区实际资料表同样适用于调查小区实际资料的填写。

### 6.5.4 旅游资源图的编绘

旅游资源图分旅游资源图和优良级旅游资源图。

旅游资源图，表现五级、四级、三级、二级、一级旅游资源单体。

优良级旅游资源图，表现五级、四级、三级旅游资源单体。

准备等高线地形图和调查区政区地图等工作底图。等高线地形图的比例尺依据调查区的面积大小而定，较大面积的调查区为1∶50000~1∶200000，较小面积的调查区为1∶5000~1∶25000，特殊情况下为更大比例尺；调查区政区地图。

在工作底图的实际位置上标注旅游资源单体（部分集合型单体可将范围绘出）。旅游资源规定图例如下：

五级旅游资源■：图例大小根据图面大小而定，形状不变。

四级旅游资源●：自然旅游资源（旅游资源分类表中主类 A、B、C、D）使用蓝色图例。

三级旅游资源◆：人文旅游资源（旅游资源分类表中主类 E、F、G、H）使用红色图例。

二级旅游资源□。

一级旅游资源○。

单体符号一侧加注旅游资源单体代号或单体序号。

### 6.5.5　旅游资源调查报告的编写格式

编写旅游资源调查报告，基本篇目如下：

前言

第一章　调查区旅游环境

第二章　旅游资源开发历史和现状

第三章　旅游资源基本类型

第四章　旅游资源评价

第五章　旅游资源保护与开发建议

参考文献

附图：旅游资源图（或优良级旅游资源图）

---

**思考题**

1. 如何评价旅游资源的价值，采用什么样的方法？
2. 概述旅游资源调查报告的写作规范。

# 第 7 章 旅游资源保护性开发

**【导言】**

如何解决旅游开发与环境保护之间的矛盾从而实现旅游业的可持续发展,已经成为一项世界性的课题。在旅游开发过程中,可持续的开发方式不仅为当代旅游业带来良好的经济效益,并且能够造福后代。相反,不当的旅游资源开发及利用会对资源造成不可修复的破坏。人们经历了"先开发,后保护"带来的巨大损失后,越来越重视可持续发展。本章介绍了旅游可持续发展的内涵、原则以及内容,阐述了旅游资源的可持续利用以及旅游资源的保护手段。

**【目标】**

1. 认识旅游资源开发问题。
2. 明确旅游可持续发展的原则、内容。
3. 了解旅游资源环境管理方法。
4. 掌握旅游资源保护手段。

**【重点】**

旅游资源保护　旅游可持续发展　旅游资源环境管理

## 7.1 旅游可持续发展

21世纪,旅游在许多国家和地区的经济社会中占据着越来越重要的位置。然而,旅游业高速发展的同时,给旅游目的地的经济、环境、文化、社会等方面带来的负面影响也日渐显现出来,旅游业健康发展所面临的问题越发严峻。可持续发展观的兴起,为旅游业的发展指出了一条光明之路,旅游业是在可持续发展方面直接受益的产业,也是能够充分体现可持续发展思想的领域之一。

### 7.1.1 旅游可持续发展的内涵

可持续发展思想作为人类社会发展的产物，体现着对人类自身进步与自然环境关系的反思，这种反思反映了人类对以前走过的发展道路的怀疑和抛弃，也反映了人类对今后选择的发展道路和发展目标的憧憬和向往。旅游业作为一种人类活动，与资源、环境有着密切的关系，它的发展必然会对当地的社会、经济、文化与环境产生一定程度的积极影响和消极影响。

1990年在加拿大温哥华举行的全球持续发展大会旅游行动组策划委员会会议上提出了《旅游持续发展行动战略草案》，构筑了可持续旅游的基本理论框架，阐述了可持续旅游发展的主要目标：增进人们对旅游所产生的环境效应和经济效应的理解，强化其生态意识；促进旅游的公平发展；改善旅游接待地的生活质量；向旅游者提供高质量的旅游经历；保护未来旅游开发赖以生存的环境质量。1995年联合国教科文组织、联合国环境规划署（UNEP）和世界旅游组织（WTO）在西班牙召开了可持续旅游发展世界会议，会议通过了《可持续旅游发展宪章》和《可持续旅游发展行动计划》。

《可持续旅游发展宪章》指出：旅游具有两重性，一方面旅游能够促进社会经济和文化的发展，另一方面也加剧了环境的损耗，如地方特色的消失。对此，旅游发展必须考虑生态环境的承受能力，符合当地经济发展状况和社会道德规范，使各类资源免遭破坏，使自然和文化资源得到保护。作为对联合国《21世纪议程》的呼应，1996年世界旅游组织（WTO）、世界旅游理事会（WTTC）与地球理事会（EARTH COUNCIL）共同制定了《关于旅游业的21世纪议程（一）——实现与环境相适应的可持续发展》，提出旅游可持续发展是指在保护和增强未来机会的同时满足现时旅游者和旅游目的地的现实需要。中国对旅游可持续发展也给予了高度重视。1995年，国家环保局、旅游局、建设部、林业部和文物局联合颁布了《关于加强旅游区环境保护工作的通知》，2005年，国家旅游局、国家环保总局再次颁布了《关于进一步加强旅游生态环境保护工作的通知》，对保障旅游资源的永续利用和促进旅游业的可持续发展提出了具体的要求。

世界旅游组织在其发布的《旅游业可持续发展——地方规划指南》中曾对旅游可持续发展定义和内涵做出详细阐释。旅游可持续发展被界定为："在维持文化完整、保护生态环境的同时，满足人们对于经济、社会和审美的要求。它能为今天的主人和客人们提供生机，又能保护和增进后代人的利益并为其提供同样的机会。"旅游业可持续发展是以系统的、协调的、全局的、长远的方式来发展旅游，其核心是协调旅游地生态环境、旅游地社区和居民、旅游者三者之间的关系，兼顾三者的利益，使旅游业稳定、有序、持续地发展。

旅游可持续发展的核心概念有两大基础。一是旅游是社会可持续发展的一个子系统，任何不顾客观条件的超前开发与孤立市场的滞后开发，都会阻碍旅游的持续发展。旅游业在发展过程中，应有相应的规模与阶段，并与资源开发的阶段、内容以及结构等协调、平衡。二是旅游资源开发的强度与可利用的潜力是旅游发展的基本动力。以资源为导向的开发，在对旅游资源进行保护的前提下，发挥其应有价值并延长其使用寿命；以市场为导向的开发，要协调自然、社会、环境的发展，顺应人们对旅游不同阶段的需求关系；创立新资源，为后人有效利用旅游资源建立更好的基础；吸收先进的旅游资源开发理论、手段与管理技术，建立旅游资源合理的地域结构。

### 7.1.2 旅游可持续发展的原则

旅游可持续发展是对各种旅游资源的管理指导，促使人们在保持文化完整性、基本生态过程、生物丰富度和生命维持系统的同时，满足经济、社会和美学的需要，即要求旅游与自然、文化和人类生存环境构成一个整体。从以上层面考虑，旅游可持续发展必须遵循以下原则：

**1. 公平性**

强调本代人的公平、代际间的公平以及公平分配有限的旅游资源。所谓本代人的公平，还包括区域间、社团间的公平。反映在旅游景区的经营上，就是要给所在区域的原住民生存与发展的机会，同时，要教育原住民把自己的发展纳入景区的持续经营之中；在发展机会公平的同时，必须承担相应的公平的责任、义务。所谓代际间的公平，即给后代人公平利用自然资源的权利。反映在景区经营上，就是眼前经营者与管理者的利益与继任者利益的冲突，短期的、近视行为与景区长远规划建设的冲突。所谓公平分配有限的、不可更新的旅游资源，即指旅游景区拥有法律允许的开发其旅游资源的权利，但同时也负有不使开发活动危害他人与地区环境的义务。

**2. 协调性**

旅游可持续发展认为生态、经济与社会的协调发展是可持续发展的前提。没有协调发展就根本不可能实现旅游的可持续发展。不仅要考虑旅游业与经济社会发展水平之间的关系，还要兼顾生态环境对旅游业发展规模、档次的承载能力，同时对旅游业自身的各要素如旅游资源的结构、等级、客源市场以及旅游相关产业等基本情况进行综合分析，保持适度发展规模，促进旅游协调、稳定、健康和持续的发展。

**3. 持续性**

发展依赖于可持续，旅游资源开发和旅游业的发展应在生态系统的承载力范围内，不能为满足本代人的需求、谋取短期利益，而进行掠夺性开发旅游资源。旅游可持续发展理论把人类赖以生存的地球看成是一个自然、社会、经济、文化诸多因子构成的复合系统，主张人与自然的和谐共存。发展一旦破坏了人类生存的物质基础，发展本身也就不复存在。一方面，推进旅游实现可持续发展，必须考虑旅游在区域发展中的作用，以及与相关子系统在功能上的匹配，任何超越客观条件的超前发展和人为限制旅游业发展的做法，都会阻碍旅游可持续发展的实现。另一方面，必须针对旅游资源的不同类别与属性差别，协调资源开发、保护与人类旅游需求的关系，科学、合理地规划、开发与保护好珍贵的旅游资源，使之能最大限度地发挥其应有的价值，并尽可能地延长其使用寿命，促进旅游资源的可持续利用。

### 4. 共同性

旅游可持续发展作为追求发展的目标，它所表现的持续精神是共同的。尽管由于各国文化、历史和社会经济发展水平存在差异，旅游可持续发展的具体目标、政策措施和实施步骤不可能是一致的，但旅游可持续发展的共同性，要求人们在实现旅游可持续发展这一总目标时必须采取全球共同的联合行动。况且，许多资源和环境问题已经超越国界和地区界限，具有全球或区域的规模。要实现全球的可持续发展，就必须建立起稳固的国际秩序和合作关系。旅游资源是全人类共同拥有的财富，是人类文明进步的见证。实现旅游可持续发展，就要摒弃狭隘的区域观念，加强国际交流与合作，充分利用人类所创造的一切文明成果，特别是那些适用于旅游发展的技术、信息与现代管理手段，实现全球旅游业的繁荣和发展。

## 7.1.3 旅游资源可持续发展的内容

### 1. 生态保护意识

加深人们对旅游所产生的环境效益的理解，梳理和强化全人类的生态保护意识，使人们的行为规范符合旅游可持续发展的标准。人们应该对旅游持支持和理解的态度，积极参与环境保护并树立强烈的环境保护理念。旅游发展应该是建立在生态环境的承受能力之上的，要强化人们的生态保护意识。

### 2. 资源可持续利用

保护旅游资源的多样性和生存能力，减缓不可再生资源的衰竭速度，改善增长的质量，解决以破坏环境和资源为代价的非持续性发展问题，以最小的旅游环境与资源投入要素使用量，获取最大的旅游效益总量，保持旅游业可持续发展。

### 3. 国家开发与保护战略

旅游业的发展存在贫富差距。一般来说，旅游业发达地区多能不断地将资本投入新的领域，可能会为了获取最大收益不顾环境的承受力；旅游业不发达地区为了解决温饱问题滥用旅游资源，从而造成开发性破坏和破坏性开发。各国政府应从总体上宏观把握，建立综合发展与保护的总体框架，促进旅游业的公平发展。

### 4. 评价体系规范化、科学化

要保护旅游区的生态环境，为可持续旅游发展提供永续空间，就一定要注意衡量以下四个"水平":旅游环境评价指标参数的科学水平、旅游开发地的最低安全水平、可接受的旅游风险水平和旅游地生态发育的空间水平。这些评价指标体系在一定程度上反映了旅游地生态环境可承载容量的极限。一旦超过这些极限，就会给环境带来巨大的破坏。

**5. 和谐发展、生态平衡理念**

旅游资源的可持续发展需要实现旅游资源的最优化配置，要求人类从生态观念出发，树立人类与自然和谐发展的观念，自觉保护生态环境、维护生态平衡，强调旅游经济与生态环境的协调发展。正如 1992 年联合国环境与发展大会通过的《里约宣言》所强调的：为了实现可持续发展，环境保护工作应是发展进程中的一个整体部分，不能脱离这一进程来考虑。可持续发展要求当代人的发展不影响后代人的发展，强调当代人与后代人之间的发展均衡与公平性。

**6. "绿水青山就是金山银山"理念**

"绿水青山就是金山银山"是时任浙江省委书记的习近平于 2005 年 8 月在浙江湖州安吉考察时提出的科学论断。规划先行，是既要金山银山、又要绿水青山的前提，也是让绿水青山变成金山银山的顶层设计。2017 年 10 月 18 日，习近平在党的十九大报告中指出："坚持人与自然和谐共生，必须树立和践行绿水青山就是金山银山的理念，坚持节约资源和保护环境的基本国策。"2020 年 3 月 30 日，习近平前往浙江余村考察；4 月 1 日，在听取汇报后再次强调要践行"绿水青山就是金山银山"发展理念。

## 7.2 旅游资源的保护性开发

旅游资源大多是自然及人类文化遗留下来的珍贵遗产，虽然某些自然旅游资源主要由再生资源组成，如植被、水景等，若破坏不甚严重，可能通过自然调节和人为努力得以恢复，但旷日持久，耗资巨大。而更多的旅游资源属非再生资源，具有不可再生性，如山岩、溶洞以及人类历史长河中遗留下来的文化遗产等，一旦被破坏便可能从地球上消失，即使付出极大的代价进行仿造，其意义也与原来的绝不相同。因此，旅游资源保护的意义重大，要始终贯穿于旅游资源开发与管理的整个过程中。

### 7.2.1 自然过程对旅游资源影响

旅游资源是大自然的一部分，大自然的发展、变化都会影响旅游资源的变化，旅游资源在自然的风雨中会遭受到不同程度的破坏，这就是旅游资源的自然衰败。导致自然衰败的原因包括风、雨、洪水、泥石流、地震、地质沉降等。根据影响的速度和程度不同，可细分为灾变性破坏和缓慢性风化。

**1. 灾变性破坏**

自然界中突然发生的变化，如地震、火山喷发、海啸等会直接改变一个地区的面貌，毁掉部分或全部旅游资源，这种现象称为旅游资源灾变性破坏。灾变性破坏具有突发性和破坏强度大的特点。如1997年8月，夏威夷岛上最古老的神庙被基拉维火山喷出的熔岩全部淹没，一座有700多年历史的名胜古迹在瞬间毁灭。

**2. 缓慢性风化**

一般情况下，长期的寒暑变化、流水侵蚀、风吹雨淋等都会慢慢地改变旅游资源的形态。这种缓慢的变化即缓慢性风化。缓慢性风化的破坏过程往往是渐进的，但长年累月引发的损害也不容小觑。如埃及的基奥斯普大金字塔表层每年损耗约3mm，中国的云冈、龙门、敦煌三大石窟也无一例外地受到了类似的破坏。

人类无法阻止自然力作用造成的破坏，只能通过一些科技手段延缓这种破坏，尽可能降低它的被破坏程度。如乐山大佛曾建有13层的楼阁（唐代名为大像阁，宋代为天宁阁）覆罩其上，保护佛像。

### 7.2.2 人为开发对旅游资源的影响

**1. 旅游开发促进对旅游资源的保护**

旅游开发是一个人为的过程，是通过人的主观能动性，将旅游资源转化为产品项目的过程。旅游开发促进了旅游资源的利用，使之能发挥出潜在的综合效益，但保护和利用是旅游开发的两个方面，保护的目的是为了更好地利用，而利用也有助于保护。人们对于旅游资源的开发在一定程度上改变了人们对资源利用的传统思维。很多旅游资源在没有被开发之前，人们往往没有认识到它们的价值，只有通过旅游开发，才能促进人们认识和理解旅游资源具有的供人们休闲、游憩，获得精神享受和物质享受的功能。

例如在山区，长期以来森林资源的唯一功能被认为是木材的价值，人们将树木砍伐，然后运出山里，在市场上获得它的价值，造成很多森林地区砍伐过度，既过度消耗森林资源，又破坏环境，造成水土流失，原来山清水秀的美景一去不复返。随着旅游开发，过去地处偏远的森林现在成为旅游开发的热点，人们才认识到让树木生长在那里可以产生同样的，甚至是更多的经济效益。人们这种观念上的转变实在是得益于旅游资源的开发。旅游开发促进了人类对文化传统和自然环境的保护，挽救了很多濒临灭绝的旅游资源，将许多古城和传统文化从消亡的边缘拯救回来。

**2. 旅游开发造成的旅游资源的破坏**

与旅游开发促进对旅游资源的保护相对应的，是一些不当的旅游开发往往也会造成旅游资源的破坏，这种破坏有的是非旅游活动造成的，有的是旅游开发中的不当活动所引起的，有的则是旅游开发活动本身所带来的。旅游开发对旅游资源破坏可以分为建设性破坏、保护性破坏、管理性破坏和制度性破坏四种。

（1）建设性破坏。建设性破坏是指旅游业发展进程中开发不当等引发的对旅游资源的破坏。景区索道建设在中国是一种普遍性的旅游开发性破坏方式，如某雪山架设了3条索道，每条索道都深入自然保护区的核心区，其中长近3000m的玉龙雪山索道，延伸到海拔4506m的雪山上，每小时单向运送客流量达426人，这些索道的建设和运营，给保护区带来了生态灾难，大量游人的涌入，使亘古冰川遭到破坏，部分冰川开始融化，高山植被和野生花卉被游客践踏、破坏，野生动物数量急剧减少。

（2）保护性破坏。保护性破坏是指以旅游资源的保护为目标，但因保护措施失当，导致保护设施与周围环境不协调，或因保护性修护方法欠妥，引发对旅游资源的新的破坏。与建设性破坏不同，由于保护性破坏有良好的初衷，所以其隐蔽性更强。如某旧址原来处在许多居民住宅的包围之中，但当地为了美观，而把旧址周围的房屋都拆掉了，再配以灯光和绿地，不仅破坏了环境，还破坏了整个历史故事的特定情节，使得历史性建筑失去了一些原真性、整体性。

（3）管理性破坏。管理性破坏是一种更深层次的破坏方式，又可进一步细分为直接的管理性破坏和间接的管理性破坏，前者是由于不当的管理决策直接导致的对旅游资源的破坏，如某观光电梯，几经周折修建而成，虽然拥有3项吉尼斯世界纪录，但从当地的生态系统和谐性和游客的视觉出发，无疑都是突兀的。由于对游客管理失当，超景点容量的接待破坏了旅游区自然生态系统的平衡，大量游客将旅游区土地踏实，使土壤板结、树木死亡。大量游客在山地爬山蹬踏时破坏了自然条件下长期形成的稳定落叶层和腐殖层，造成水土流失、树木根系裸露、山草倒伏，给旅游区生态系统带来危害。

（4）制度性破坏。近年在拥有顶级旅游资源的世界遗产地频频发生的冲突事件，使很多学者都意识到旅游业相关制度设计上的产权重叠与监督缺位，恰恰是旅游资源人为破坏的根源所在。中国旅游资源的所有者（全体公民）和管理者（政府）之间存在委托—代理关系，由于目前存在同一旅游资源分别委托给林业、环保、建设等多个部门进行"代理"的现象，造成产权设置重叠，即同一资源实体的一些产权同时委托给不同的平级政府部门，各政府部门对资源的"处置权"并不具有排他性，他们在实际使用中相互竞争。同时，信息不对称与监督缺位也是旅游资源遭受制度性破坏的另一导火索。一方面，资源的所有者（普通公众）与代理人之间处于信息不对称状态；另一方面，缺乏制度性监督机制代替普通公众对代理人进行长期有效的监督与约束。针对这些制度性的弊端，近年的旅游资源管理实践中也进行了一些创新性探索，转让经营权已经成为当前许多景区管理和经营改革过程中引入企业化经营的一种制度创新模式，取得了一定的经济效益、社会效益和环境效益，但也暴露出一些问题。

### 7.2.3　旅游资源保护手段

旅游资源是一个国家发展旅游业的"生命线",要使旅游业得以持续、快速、健康的发展,就必须采取各种手段来保护旅游资源。

**1. 旅游资源保护的法律手段**

通过制定各种涉及旅游资源与环境保护的法律、法规,来约束旅游开发者和旅游者的行为,以达到对旅游资源进行保护的目的。法律保护手段具有权威性和强制性,是最为有力的保护措施。目前,我国并没有专门的旅游资源保护法,与旅游资源保护有关的法律法规,主要散见于环境与资源单行要素保护法律及行政法规、部门规章中,缺乏系统性和整体性。

（1）宪法。2018年修订的《中华人民共和国宪法》中,从对自然资源和人文资源保护的角度对旅游资源的利用与保护做出了总括性的规定,为旅游资源保护提供了根本法的基础。自然资源方面,《中华人民共和国宪法》第九条第二款规定:"国家保障自然资源的合理利用,保护珍贵的动物和植物。禁止任何组织或者个人用任何手段侵占或者破坏自然资源。"人文资源方面,《中华人民共和国宪法》第二十二条第二款规定:"国家保护名胜古迹、珍贵文物和其他重要历史文化遗产。"

（2）基本立法。1989年颁布,2014年修订的《中华人民共和国环境保护法》是中国环境保护的基本法,也是进行旅游资源保护立法工作的依据。《中华人民共和国环境保护法》第二条、第十七条、第十九条及第二十三条分别规定了自然资源、人文资源的开发利用、城乡建设等方面问题,第十七条、第十八条则是特殊区域保护的详细规定及一些禁止性规定。

（3）环境与资源保护单行法。环境与资源保护单行法中涉及旅游资源的有《中华人民共和国文物保护法》《中华人民共和国草原法》《中华人民共和国海洋环境保护法》《中华人民共和国水污染防治法》和《中华人民共和国大气污染防治法》,在旅游资源的保护范围、保护原则和方法等方面都有针对性的规定。如《中华人民共和国文物保护法》在总则第九条中规定:"旅游发展必须遵守文物保护工作的方针,其活动不得对文物造成损害。"

（4）特别区域环境保护法。旅游资源分布相对较集中的区域,如自然保护区、风景名胜区、国家森林公园等,一般都具有特定的自然特征和社会历史特征,而且国家采取特别措施加以保护。现行对特别区域环境进行保护的法律法规主要有:《中华人民共和国自然保护区条例》《风景名胜区条例》《森林公园管理办法》《地质遗迹保护管理规定》《国家湿地公园管理办法》《世界文化遗产保护管理办法》等。

（5）地方性法规。一些地区,尤其是旅游资源较丰富、旅游业较发达的地区,其地方立法机关根据有关法律法规,结合本地方的特点和具体情况,制定了有关于旅游资源保护的地方性法规、规章,一些省市还就旅游资源的保护与开发专门立法,如2017年开始实施的《陕西省秦岭生态环境保护条例》,2021年1月7日开始实施的《三江源国家公园条例》

（试行）是首个国家公园条例。这些地方法规在国家，因地制宜地解决当地问题，规范了当地旅游业及对旅游资源的开发和保护，起到了一定的作用。

（6）中国参与的主要国际公约。在旅游资源开发与管理的过程中，也要遵循有关的国际公约。据不完全统计，自20世纪30年代到目前为止，全世界有关旅游业发展和旅游资源保护的各种国际规范性文件有百余项，涉及保护旅游资源和促进旅游业发展的各个领域，为有效保护旅游资源提供了丰富的国际法依据。主要的公约、条约、协定、宣言有《武装冲突情况下保护文化遗产公约》《保护世界文化和自然遗产公约》《可持续旅游发展宪章》《国际古迹保护与修复宪章（威尼斯宪章）》《关于历史地区的保护及其当代作用的建议（内罗毕建议）》《马丘比丘宪章》《保护历史城镇与城区宪章（华盛顿宪章）》《联合国海洋法公约》《国际鸟类保护公约》《国际植物保护公约》《濒危野生动植物物种国际贸易公约》《湿地公约》《保护野生动物迁徙物种公约》《联合国生物多样性公约》等。

（7）其他相关政策法规。旅游资源保护相关的政策法规还散见于林业、国土、城市规划、矿产、城乡建设等部门的部门规章中，比如《中华人民共和国城乡规划法》《中华人民共和国矿产资源法》《城市市容和环境卫生管理条例》《建设项目环境保护管理条例》等。各地方也结合各自特点制定了一些地方性法规，这些法律、法规从不同角度规定了旅游资源的开发、利用和保护问题。

**2. 旅游资源保护的经济手段**

旅游资源保护的经济手段就是国家或主管部门运用税收等经济杠杆，调整各方面的经济利益关系，把企业的局部利益同社会的整体利益有机结合起来，制止损害旅游资源的活动，奖励保护旅游资源的活动。

（1）税收。税收是国家为满足社会公共需要，依据其社会管理职能，按照法律规定，取得财政收入的一种方式，具有强制性、无偿性、固定性的特点。通过税收手段，一方面可以为旅游资源的保护提供有保障的资金。另一方面可以通过减免或增加有关部门或企业的税收，限制和禁止某些对旅游资源和环境造成污染和破坏的建设项目，鼓励和支持那些有利于旅游资源保护的建设项目。

（2）生态补偿费。生态补偿费是开发建设活动利用生态环境、使生态环境质量降低而应缴纳的一种补偿费，是对生态环境质量降低造成的间接经济损失的一种补偿。对旅游资源开发征收生态补偿费，我国尚处于尝试阶段。

（3）排污费。排污费是按照国家法律、法规和相关标准，强制排污单位对其已经或仍在继续发生的环境污染损失或危害承担的经济责任，由环境保护行政主管部门代表国家，依法向排放污染物的单位强制收取的费用。对旅游区内的相关企业进行排污收费，可以对防止环境污染、改善环境质量，节约和综合利用资源、能源，起到重要作用。

（4）财政补贴。财政补贴是一个重要的环境保护的经济手段，是指政府对旅游业经营单位和个人治理环境污染和其他保护旅游资源及环境的活动和行为给予的资金补贴。通常情况下，这种补贴分为直接补贴和间接补贴。

（5）保证金和押金。保证金是指从事某项活动前向主管部门或有关单位按一定的比例缴纳一定数额的款项，如果按要求完成，则该款项退还缴费单位，否则予以没收。我国现在已经在很多行业实行了保证金制度，如建设项目中的"三同时"保证金。押金与保证金性质类似，押金是指对可能造成污染的产品加收一份款项，当把这些潜在的污染物送回收集系统避免了污染时，即退还该款项。押金制是一种保护环境资源和实现可持续发展的可操作性很强的经济措施。目前，尼泊尔、巴基斯坦等国在登山旅游中使用了对游人收取押金以促进其回收垃圾的措施。

（6）利益留成。利益留成是我国环境管理中最常用的鼓励措施之一，是指企业为防治污染、开展综合利用所产生的产品五年内不上缴利润，将该款项留给企业继续治理污染、开展综合利用、开发清洁生产工艺等。

**3. 旅游资源保护的行政手段**

发展旅游业，如果管理得当，会促进旅游资源保护的进展；如果管理不善，会给环境带来灾难性后果，最终导致旅游业赖以生存和发展的基础被破坏。各级地方政府对旅游资源的行政管理，对发展旅游业和保护旅游资源有着不可替代的重要作用。

（1）旅游资源普查。旅游资源普查是旅游资源行政管理的主要手段之一，也是发展旅游业的一项基础性工作。通过旅游资源普查，全面掌握旅游资源状况，拓展旅游资源的范围，对旅游资源做出科学评价，有利于对旅游资源进行合理的保护和开发。地方行政部门需要依据国家有关标准开展旅游资源的普查工作，建立旅游资源数据库。旅游资源普查工作涉及内容十分广泛，往往与国土资源、建设、文化、水利、林业、环保等部门发生联系，需要这些相关部门积极为资源普查提供相关的数据资料和技术支持。

（2）制定旅游发展规划。旅游规划是旅游资源保护与管理的重要行政手段，其在资源与环境保护方面的内容，主要包括对旅游资源环境现状的评价分析，确定旅游资源开发与环境保护的最终目标和阶段目标，制定达到资源环境保护目标所采取的相应若干措施，确定旅游资源环境保护规划的实施保障等。文化和旅游部负责组织编制全国旅游发展规划、跨省级区域旅游发展规划和国家确定的重点旅游线路、旅游区的发展规划，地方文化和旅游局负责组织编制本行政区域的旅游发展规划。

（3）旅游资源的日常管理与维护。加强旅游资源的保护，在日常管理中需要制定一套适合当地特点的保护管理措施，真正把旅游资源的保护落到实处。针对旅游景区游客数量过多的情况，需要根据游客容量确定每日可以接待的旅游者人数；针对露天旅游资源的自然风化问题，可以在一定范围内改变环境条件使风化过程减缓；针对因自然灾害损坏的景区，应视具体情况采取适宜的补救措施。

**4. 旅游资源保护的技术手段**

旅游资源保护的技术手段是指运用各种科学技术手段进行旅游资源环境的管理，这些手段包括数学手段、物理手段、生物手段、其他技术手段等。

（1）数学手段。数学手段是指运用数学中的公式、模型、图表等形式来表示旅游资源环境被污染、破坏的程度以及旅游环境演变规律与趋势等情况，为旅游资源环境管理提供科学、精确的依据。例如，通过数据、图表，精确地、真实地反映旅游资源环境被污染和破坏的情况；用公式、模型等来计算、预测旅游景区的容量或承载力，对旅游环境的综合效益等进行分析和预测。根据数学计算、预测的结果，有针对性地制定旅游资源环境保护与管理的政策与措施。

（2）物理手段。物理手段是指通过某些设施、设备的物理作用，达到处理污染物和保护旅游环境的目的。物理手段多用于自然环境的保护，如污水、废气、噪声、恶臭、垃圾和粪便的处理。

（3）生物手段。生物手段是通过利用植物、动物、微生物本身特有的功能，以达到监测、防治资源退化及环境污染和破坏，从而产生修复资源，达到美化、净化、绿化旅游环境的目的。如植物（主要是绿色植物）不仅能够调节气候、保持水土，而且能够净化空气和污水、降低噪声、吸收土壤污染物，对旅游资源的恢复保养和旅游环境的保护起着重要作用；微生物在废水、污水的净化、处理中具有不可替代的作用。

（4）其他技术手段。其他技术手段主要有空间技术（卫星与遥感技术、全球定位系统技术）、地理信息系统技术、激光技术、计算机技术、医学技术等，这些新兴技术手段已经广泛地运用到旅游资源环境管理中，发挥出了重要的作用。现在人们可以用医学手段控制珍稀动植物的繁殖、生长、优生等，以保证珍稀物种的繁衍。

**5. 旅游资源保护的教育手段**

旅游资源环境的教育管理是指对针对旅游从业人员及社会公众进行资源环境保护的宣传教育活动而进行的综合管理。通过各种宣传手段和教育方法，对从事旅游开发经营活动的开发商、观光游览活动的旅游者进行资源环境教育，特别是资源开发与环境保护技术的教育，尤其要加强对青少年的环境教育、生态知识普及。在全社会形成旅游道德、环境保护意识。

## 7.3 旅游资源国际性保护的"世界遗产"

### 7.3.1 世界遗产的分类

世界遗产包括文化遗产、自然遗产和文化景观。另外，还有非物质文化遗产、农业文遗产和世界灌溉工程遗产等。

**1. 文化遗产——文物**

文化遗产包括：从历史、艺术或科学角度看，具有突出意义、普遍价值的建筑物、雕刻和绘画，具有考古意义成分或结构的铭文、洞穴、住区及各类文物的综合体；建筑群：从历史、艺术或科学角度看，因其建筑的形式、同一性及其在景观中的地位，具有突出、普遍价值的单独或相互联系的建筑群；遗址：从历史、美学、人种学或人类学角度看，具有突出、普遍价值的人造工程或人与自然的共同杰作以及考古遗址地带。

**2. 自然遗产——地质和生物**

自然遗产包括：从美学或科学角度看，具有突出意义、普遍价值的由地质和生物结构或这类结构群组成的自然面貌；从科学或保护角度看，具有突出、普遍价值的地质和自然地理结构以及明确划定的濒危动植物物种生态区；从科学、保护或自然美角度看，只有突出、普遍价值的天然名胜或明确划定的自然地带。

**3. 文化景观——由人类有意设计和建筑的景观**

文化景观包括：出于美学原因建造的园林和公园景观，它们经常与宗教或其他纪念性建筑物或建筑群有联系；有机进化的景观：它产生于最初始的一种社会、经济、行政以及宗教需要，并通过与周围自然环境的相联系或相适应而发展到目前的形式；关联性文化景观：这类景观以与自然因素、强烈的宗教、艺术或文化相联系为特征，而不是以文化物证为特征，如我国庐山、五台山风景名胜区先后成为我国"世界遗产"中的两处文化景观。

**4. 非物质文化遗产——"活"的文化及其传统**

根据联合国教科文组织的《保护非物质文化遗产公约》，非物质文化遗产是指被各群体、团体（有时为个人）视为其文化遗产的各种实践、表演、表现形式、知识体系和技能及其有关的工具、实物、工艺品和文化场所。国务院发布《关于加强文化遗产保护的通知》，并制定"国家+省+市+县"共四级保护体系。非物质文化遗产的最大的特点是不脱离民族特殊的生活生产方式，是民族个性、民族审美习惯的"活"的显现。它依托于人本身而存在，以声音、形象和技艺为表现手段，并以身口相传作为文化链而得以延续，是"活"的文化及其传统中最脆弱的部分。因此对于非物质文化遗产传承的过程来说，人的传承就显得尤为重要。

**5. 农业文化遗产**

农业文化遗产是指人类与其所处环境长期协同发展中创造并传承至今的独特农业生产系统。我国是个农业大国，农业文化遗产是这个国家的主要财富，因此保护农业文化遗产在我国文化遗产保护中占有重要一席。中华民族的祖先不但通过在历史上所创造出的丰厚的农业文化遗产使这个土地贫瘠、自然条件并不算优越的古老国度，在数千年间实现了稳定发展，而且通过利用施用农家肥、轮种、套种等传统技术，基本上实现了对土地的永续利用。2013年5月21日，农业部公布了19个传统农业系统为第一批中国重要农业文化遗产。

**6. 世界灌溉工程遗产**

世界灌溉工程遗产是国际灌溉排水委员会（ICID）主持评选的文化遗产保护项目，始于2014年，旨在梳理世界灌溉文明发展脉络，促进灌溉工程遗产保护，总结传统灌溉工程优秀的治水智慧，为可持续灌溉发展提供历史经验和启示。申请世界灌溉工程遗产的工程必须具有如下价值：是灌溉农业发展的里程碑或转折点，为农业发展、粮食增产、农民增收做出了贡献；在工程设计、建设技术、工程规模、引水量、灌溉面积等方面领先于其时代；增加粮食生产、改善农民生计、促进农村繁荣、减少贫困；在其建筑年代是一种创新；为当代工程理论和手段的发展做出了贡献；在工程设计和建设中注重环保；在其建筑年代属于工程奇迹；独特且具有建设性意义；具有文化传统或文明的烙印；是可持续性运营管理的经典范例。我国的世界灌溉工程遗产已达19项，是灌溉工程遗产类型最丰富、分布最广泛、灌溉效益最突出的国家。

### 7.3.2 我国的世界遗产

世界遗产，是人类罕见的、无法替代的财富，是全人类公认的具有突出意义和普遍价值的罕见的文物古迹和自然景观。古代人们所建造的出色的建筑群，是全人类的宝物，需要全世界的人们来妥善地加以保护，并留给子孙后代，这些遗产便是世界遗产，分为世界文化遗产和世界自然遗产。我国面积辽阔，历史悠久，有许多地方被联合国教科文组织列入世界遗产。到2021年7月，我国的世界遗产共有56处，位居世界第一。

**1. 长城**

1987年被列入世界文化遗产。约公元前220年，一统天下的秦始皇，将修建于早些时候的一些断续的防御工事连接成一个完整的防御系统，用以抵抗来自北方的侵略。后来，汉、明两代又曾大规模修筑，今天人们所看到的长城多是明代修筑。长城沿线的气候、土壤、植被等自然条件处在不同自然地带的过渡带上，使这个地区既宜农耕又宜于畜牧。

**2. 敦煌莫高窟**

1987年被列入世界文化遗产。公元366年，一位叫乐尊的行脚僧人来到敦煌南面的鸣沙山，当他见到眼前的三危山山顶放金光，宛如千佛降世，便深感此处是佛教的圣地。于是，乐尊便在鸣沙山沿河的陡壁上开凿了第一个洞窟，莫高窟从此诞生。后经十六国至元十几个朝代的开凿，形成一座内容丰富、规模宏大的石窟群。

### 3. 北京和沈阳的明清皇宫

1987 年被列入世界文化遗产。北京故宫又称紫禁城，是明、清两代的最高权力中心，它以园林景观和 8707 间房间的庞大建筑群，成为明清时代中国文明无价的历史见证。黄瓦红墙，金扉朱楹，白玉雕栏，宫阙重叠，巍峨壮观，是我国现存规模最大最完整的古建筑群。1987 年，北京故宫被列入《世界文化遗产名录》。2004 年，沈阳故宫作为明清皇宫文化遗产的扩展项目列入《世界遗产名录》。

### 4. 秦始皇陵及兵马俑坑

1987 年被列入世界文化遗产。秦始皇陵是中国历史上第一个皇帝嬴政（公元前 259 年—公元前 210 年）的陵寝，陵墓位于陕西省西安市临潼区骊山北麓。秦始皇陵坐西向东，与历代帝王陵墓的格局不同，非常奇特。陵园布局仿秦都咸阳，分内外两城，内城周长约 2.5km，外城周长约 6.3km。千百年来，对秦陵地宫内珍贵的随葬品的猜想引发了许多神奇的传说故事。

### 5. 周口店北京猿人遗址

1987 年被列入世界文化遗产。周口店北京人遗址位于北京市房山区周口店龙骨山，周口店附近的山地多为石灰岩，在水力作用下，形成许多大小不等的天然洞穴。山上有一东西长约 140m 的天然洞穴，俗称"猿人洞"。1929 年在此洞中首次发现古代人类遗存，因此该洞后被称"周口店第一地点"。

### 6. 泰山

1987 年被列入世界文化与自然双重遗产。泰山，古名岱山，又称岱宗，有五岳之首、五岳之长、五岳之尊、天下第一山等尊称。自古以来，泰山就为国人所崇拜，被视为社稷稳定、民族团结的象征，中华民族一直有"泰山安，四海皆安"的说法；泰山还是我国古代唯一受过皇帝封禅的名山，有 72 位君王到泰山会诸侯、定大位、刻石记号；文人墨客更是纷纷前去朝山揽胜、赋诗留言，留下了 20 个古建筑群，2200 余处碑碣石刻，从而使泰山成为"天下第一山"，并一直成为艺术家和学者的精神源泉。

### 7. 黄山

1990 年被列入世界文化与自然双重遗产。黄山原称黟山，雄踞安徽南部，山体伟特，玲珑巧石，千姿万态。黄山美在奇松、怪石、云海、温泉"四绝"。自古以来，旅游者多以为黄山之美不亚于五岳："五岳归来不看山，黄山归来不看岳。"

### 8. 黄龙风景名胜区

1992 年被列入世界自然遗产。黄龙风景名胜区位于四川省阿坝藏族羌族自治州松潘县境内,处于三大地质构造单元的结合部,在这里人们可以找到高山景观和各种不同的森林生态系,以及壮观的石灰岩构造、瀑布和温泉。这一地区还生存着许多濒临灭绝的动物,比如大熊猫和四川疣鼻金丝猴等。

### 9. 九寨沟风景名胜区

1992年被列入世界自然遗产。九寨沟位于四川省北部,连绵72000公顷,曲折狭长的九寨沟是一条纵深50km的山沟谷地。九寨沟以明朗的高原风光为基调,融翠湖、叠瀑、秋林、雪峰于一体。2017年8月8日,九寨沟发生7.0级地震,此后受地震影响,停止接待游客。2020年7月,九寨沟景区恢复开放。

### 10. 武陵源风景名胜区

1992年被列入世界自然遗产。武陵源风景名胜区位于湖南省张家界市,由张家界国家森林公园、索溪峪和天子山等三大景区组成。景区内最独特的景观是3000余座尖细的砂岩柱和砂岩峰,大部分都有200余米高,姿态万千,蔚为壮观。在峰峦之间,沟壑、峡谷纵横,溪流、池塘和瀑布随处可见。除了迷人的自然景观,该地区还因庇护着大量濒临灭绝的动植物物种而引人注目。

### 11. 拉萨布达拉宫历史建筑群

1994年被列入世界文化遗产。布达拉宫在拉萨西北的玛布日山上,是著名的宫堡式建筑群、藏族古建筑艺术的精华,始建于公元7世纪,全部为石木结构,5座宫顶覆盖鎏金铜瓦,金光灿烂,气势雄伟。根据世界文化遗产遴选标准,布达拉宫于1994年12月被列入《世界遗产名录》,大昭寺于2000年被列入《世界遗产名录》,罗布林卡于2001年被列入《世界遗产名录》。

### 12. 承德避暑山庄及周边寺庙

1994年被列入世界文化遗产。承德避暑山庄,又称"承德离宫""热河行宫",坐落于河北省承德市中心以北的狭长谷地上。避暑山庄始建于清康熙四十二年(公元1703年),整个避暑山庄的营建历时近90年,当时清王朝国力兴盛,能工巧匠云集于此,康熙五十年(公元1711年)康熙帝还亲自在山庄午门上题写了"避暑山庄"门额。建筑风格各异的庙宇和皇家园林与周围的湖泊、牧场和森林巧妙地融为一体。

### 13. 曲阜孔庙、孔林及孔府

1994年被列入世界文化遗产。曲阜孔庙、孔府、孔林位于山东省曲阜市,是我国历代纪念孔子、推崇儒学的表征,以丰厚的文化积淀、悠久历史、宏大规模、丰富文物珍藏,以及科学艺术价值而著称。孔庙为我国最早、最大的祭祀孔子的祠庙,主要建筑物有金、元两代的碑亭、明代建造的奎文阁和清代重修的大成殿。孔府与孔庙毗邻,为孔子后裔直系子孙衍圣公住宅。孔林为孔子及其后裔的墓地，立有历代颂扬孔子的碑刻。

### 14. 武当山古建筑群

1994 年被列入世界文化遗产。武当山，古称"太和山"，也有"太岳""玄岳""大岳"之称，位于湖北省十堰市丹江口市境内。古时，武当山以"亘古无双胜境，天下第一仙山"的显赫地位成为千百年来人们顶礼膜拜的"神峰宝地"。山上有道教的巨大古建筑群，峰顶建于明代的金殿，以铜铸鎏金著称，是我国现有的最大的铜质建筑的珍品之一。

### 15. 峨眉山和乐山大佛

1996 年被列入世界文化与自然双重遗产。峨眉山，位于中国四川省峨眉山市境内，著名的旅游胜地和佛教名山，是一个集自然风光与佛教文化为一体的山岳型风景名胜区。乐山大佛，又名凌云大佛，位于四川省乐山市南岷江东岸凌云寺侧，濒大渡河、青衣江和岷江三江汇流处。大佛为弥勒佛坐像，通高 71m，是中国最大的一尊摩崖石刻造像。

### 16. 庐山国家公园

1996 年被列入世界文化遗产。庐山位于中国第一大河长江中游南岸、中国第一大淡水湖鄱阳湖滨，是地垒式断块山。大山、大江、大湖浑然一体，险峻与柔丽相济，素以"雄、奇、险、秀"闻名于世。

### 17. 丽江古城

1997 年被列入世界文化遗产。丽江古城是云南省丽江市的古城区，位于云南省西北部，是一座风景秀丽、历史悠久和文化灿烂的名城，也是中国罕见的保存相当完好的少数民族古城，包括大研古镇、白沙古镇、束河古镇三个古镇。

### 18. 平遥古城

1997 年被列入世界文化遗产。平遥古城位于山西省中部，是一座具有两千多年历史的文化名城。古城始建于公元前 827 年—公元前 782 年间的周宣王时期，为西周大将尹吉甫驻军于此时建造。自公元前 221 年，秦朝实行郡县制以来，平遥古城一直是县治所在地，延续至今。平遥古城历尽沧桑、几经变迁，成为国内现存最完整的明清时期中国古代县城的原型。

### 19. 苏州古典园林

1997 年被列入世界文化遗产。苏州古典园林历史绵延 2000 余年，在世界造园史上有独特的历史地位和价值，其以写意山水的高超艺术手法，蕴含浓厚的传统思想文化内涵，展示东方文明的造园艺术典范。1997 年苏州拙政园、环秀山庄、留园、网师园作为苏州园林的代表被列入《世界遗产名录》，2000 年 11 月沧浪亭、狮子林、艺圃、耦园和退思园被列入

《世界遗产名录》。

### 20. 北京皇家祭坛——天坛

1998年被列入世界文化遗产。天坛是明清两代皇帝每年祭天和祈祷五谷丰收的地方，建于明永乐十八年（1420年），与故宫同时修建，面积约270万$m^2$，分为内坛、外坛部分，主要建筑物都在内坛。天坛的总体设计，从它的建筑布局到每一个细节处理，都强调了"天"。建造300多米长的高出地面的甬道，是因为古人认为到天坛去拜天等于上天，而由人间到天上去的路途非常遥远、漫长。

### 21. 北京皇家园林——颐和园

1998年被列入世界文化遗产。颐和园位于北京西郊的西山脚下，泉池遍布，群峰叠翠，山光水色，风景如画。从公元11世纪起，这里就开始营建皇家园林，到清朝结束时，园林总面积达到了1000公顷，如此大面积的皇家园林世属罕见。

### 22. 大足石刻

1999年被列入世界文化遗产。大足石刻是重庆市大足区境内主要表现为摩崖造像的石窟艺术的总称。大足区境内石刻造像星罗棋布，规模宏大，雕刻精湛，内容丰富并具有鲜明的民族特色，具有很高的历史、科学和艺术价值，在我国古代石窟艺术史上占有举足轻重的地位。

### 23. 武夷山

1999年被列入世界文化与自然双重遗产。武夷山，地处中国福建省西北部的武夷山市，位于福建与江西的交界处。武夷山脉是我国东南部最负盛名的生物多样性保护区，也是大量古代孑遗植物的避难所，其中许多生物为我国所特有。九曲溪两岸峡谷秀美，寺院庙宇众多，但其中也有不少早已成为废墟。2017年铅山武夷山遗产提名地扩展项目成功申遗，该遗产位于铅山县境内、武夷山脉北部，是江西武夷山国家级自然保护区的核心部分。

### 24. 龙门石窟

2000年被列入世界文化遗产。龙门石窟位于河南省洛阳市东南，分布于伊水河两岸的崖壁上，南北长达1km。龙门石窟始凿于北魏时期，先后营造400多年。现存窟龛2300多个，雕像10万余尊，是我国古代雕刻艺术的典范之作。

### 25. 明清皇家陵寝

2000年被列入世界文化遗产。明显陵：明显陵位于湖北省钟祥市的纯德山上，是我国中南地区唯一的一座明代帝王陵墓，是我国明代帝陵中最大的单体陵墓。其"一陵两冢"的陵寝结构，在历代帝王陵墓中绝无仅有。清东陵：清东陵位于河北省遵化市西北30km处的马兰峪，葬有顺治、康熙、乾隆、咸丰和同治 5 位清朝皇帝，及孝庄、慈禧和香妃等共161 人。清西陵：清西陵位于河北省保定市易县城西 15 公里的永宁山下，埋葬着雍正、嘉庆、道光、光绪 4 位皇帝及其后妃、王爷、公主、阿哥等。明清皇家陵寝遗产还包括了 2003 年扩展项目列入的明孝陵、明十三陵，以及 2004 年扩展项目列入的盛京三陵（清永陵、清福陵、清昭陵）。

### 26. 青城山—都江堰

2000 年被列入世界文化遗产。青城山是中国著名的道教名山，分青城前山和青城后山。前山景色优美，文物古迹众多；后山自然景物原始而华美，如世桃园，绮丽而又神秘。都江堰位于四川成都平原西部的岷江上，建于公元前 256 年，是中国战国时期秦国蜀郡太守李冰及其子率众修建的一座大型水利工程，是全世界至今为止年代最久、唯一留存、以无坝引水为特征的宏大水利工程。

### 27. 皖南古村落——西递和宏村

2000 年被列入世界文化遗产。西递坐落于黄山南麓，自古文风昌盛，到明清年间，一部分读书人弃儒从商，他们经商成功，大兴土木。历经数百年社会的动荡，风雨的侵袭，虽半数以上的古民居、祠堂、书院、牌坊已毁，但仍保留下数百幢古民居，从整体上保留了明清村落的基本面貌和特征。宏村位于黟县城西北角，鳞次栉比的层楼、叠院，与旖旎的湖光山色交相辉映，动静相宜，空灵蕴藉，处处是景，步步入画。从村外自然环境到村内的水系、街道、建筑，甚至室内布置都完整地保存着古村落的状态。

### 28. 云冈石窟

2001 年被列入世界文化遗产。位于山西省大同市的云冈石窟，有窟龛 200 多个、造像51000 余尊，代表了公元 5—6 世纪时中国杰出的佛教石窟艺术。其中的昙曜五窟，布局设计严谨统一，是中国佛教艺术第一个巅峰时期的经典杰作。

### 29. 三江并流

2003 年被列入世界自然遗产。"三江并流"自然景观位于云南省青藏高原南部横断山脉的纵谷地区，由怒江、澜沧江、金沙江及其流域内的山脉组成。它地处东亚、南亚和青藏高原三大地理区域的交汇处，是世界上罕见的高山地貌及反映其演化的代表地区，也是世界上生物物种最为丰富的地区之一。同时，该地区还是多民族的聚居地，是世界上罕见的多民族、多语言、多种宗教信仰和风俗习惯并存的地区。

### 30. 高句丽王城、王陵及贵族墓葬

2004 年被列入世界文化遗产。高句丽王城、王陵及贵族墓葬主体坐落于吉林省集安市、辽宁省桓仁县。高句丽是我国历史上一个少数民族地方政权，存续于汉唐期间，前后历经约

705 年，创造了灿烂的古代文明，留下了丰富的历史遗迹和文物。

### 31. 澳门历史城区

2005 年被列入世界文化遗产。"澳门历史城区"是连接相邻的众多广场空间及 20 多处历史建筑，以旧城区为核心的历史街区。覆盖范围包括妈阁庙前地、亚婆井前地、岗顶前地等多个广场空间，以及妈阁庙、港务局大楼、郑家大屋等 20 多处历史建筑。

### 32. 殷墟

2006 年被列入世界文化遗产。河南安阳商代遗址又名殷墟，占地约 24km$^2$，位于河南省安阳市区西北小屯村一带，距今已有 3300 多年历史。殷墟是著名的中国商代晚期都城遗址，是中国历史上有文献可考、并为甲骨文和考古发掘所证实的最早的古代都城遗址。

### 33. 四川大熊猫栖息地

2006 年被列入世界自然遗产。四川大熊猫栖息地世界自然遗产包括卧龙、四姑娘山、夹金山脉，面积 9245km$^2$，涵盖成都、阿坝、雅安、甘孜 4 个市州 12 个县。这里生活着全世界 30% 以上的野生大熊猫，是全球最大最完整的大熊猫栖息地，也是全球除热带雨林以外植物种类最丰富的区域之一。

### 34. 中国南方喀斯特

2007 年被列入世界自然遗产。由云南石林的剑状喀斯特、柱状喀斯特和塔状喀斯特，贵州荔波的森林喀斯特，重庆武隆的以天生桥、地缝、天坑为代表的立体喀斯特共同组成，形成于 50 万—3 亿年间。2014 年广西桂林、重庆金佛山、广西环江、贵州施秉作为拓展项目被列入。

### 35. 开平碉楼及村落

2007 年被列入世界文化遗产。开平碉楼位于广东省开平市，是中国乡土建筑的一个特殊类型，是一种集防卫、居住和中西建筑艺术于一体的多层塔楼式建筑。开平碉楼的历史最早可上溯到明末清初，到 20 世纪 20—30 年代，随着大量华侨回乡置业，开平碉楼出现了一个前所未有的鼎盛时期。碉楼最多的时候有 3000 多座，至今仍完好保存的 1833 座。

### 36. 福建土楼

2008 年被列入世界文化遗产。福建土楼主要分布于龙岩市永定区，以及漳州市南靖县、华安县。福建土楼造型独特，规模宏大，结构奇巧。土楼文化根植于东方血缘伦理关系，是聚族而居的传统文化历史见证，体现了世界上独一无二的大型生土夯筑的建筑艺术成就，具有"普遍而杰出的价值"。它包括了初溪、洪坑、高北、田螺坑和大地土楼群，以及衍香楼、振福楼、怀远楼、和贵楼四座代表性土楼。

### 37. 三清山

2008年被列入世界自然遗产。三清山位于江西上饶东北部，因玉京、玉虚、玉华三座山峰高耸入云，宛如道教玉清、上清、太清三个最高境界而得名。三清山有着其独特花岗岩石柱与山峰，丰富的花岗岩造型石与多种植被、远近变化的景观及震撼人心的气候奇观相结合，呈现了引人入胜的自然美。

### 38. 五台山

2009年被列入世界文化遗产。五台山位于山西省五台县，由东、南、西、北、中五座山峰环绕而成，五峰耸峙，顶无林木，平坦宽阔，犹如垒土之台，故名五台山。五台山自东汉永平11年（公元68年）开始建庙，形成了国内唯一的一处青庙（汉传佛教）、黄庙（藏传佛教）并居一山、共同讲经说法的道场。五台山迄今仍保存着北魏、唐、宋、元、明、清等7个朝代的寺庙建筑47处，荟萃了七个朝代的彩塑、五个朝代的壁画。

### 39. 登封"天地之中"历史建筑群

2010年被列入世界文化遗产。登封天地之中历史建筑群共八处11项建筑，分布于河南省郑州市登封市区周围，包括少林寺建筑群（常住院、初祖庵、塔林）、东汉三阙（太室阙、少室阙、启母阙）和中岳庙、嵩岳寺塔、会善寺、嵩阳书院、观星台。这些建筑历经汉、魏、唐、宋、元、明、清，种类多样，文化内涵丰富。

### 40. 中国丹霞

2010年被列入世界自然遗产。中国丹霞是中国境内由陆相红色砂砾岩在内生力量（包括隆起）和外来力量（包括风化和侵蚀）共同作用下形成的各种地貌景观的总称。这一遗产包括湖南崀山、广东丹霞山、福建泰宁、贵州赤水、江西龙虎山、浙江江郎山的六处遗址，它们的共同特点是壮观的红色悬崖以及一系列侵蚀地貌，包括雄伟的天然岩柱、岩塔、沟壑、峡谷和瀑布等。

### 41. 杭州西湖文化景观

2011年被列入世界文化遗产。杭州西湖文化景观肇始于9世纪、成型于13世纪、兴盛于18世纪，是中国历代文化精英秉承"天人合一"哲理，在深厚的中国古典文学、绘画美学、造园艺术和技巧传统背景下，持续性创造的"中国山水美学"景观设计经典作品。

### 42. 元上都遗址

2012年被列入世界文化遗产。元上都遗址属全国重点文物保护单位，是中国元代都城遗址，位于内蒙古自治区锡林郭勒盟正蓝旗旗政府所在地东北约20km处、闪电河北岸。这座由我国北方骑马民族创建的草原都城，被认定是中原农耕文化与草原游牧文化奇妙结合的产物。

### 43. 澄江化石遗址

2012 年被列入世界自然遗产。澄江化石遗址位于我国云南澄江帽天山附近，是保存完整的寒武纪早期古生物化石群，生动地再现了 5.3 亿年前海洋生命壮丽景观和现生动物的原始特征，为研究地球早期的生命起源、演化、生态等理论提供了珍贵证据。

### 44. 新疆天山

2013 年被列入世界自然遗产。新疆天山世界自然遗产项目由博格达峰、巴音布鲁克、喀拉峻—库尔德宁、托木尔峰四部分组成。湖滨云杉环绕，雪峰辉映，非常壮观。天池成因，有冰蚀、终碛堰塞湖和山崩、滑坡堰塞湖两说。

### 45. 红河哈尼梯田文化景观

2013 年被列入世界文化遗产。红河哈尼梯田位于云南省元阳县的哀牢山南部，是哈尼族人世世代代留下的杰作。元阳哈尼族开垦的梯田随山势地形变化，规模宏大，气势磅礴，绵延整个红河南岸的红河、元阳、绿春及金平等县，仅元阳县境内就有 17 万亩梯田，是红河哈尼梯田的核心区。

### 46. 大运河

2014 年被列入世界文化遗产。中国大运河是中国东部平原上的伟大工程，是中国古代劳动人民创造的一项伟大的水利建筑，是世界上最长的运河，也是世界上开凿最早、规模最大的运河。隋朝大运河以洛阳为中心，南起杭州，北到涿郡（今北京），全长 2700km，跨越地球 10 多个纬度。本项目另包含运河入海水道，即浙东运河。

### 47. 丝绸之路：长安—天山廊道的路网

2014 年被列入世界文化遗产。由中国、哈萨克斯坦、吉尔吉斯斯坦三国联合申报的丝绸之路，是首例跨国合作、成功申遗的项目，共涉及 33 个遗产点，其中包括中国四省 22 个遗产点。丝绸之路横跨欧亚大陆，包括各帝国都城、宫殿群、佛教石窟寺等。

### 48. 土司遗址

2015 年被列入世界文化遗产。这片遗址位于中国西南山区，包括一系列部落领地。土司制度起源于公元前 3 世纪少数民族地区的王朝统治体系，既保证国家统一的集权管理，又保留少数民族的生活和风俗习惯。湖南老司城、湖北唐崖、贵州海龙屯均属于这片遗址，它是中华文明在元、明两代发展出的特殊统治制度的见证。

### 49. 左江花山岩画文化景观

2016 年被列入世界文化遗产。左江花山岩画文化景观位于陡峭的悬崖上，在中国广西壮族自治区崇左市宁明县、龙州县、江州区及扶绥县境内。左江花山岩画文化景观展现出独特的景观和岩石艺术，生动地展现出公元前5世纪至公元2世纪期间，当地古骆越人在左江沿岸一带的精神生活和社会生活。

### 50. 湖北神农架

2016年被列入世界自然遗产。湖北神农架世界自然遗产有11种植被类型，拥有世界上最完整的垂直自然带谱。神农架植物多样性地区弥补了《世界遗产名录》中的空白，同时为大量珍稀和濒危动物物种保留了关键的生态系统。

### 51. 青海可可西里

2017年被列入世界自然遗产。青海可可西里位于青藏高原的东北角，提名地囊括了位于海拔4500m以上的大面积的高山和草原系统。可可西里区域内拥有青藏高原上最密集的湖泊，以及极其多样的湖泊盆地和高海拔内湖湖泊地形。这里独特的地理和气候条件孕育了独特的生物多样性，是大量高原特有动植物的重要庇护所。

### 52. 鼓浪屿：历史国际社区

2017年被列入世界文化遗产。国际古迹遗址理事会认为，鼓浪屿展现了亚洲全球化早期多种价值观的碰撞、互动和融合，其建筑特色与风格体现了中国、东南亚及欧洲在建筑、传统和文化价值观上的交融。这种交融的产生得益于岛上居住的外国人和归国华侨的多元性，并因此形成一种全新的建筑风格——厦门装饰风格。这一风格不仅在鼓浪屿发展，还影响到广大东南亚沿海及更远地区。

### 53. 梵净山

2018年被列入世界自然遗产。梵净山位于武陵山脉的贵州省，得名于"梵天净土"，它是喀斯特岩石海洋中的一个变质岩，是许多植物和动物物种的家园，起源于第三纪，大约6500万—200万年前。

### 54. 黄（渤）海候鸟栖息地（第一期）

2019年被列入世界自然遗产。中国黄（渤）海候鸟栖息地（第一期）位于江苏省盐城市，主要由潮间带滩涂和其他滨海湿地组成，拥有世界上规模最大的潮间带滩涂，这些泥滩、沼泽地和滩涂，极适宜生物生长，是许多鱼类和甲壳类动物的繁殖区，是濒危物种最多、受威胁程度最高的东亚—澳大利西亚候鸟迁徙路线上的关键枢纽，也是全球数以百万迁徙候鸟的停歇地、换羽地和越冬地。

### 55. 良渚古城遗址

2019年被列入世界文化遗产。良渚古城遗址（公元前3300年—前2300年）位于中国东南沿海长江三角洲，向人们展示了新石器时代晚期一个以稻作农业为支撑、具有统一信仰的早期区域性国家。该遗址由四个部分组成：瑶山遗址区、谷口高坝区、平原低坝区和城址区。通过大型土质建筑、城市规划、水利系统以及不同墓葬形式所体现的社会等级制度，这些遗址成为早期城市文明的杰出范例。

**56. 泉州：宋元中国的世界海洋商贸中心**

2021年被列入世界文化遗产，完整呈现了10—14世纪中国成功实践的海洋贸易体系。

### 7.3.3 我国的世界非物质文化遗产

我国的世界非物质文化遗产位居世界第一，共计42项：昆曲（2001）；古琴艺术（2003）；新疆维吾尔木卡姆艺术（2005）；蒙古族长调民歌（2005，与蒙古国联合申报）；中国传统桑蚕丝织技艺（2009）；南音（2009）；南京云锦织造技艺（2009）；宣纸传统制作技艺（2009）；侗族大歌（2009）；粤剧（2009）；格萨（斯）尔（2009）；龙泉青瓷传统烧制技艺（2009）；热贡艺术（2009）；藏戏（2009）；玛纳斯（2009）；花儿（2009）；西安鼓乐（2009）；中国朝鲜族农乐舞（2009）；中国书法（2009）；中国篆刻（2009）；中国剪纸（2009）；中国传统木结构建筑营造技艺（2009）；端午节（2009）；妈祖信俗（2009）；中国雕版印刷技艺（2009）；蒙古族呼麦歌唱艺术（2009）；羌年（2009，急需保护的非物质文化遗产）；黎族传统纺染织绣技艺（2009，急需保护的非物质文化遗产）；中国木拱桥传统营造技艺（2009，急需保护的非物质文化遗产）；京剧（2010）；中医针灸（2010）；麦西热甫（2010，急需保护的非物质文化遗产）；中国水密隔舱福船制造技艺（2010，急需保护的非物质文化遗产）；中国活字印刷术（2010，急需保护的非物质文化遗产）；中国皮影戏（2011）；赫哲族伊玛堪（2011，急需保护的非物质文化遗产）；福建木偶戏后继人才培养计划中国珠算（2013）；二十四节气（2016）；藏医药浴法（2018）；送王船（2020，与印度尼西亚联合申报）；太极拳（2020）。

---

**思考题**

1. 如何理解"绿水青山就是金山银山"？
2. 旅游可持续发展为何要注重保护前提下的开发？
3. 如何认识世界文化遗产的保护和利用？

# 第 8 章　旅游资源整合经营

**【导言】**

有效的旅游资源整合能够促进资源的合理分配，提高旅游资源利用率，避免资源浪费。旅游资源是有限的，甚至是不可再生的，旅游资源的整合需要根据实际情况采取相应的模式，各种资源在整合中注重相互协调，共同发展，达到更好的效果。本章介绍旅游资源整合的内涵与意义，以及原则和理论基础，并说明旅游资源的整合内容，包括空间整合、主题整合、文化整合等不同的形式，重点阐述旅游资源整合的驱动范式。

**【目标】**

1. 了解旅游资源整合的相关概念、意义以及理论。
2. 明确旅游资源整合的原则和内容。
3. 掌握旅游资源整合机制与模式。

**【重点】**

旅游资源整合理论　旅游资源整合模式　旅游资源整合范式

## 8.1　旅游资源整合理论

"整合"最早是地质学名词，后来被广泛应用到企业管理、经济科技、社会人文各领域，出现了诸如营销整合、产业整合、知识整合、文化整合等许多新兴词汇。关于"整合"的含义，1999 年版《辞海》的解释为"整理、组合"。徐国志（2000）从系统论出发，认为除了上述释义，还有结合、耦合、融合等词义，以及把诸多差异的东西整理、安排、集成为一个统一体的含义。王正新（2007）认为，"整合"更突出的是互动的过程与可能的发展，以协商或协议为工具来达成某些共识，并且在此共识下承认并接受个体的个别性存在。

综合来看，"整"是一个调整、协调、适应的过程，是手段方法，是"合"的前提和实现途径；"合"是一种匹配、融合、协同的状态，是"整"的目的和预期结果。旅游资源整合一般是指旅游资源的管理者和经营者根据区域旅游发展的总体目标和旅游市场供求情况，借助法律、行政、经济和技术等手段，使各种旅游资源要素结构合理、功能统一，从而实现区域旅游资源综合效益最大化的过程。

旅游资源整合（系统）作为旅游目的地系统的重要组成部分，涉及空间配置、形态组合、文化融合等相关问题。旅游资源整合就是采取系列手段，使系统各部分、各要素协调统一，从无序走向有序，实现旅游资源系统的优化升级。

旅游资源整合实质上是一种结构性整合（空间结构、类型结构、功能结构等），注重基于区域旅游资源要素的优势组合，突出区域旅游关系的和谐发展，从而实现区域旅游产业的生态整合，也是构建旅游空间结构合理、功能结构完善、生态良好、区域旅游关系和谐、旅游产业高效发展的一种途径。

### 8.1.1 旅游资源整合的基础理论

**1. 系统理论**

系统理论是旅游资源整合重要的思想渊源。系统理论强调，在研究和处理问题时，把研究对象当成一个"系统"，从整体上考虑问题。在注意局部的同时，还要特别注意各部分之间的有机联系。把系统内部的各个环节、各个部分及系统内部和外部环境等因素，看成是互相联系、互相影响、互相制约的，以便研究对象中各种因素的组成和变化，从而利用各种因素之间的联系，提高整体水平。

首先旅游资源整合实质上是研究一定地域范围内的旅游资源结构问题，区域旅游资源集合是研究的对象系统，各个单体旅游资源是研究的组成要素，旅游资源整合最终要实现优化旅游资源结构、提升区域旅游总体竞争力的目标。显然，旅游资源整合过程与系统理论的思想高度一致。

其次，系统理论为旅游资源整合提供了一定的分析工具，如关联分析方法。

最后，系统理论为旅游资源整合的成效提供了价值标尺。旅游资源整合的成效通常反映为区域旅游整体收入水平的提高，但系统理论时刻警醒人们，要关注整合是否实现了缩小区域内各组成部分的旅游收入差距，是否实现了经济效益、社会效益、环境效益等的共同增加。

**2. 共生理论**

共生一词源于希腊语，最早源于生物学，由德国真菌学家德贝里（Anton de Bary）于1879年提出，意指"不同种属的生物按某种物质联系共同生活"。20世纪50年代以后，共生思想渗透到社会诸多领域。从一般意义上讲，共生是指共生单元之间，在一定的共生环境中按某种共生模式形成的关系。它由共生单元、共生模式和共生环境三要素构成。其中，共生单元是指构成共同体的基本能量生产和交换单位，是形成共生体的基本物质条件。共生模式又称共生关系，是指共生单元相互作用的方式或相互结合的形式，根据共生行为的差异分为寄生、偏利共生、非对称互惠共生、对称互惠共生，根据共生关系运作组织情况分为点共生、间歇共生、连续共生、一体化共生四种。共生环境是指共生关系存在发展的外在条件。把共生思想渗透到旅游领域，就是将具有相似性的同类旅游资源，通过整合产生规模效应。将具有互补性的异类旅游资源，通过优势互补，创造更强的整体竞争优势。这就要求区域旅游地在承认竞争和利益冲突的前提下，通过内部结构的重组实现区域旅游一体化共生。在区域旅游资源整体优势的基础上打破行业部门、行政区域的界限，在空间上聚集、形象上统一，实现旅游资源的优化配置和全面整合。在旅游市场这一共生界面中相互促进、共同发展，构筑一个统一和谐的整体。

### 3. 区域分异和劳动地域分工理论

区域分异也称为地域分异，即地区差异性。地域分异规律是指地理环境各组成部分及整个景观在地表按一定的层次发生分化，并按确定的方向发生有规律分布的现象。地域分异规律阐述了旅游资源分布的差异性，说明了不同区域具有不同的旅游资源特色与优势。

劳动地域分工是人们在物质生产过程中以商品交换为前提的分工，生产地和消费地的分离、区域间产品交换和贸易是其产生的必要条件，各区域之间自然社会经济条件的差异是其产生的客观物质基础。西方古典经济学家亚当·斯密从理论上对劳动地域分工进行了阐述，其理论以"绝对优势"为基础，是指在某一商品的生产上，各自都生产自己占绝对优势的产品然后进行交换，则可获得绝对好处。大卫·李嘉图进一步发展了亚当·斯密的绝对优势理论，提出了比较优势理论，他认为，各国（各地）应按比较成本较低的原则来选择所要发展的产业和产品。马克思认为，由于各国区域之间存在着经济发展条件和基础方面的差异，因此，在资源和要素不能完全自由流动的情况下，为满足各自生产、生活方面的多种需求，提高经济效益，各个区域在经济交往中就必然按照比较优势的原则，选择和发展具有优势的产业，是为劳动地域分工理论。

综合来看，区域分异和劳动地域分工理论是探讨区域差异性规律的理论。该理论运用到旅游资源整合，就是各地要从本地的优势出发，把握本地旅游资源的地域特性，利用本地相对丰富的旅游资源，开发出具有独特风格、吸引力强、成本较低、具有优势的旅游产品。

### 4. 产业集聚理论

产业集聚理论是在全球化背景下，以新贸易理论、竞争优势理论为基础而提出的关于产业空间结构布局的理论。产业集聚理论强调竞争与合作产生的内生的绝对优势，认为产业集聚能够带来外部性优势，对一个区域获得竞争优势具有积极作用，集聚增强了竞争，这种竞争在更高的层次上展开，其结果不是一种零和博弈，而是一种正和博弈。

根据产业集聚理论，旅游资源整合应该优先开发旅游资源集中地区，形成区域旅游的竞争优势，创造更强的外部竞争优势，形成一种正和博弈。同类旅游地之间以各自价值链中的强势部分相结合，产生规模经济和集群效应。异质旅游地之间突出比较优势，从而形成区域内完整的产品链和产品体系，实现旅游资源要素一体化经营和旅游价值链的重构。

## 8.1.2 旅游资源整合的作用

**1. 旅游资源整合有利于实现旅游产业升级**

旅游资源是旅游产业升级的基础。改革开放以来，我国开发建设了大量各种类型的旅游景区景点，但目前存在着旅游资源空间结构相对松散、同类旅游资源重复开发、旅游资源产业链条单一、特定区域旅游资源缺乏主题、"门票经济"现象严重等诸多问题。要实现旅游产业升级，势必要解决上述问题，而旅游资源整合提供了有效的思路和手段。旅游资源整合能够集合单体旅游资源优势，合理分工、有效互补，实现规模优势与集群优势，从而夯实旅游产业升级的资源基础。

**2. 旅游资源整合有利于促进区域协调发展**

在世界经济全球化与区域化的背景下，旅游业的竞争已经从景点竞争、旅游线路竞争、旅游目的地竞争发展到区域竞争。随着人们可支配收入的提高和闲暇时间的增多，旅游者更倾向于进行深度旅游、个性旅游，这对于旅游资源的品级、丰裕度等提出了更高的要求。如果一定区域范围内旅游资源重复开发、恶性竞争，显然不利于区域旅游的全面、协调、可持续发展。旅游资源整合要求打破地域限制、行政分割，更加科学合理地对旅游资源点和资源区进行划分和布局，使区域旅游活动内容丰富、层次多元，满足各类旅游者的需求。目前，我国各区域开展区域旅游合作，一些区域提出了明确的整合目标和策略并初见成效，表明人们已经充分认识到旅游资源整合的必要性和重要意义。

**3. 旅游资源整合有利于形成区域品牌形象**

在旅游供给丰富、信息传媒日益发达的社会里，内涵丰富、鲜明生动的旅游形象会对旅游者产生巨大的吸引力。在一定区域范围内，往往存在着若干个旅游资源单体，其旅游形象千差万别，带给旅游者的印象通常是碎片式的。旅游资源整合就是要在全面分析各种旅游资源特点的基础上，寻找共性，设定主题，重组资源，集合优势，塑造区域形象，形成品牌优势。

## 8.1.3 旅游资源整合的原则

**1. 整体优化原则**

整体优化原则强调在整合过程中，重视各旅游资源要素之间相互依存、相生相养、共同发展的关系，避免区域内各旅游资源主管单位或开发主体受利益的诱导而人为分割旅游资源，削弱整体吸引力和竞争力。本着各要素或各景区之间为一个利益共同体的原则，划分内部开发小空间，从各要素与各景区之间的差异中找出共性，作为开发的基础，进行资源的合理配置。但需要注意的是，整体优化原则并不是各旅游资源单体平起平坐，在开发时序上也不是齐头并进。整合的过程可能要牺牲一些局部的利益，尤其是在开发初期的整合，往往实施"重点优先，分步开发"，逐步形成整体优势。区域旅游资源整合开发应站在战略高度上把握区域旅游资源的整体特点、主导优势、内部差异与互补、周边环境状态、与他域之间的比较优势等，进行区域整合的整体运作，实现旅游资源经济效益、社会效益与环境效益的最大化。

### 2. 协调互补原则

协调互补原则强调整合过程中要促成同类旅游资源的错位开发与异类旅游资源的优势互补，形成品种丰富、层次多样、功能完善、适应多种不同需求的旅游产品体系，提高区域旅游的核心竞争力。

同类旅游资源一般具有天然的竞争性，保继刚等学者对旅游资源空间竞争的研究，证明了同类旅游资源之间存在着替代性竞争的现象。旅游资源整合要从全局出发，探索有被替代可能性的旅游资源的发展路径，从而避免恶性竞争对区域旅游形象和各种利益造成的负面影响。

异类旅游资源一般具有天然的互补性，整合就要在不同类型旅游资源中寻找共性，设计共同的开发主题，进行有效的衔接和串联，形成游客心目中整体的旅游形象，促进各旅游景区景点高效互动，塑造区域旅游品牌，保障区域旅游发展的良性循环。

### 3. 市场导向原则

市场导向原则强调整合过程中要不断根据市场需求变化，调整旅游资源构成、主题和层次，提高旅游资源效用值，最大限度地满足旅游者的需求。在旅游资源整合开发之前，要进行市场调查，准确掌握市场动向，包括目标市场的规模、结构、消费者特征等。在旅游资源初次开发后，要关注市场的变化，及时调整旅游资源构成进行再开发，从而保证区域旅游竞争力。旅游资源整合是一个优化提升区域旅游产业的基础性工作，市场需求为其指明了方向和目标，所以，旅游资源整合要坚持市场导向原则。

### 4. 以人为本原则

旅游发展倡导"以人为本，和谐旅游"，旅游资源整合也要做到以人为本，统筹兼顾，持续发展。因此，旅游资源的整合既要把握整合中各要素的内在联系，又要体现旅游资源开发的地域组织规律；既要统筹区域旅游的当前利益与长远利益，又要兼顾局部利益与全局利益；既要满足旅游者的旅游需求，又要尊重社区居民的感受。在需要牺牲个体利益换取区域整体利益的情况下，要建立利益补偿机制。坚持以人为本的原则。只有这样才能保证区域旅游整合开发沿着科学的轨道发展。

**5. 政府主导原则**

参与旅游资源开发的有各地政府、行业主管部门、交通及能源部门、景区经营者、酒店、旅行社、当地居民等。其中，政府发挥主导作用。旅游资源整合的主体是资源的所有者、管理者或经营者，而旅游资源的实际所有权和开发权属于负责管理的各级地方政府，因此，对边界共生旅游资源进行整合的核心主体应是相关政府，它们应在资源整合中扮演倡导者和组织者的重要角色。归纳起来，政府的职责主要有：转变观念，倡导整合；建立模式，引导整合；制定政策，保障整合；组织协调，促进整合。

### 8.1.4 旅游资源整合机制

**1. 旅游资源的空间共生性是整合的内动力**

旅游资源存在于一定的空间中，而在其所在的一定地域范围内必然存在着其他旅游资源，可能是同类的旅游资源，也可能是异类的旅游资源。同类的旅游资源通常以竞争的形态存在，需要整合协调，错位发展，避免恶性竞争。譬如，江南古镇旅游资源雷同，在早期开发过程中缺乏整体谋划，如今竞争白热化，发展后劲显现不足。相反，苏州园林群充分挖掘各个园林的特色，整合出了上规模、上档次的旅游产品系列，不仅申遗成功，而且市场效益十分可观。异类的旅游资源往往存在差异性，在内容上是天然互补的，但通常风格不一，主题各异，如果各自为政，当发展到一定程度就很难突破了。所以，异类的旅游资源同样需要整合，挖掘区域特色，形成区域整体形象。由此可见，一定区域范围内，不同旅游资源之间有一种天然的空间共生性，既相互竞争，又相互依附，不可分割。这种天然共生性具有互补效应和整体效应，客观上决定了在进行旅游资源开发的过程中，必须有所取舍、协调整合，才能实现"整体>部分之和"的优化效果。

**2. 市场机制是旅游资源整合的外动力**

旅游资源开发成功很重要的衡量指标是市场效应。旅行社推出的旅游产品（线路）会接受市场的检验，不断地拆分、增减、重组各种旅游资源，以满足市场的需要。同时，随着自助游、自驾游等新兴旅游形态的兴起，网络上出现了很多"驴友"提供的自助游攻略、自驾游攻略、游记、贴士等内容丰富的旅游信息。这部分信息也反映了旅游者对旅游资源的个性化选择与整合，当相似的信息不断地累积，达到一定数量，则转变成市场的需求动向。旅游资源开发管理主体会研究这些瞬息万变的市场信息，然后对旅游线路做调整，或者重组旅游资源，或者在原有资源的基础上开发新资源融入其中。应该说，是市场需求引发了旅游资源开发主体的整合行为，在某种程度上决定了旅游资源整合的路径和方向。

### 3. 政府规制是整合的主导力

旅游业在我国是一个正在发展的新兴产业，还不成熟，同时综合性、关联性较强。在这种情况下，单纯靠市场来进行旅游资源的配置是行不通的，旅游资源整合还应加强政府的主导行为。实行政府主导，不仅是理性的，而且是必要的和迫切的。

随着大众旅游供给和需求的不断扩张，游客对旅游目的地的选择越来越趋向于区域的整体形象而非单一的产品信息。事实证明，只有真正打破行政区域限制，加强跨行政区域的旅游整合开发与管理，才能把旅游产业做大做强。目前，我国的区域经济一体化发展趋势已日趋明朗，以资源为基础的旅游开发与管理也必须尽快打破行政区划限制，走"整合多赢"的道路。无论是正在开发，还是尚未开发的，具有良好市场前景的旅游资源、景区，大都是跨越了行政区域界限的。但是，目前我国的旅游资源开发中，还存在个别单打独斗的现象，表现为地方保护主义盛行，各区域之间对旅游资源（行政区边界的共生旅游资源和同名旅游资源等）的争夺激烈，缺乏有效的地域整合措施，旅游产业彼此孤立地发展。各省区为同一个旅游资源各自制定旅游产业发展规划，分别开发和利用旅游资源，各自出资做形象宣传，形成空间替代性竞争关系，客观上相互打压市场形象。例如，迪庆、丽江、怒江、稻城的"香格里拉"之争，苏州、无锡对太湖的超负荷旅游开发，安徽蚌埠、河南信阳、江苏淮安的"中国南北分界线"之争，陕西黄陵、河南新郑的"黄帝"之争等。同时，旅游经营企业地域化现象也非常突出，难以形成规模经济和专业化经营，功能性、结构性建设重复，旅游项目与内容竞相克隆等。因此，必须发挥政府在区域旅游资源整合中的主导作用。

由于旅游资源的稀缺性、公共性和旅游业的综合性特征，政府主导型发展战略是发展旅游业的正确选择，国外成功的经验和我国发展的实践也证明了这一点。关键是政府需要在充分认识区域旅游资源整合重要性的前提下合理界定发挥主导作用的范围和方式，即政府要有所为有所不为，在突出企业主导的基础上，建立政府主导和企业主导的协调平衡机制。具体来说，政府的主导作用主要表现在：一是做好旅游总体规划和宏观调控，合理确定旅游资源整合发展的方向、目标与重点，科学制定发展的阶段、步骤与政策；二是创造公平的竞争环境，建立与维护合理的市场秩序，通过制定、完善相应的法律法规和政策打破区域封闭和限制，在市场基础上引导资源要素的合理配置，将政府的职能转变为监督者和服务者；三是建立区域旅游合作协调机制和利益均衡机制，追求区域旅游资源整合协调组织模式和管理机制的创新。

## 8.2 旅游资源整合的组织模式和空间模式

旅游资源的整合实际上是旅游产业主体的经济活动在区域空间上的表现，是利益相关者基于自身利益和达成的共识共同参与的一种经济活动。旅游资源的区域性特征及其管理主体和经营主体的不同，使得在整合过程中往往是涉及多个利益主体的多回合博弈。因此，旅游资源的整合必须有一个健全、合理、高效的组织机构或组织形态作为保证，才能达成整合的预期效果。

### 8.2.1 旅游资源整合的组织模式

#### 1. 临时联盟

临时联盟是指那些一般情况下独立开发经营、各自享有产权的旅游资源管理主体，出于某种特殊的共同利益需要、必须统一行动时所形成的临时性的联合体。这种形式较为灵活，成本较低，但不稳定，约束力差，缺乏强有力的制度及组织保障。旅游资源的整合通常停留在低水平的层次上，多表现为一种谋求"组合"、寻求共赢的形式。最为典型的例子是近些年我国一些地区开展的"联合申遗"行动，实质上是同类旅游资源管理主体的强强联合，以增加申报成功的概率，同时也是一种市场营销策略。

#### 2. 契约合作

契约合作组织模式是临时联盟的高级形态，是一种战略联盟，往往在各合作主体之间形成了合作契约。

一种是由政府牵头，在区域之间达成区域旅游合作契约，如始于2003年的"长江三角洲旅游城市高峰论坛"。历届论坛都要签署"合作宣言"，其中就包含区域间旅游资源整合的内容。这种模式充分利用了政府对资源的行政管理与调配能力，使旅游资源整合具备稳固的制度保障。但是，这种合作宣言多为意向性文件，能否长期有效履行还有待进一步推进。

另一种是由政府或者一个或几个龙头企业牵头，在相关旅游企业或单位之间签订契约，组成战略联盟。如京郊一些地方，主景区与农家民俗景区和接待点在政府的组织下达成契约，制定规范、统一的服务标准，维护旅游秩序。但是，由于各企业产权独立，服务水平参差不齐，如果政府强制执行，破坏了市场竞争机制，也破坏了整合效果，因此，政府的角色主要是在市场机制下引导和监管，促成市场的规范和旅游资源整合效力的提升。

#### 3. 企业集团

我国旅游资源由政府负责管理，但在旅游资源的具体开发经营过程中，往往有众多企业参与。改革开放以来，在市场经济体制下，大型旅游企业集团可以以股权、资金、技术、销售为纽带，统一调配和整合各类旅游资源，采取多种开发经营方式，有效突破地区间的壁垒，解决区域资源结构性的矛盾，通过冷热点旅游资源均衡开发与重组等方式推动资源整体优化，形成跨地区、多方位、多层次的协作，促进地区旅游产业结构的合理化和各景区在地区间的互动，构建更为灵活的行业体系，在互动互补中实现各地区旅游业的共同发展，从而达到区域旅游资源整合优化的目的。北京、天津、陕西、杭州、厦门等地在政府倡导与支持下成立的旅游集团，在实践中体现出了旅游资源整合的决策力和执行力。

### 8.2.2 旅游资源整合的空间模式

旅游资源整合的结果必然表现为一定的外在空间形态。在旅游资源开发的初始阶段，各个区域由于资源要素分布、交通设施条件、区域政策、发展阶段等因素的差异，往往呈现出离散的特点。由于这种离散态并不是最优的，因此在旅游资源空间共生性、市场机制、政府规制等驱动下必然会发生旅游资源的整合优化。用系统和发展的眼光来看，整合的空间形态一般呈现出递进的特点，遵循"点轴状—圈层结构—梯度网络"的演变规律。通过认识不同阶段与不同条件下的旅游资源空间形态，有助于采取针对性措施，优化整合效果。

常见的旅游资源整合的空间模式有点轴状空间模式、圈层结构空间模式、梯度网络空间模式三种。

#### 1. 点轴状空间模式

旅游资源沿着发展轴（交通干道、河流等）呈串状分布并向两侧辐射，这些旅游资源在整合过程中要抓住轴线的作用，因为轴线就是游客的旅游路线。因此，旅游资源经过整合应该形成内容丰富、层次多元的点轴状空间形态。以河西旅游带为例，从西向东目前已经整合成由四个旅游核心城市（敦煌、嘉峪关、张掖和武威）、三个旅游节点城市（玉门、酒泉和金昌）、三个重点片区（敦煌石窟"飞天"文化旅游区、嘉峪关长城文化旅游区、张掖中华裕固风情走廊旅游景区和武威"天马"文化旅游区）构成的点轴状区域旅游一体化共生空间模式。

#### 2. 圈层结构空间模式

区域旅游资源分布不均衡，但区域内存在某个承载力大的大城市，或区位优越的交通枢纽城市，或具有较强吸引力的旅游资源密集区，在这个极点周围分布类型多样的旅游城市或旅游资源。针对这样的旅游资源分布形态，整合中，一要注意对增长极点的培育并发挥其辐射作用，二要注意辐射路径（旅游交通与节事互动等）的设计以加强旅游经济联系，形成核心辐射状的圈层结构空间模式。

这种模式又分为两种情况：单极辐射、双核互动。单极辐射是指在区域旅游资源整合过程中，以旅游资源价值、旅游交通条件、综合经济实力较为突出的地域为中心点，通过交通线为连接形成的空间模式，如武汉旅游圈、西安旅游圈、重庆旅游圈、石家庄旅游圈等。双核互动是指在大区域空间范围内存在两个具有互补性的重要区域中心点，两者又对周边地区都具有一定的辐射力，通过双核空间互动整合，既兼顾了各自的区域中心作用，又实现了旅游资源区位、类型、功能上的互补空间模式。如沈阳—大连双核互动整合模式、北京—天津双核互动旅游圈、郑州—开封双核互动旅游圈等。

### 3. 梯度网络空间模式

梯度网络空间模式是指这样一种空间模式：在大尺度空间中存在一个核心，它对整个区域具有统领的作用；同时还存在多个次中心，它们能对周边区域起到一定的辐射作用；以及多个重要的旅游节点；由上向下呈金字塔形排列，形成中心突出、多极联动、点圈互连的梯度网络结构。目前，我国最典型的梯度网络空间模式是长江三角洲区域。该区域包括上海、南京、苏州、无锡、常州、扬州、镇江、南通、泰州、杭州、宁波、绍兴、嘉兴、湖州、舟山、台州。如今已初步整合成以上海为一级旅游中心城市、以南京、杭州、苏州、宁波为次级旅游中心城市、以无锡、常州、绍兴、舟山等其余城市为重要节点的梯度网络空间模式。

## 8.3 旅游资源整合范式

### 8.3.1 旅游资源空间整合

旅游资源空间整合即打破行政区域或旅游景区的限制，充分利用一定空间范围内的旅游资源，以达到区域旅游资源优势互补、重组优化、档次提升、旅游竞争能力增强的效果，从而集中力量在一个相对更广阔的空间里共同开拓市场。旅游资源的空间整合按照行政区划可以有不同的空间尺度，如超国家尺度、国家尺度、省（市）尺度、市（县）尺度、乡镇尺度。这里主要关注两个独特尺度的空间整合：跨行政区共生旅游资源空间整合和旅游资源密集区空间整合。

#### 1. 跨行政区共生旅游资源空间整合

旅游资源是客观存在的，一般具有地理位置的唯一性和确定性等特点，即不管是以单体还是以复合体的形式存在，都依托于一定的地域空间，而它所依托的地域空间必然受到特定行政区的行政管辖。旅游资源所依托的地域可能被行政区划划分到不同的行政区，旅游资源为两个或两个以上行政区共有，即具有整体性的旅游资源被割裂开来，由不同的行政区分别对各部分行使管理使用权和行政管辖权的旅游资源，被称为跨行政区共生的旅游资源。

例如，一条河流的上中下游、一座山脉的不同地段、一片森林的不同部分等，这类资源被不同的行政区分割，归属不同的行政区。随着旅游业的升温，那些归属上存在争议的旅游资源往往成为各行政区竞相争夺的对象。为了争夺旅游资源的开发权和收益，在自身利益最大化目标的驱动下，几个相邻的行政区往往各自开发和经营自己管辖范围内的那部分资源。其结果是旅游资源被人为割裂，旅游设施结构性趋同建设，旅游产品与形象雷同，门票价格争相打折，交通限制旅游者，甚至在景区之间架设人工障碍物，如铁丝网、栅栏等隔断旅游者的自由往来。各自售票，旅游者一次购票只能观赏或游玩景区的某一部分。不仅破坏了资源的整体性和系统性，造成财力、物力和资源上的浪费，而且影响了旅游者的旅游体验。同时，由于相关行政区对旅游资源的归属有不确定感，为了追求眼前的经济利益，常会采取急功近利的开发模式，对旅游资源特别是不可再生的自然旅游资源造成毁灭性的破坏。

跨行政区共生旅游资源是一种特殊的旅游资源，它所具有的地理位置相邻性、资源类型共同性、资源开发相互依赖性、利益主体复杂性等特性比较突出。各行政区之间的利益有冲突，导致了这类旅游资源的开发和保护存在着短期牟利和破坏性开发、近距离重复建设等问题，因此，必须打破行政区界线，实施旅游资源的整合。目前，主要可以采取的整合措施有：行政划拨重新配置、组建联合管理机构、构建区间旅游通道、重组区域旅游产品、旅游企业集约经营等。

**2. 旅游资源密集区空间整合**

由于旅游资源丰富，旅游资源密集区域往往得到旅游开发商的青睐，优先得到发展，周围不断集聚酒店、旅行社、旅游商店等为旅游服务的旅游企业群体，以及相应配套的其他旅游服务设施。但由于每个景区的主管单位及开发商不同，难免形成各自为阵的混乱局面，又由于所处地缘相近、文化相近，在开发上难免形象、主题趋同。这一切的问题根源都是开发过程中缺乏统筹整合。

## 8.3.2 旅游资源主题整合

主题整合是指在某一个区域内，根据旅游资源的总体特点和市场状况，制定旅游产业的发展方向和战略，确定区域旅游的主题和形象，借此重组区域内的旅游资源，使其服从或服务于区域旅游的主题，形成鲜明的旅游形象，打造最具市场竞争力的核心产品，形成有吸引力的旅游目的地。主题整合可以是一个主题框架下的系统整合，也可以是两个或多个主题的交叉整合，下面介绍一些目前热点旅游主题的旅游资源整合。

**1. 生态旅游资源整合**

生态旅游一词最早可追溯到 1965 年美国学者 Hetzer 倡导的生态性旅游，1983 年世界自然保护联盟（IUCN）特别顾问 Ceballos Lascurain 在文献中首次正式提出生态旅游。近年来，国内外组织和学者从不同角度对生态旅游的内涵进行了深入研究，先后出现了保护中心说、居民利益中心说、回归自然说、负责任说等各种流派，形成的生态旅游相关概念达百余种。尽管生态旅游内涵依然无法科学界定，但在以下方面基本达成共识：第一，旅游地主要为生态环境良好、文化气息浓郁的地区，特别是生态环境有重要意义的自然保护区；第二，旅游者、当地居民、旅游经营管理者等的环保意识很强；第三，旅游对环境的负面影响很小；第四，旅游能为环境保护提供资金；第五，当地居民能参与旅游开发与管理并分享其经济利益，因此能为环境保护提供支持；第六，生态旅游对旅游者和当地社区等能起到环境教育作用；第七，生态旅游是一种新型的、可持续的旅游活动。

生态旅游资源整合要注意以下三个问题。

（1）内容整合，去伪存真。目前，在旅游业界比较普遍地存在着对生态旅游概念的误用、滥用现象。由于生态旅游在市场上的强大号召力，"生态旅游"一词被超范围使用了。例如，把自然旅游等同于生态旅游。许多人认为，凡是到生态环境良好的自然区域进行的旅游活动都是生态旅游。在这种观念的指导下，自20世纪90年代中后期，各地陆续出现大量的生态旅游区。按此观点，除城市旅游以外的旅游形式都是生态旅游，其实质是"生态"标签的滥用。"生态旅游"概念的泛化，既不利于对真正意义的生态旅游资源的保护，也不利于生态旅游产业的进一步提升。所以，建立一套健全科学的生态旅游资源评价标准，去伪存真，是生态旅游资源整合的首要工作。

（2）空间整合，功能分区。生态旅游地通常是指那些生态环境比较好，但又敏感脆弱的区域，科学合理的功能分区能有效避免对当地生态环境和传统文化的破坏，优化生态旅游资源的空间配置，实现可持续发展。生态旅游资源整合在空间上，不应该进行全面开发，而是要基于环境保护与可持续的原则，进行功能分区。

目前，比较成熟的做法是将生态旅游地分为旅游吸引物综合区、娱乐区、服务区三个部分，各个区域间有交通线路相连，这些区域与外界也有交通干道相连。

其中，旅游吸引物综合区由核心区、缓冲区、试验游憩区等三个主要部分组成。核心区是区内很少经人为干扰过的生态系统，集中分布着珍贵的自然生态环境或文化遗产，一般要实行全封闭保护，仅供观测研究。缓冲区是指环绕核心区的周围地区，它是对各生态系统物质循环和能量流动等进行研究的地区，也是进行生态旅游活动的主要区域，但仅限于观光，而且对游客的数量有严格的控制。试验游憩区是一个多用途的地区，除了开展与自然保护区缓冲区相类似的工作外，也包括一定范围的生产活动，还有少量居民点和旅游设施。旅游活动的形式也不只拘泥于观光活动，可包括漂流、滑雪等。

娱乐区配置了高密度的娱乐设施，进行各种娱乐活动。

服务区为游客提供各种服务，设有餐厅、商店等。娱乐区和服务区是游客最为集中的区域，允许机动车辆进入。

功能分区是对旅游者进行分流和对生态旅游资源整合的科学手段，有利于实现生态旅游资源的可持续发展。

（3）机制整合，社区参与。生态旅游资源的开发与保护离开了社区居民的参与是无法真正实施的，而且，在很多生态旅游区，社区居民本身就是生态旅游资源的重要组成部分。社区参与的主要程序如下：开发主体对社区的基本情况进行实地调研；在社区，对居民进行生态旅游开发的民意测验，广泛征求居民意见；深入分析调研结果，并提出相应的开发规划和策略；公示开发计划，再次征求居民意见；协调各方意见，做出最终开发部署；为当地居民提供教育培训与就业机会；旅游经济利益的共享等。通过社区参与，可以：保持当地居民的主人地位，维护当地居民的权益；避免生态旅游开发过度商业化，保护本土文化；增加当地人对旅游发展的认同感，促进当地资源的充分利用；促进旅游地居民的经济收入增加和素质提高；有利于保持生态旅游产品完整性。

**2. 节庆旅游资源整合**

节庆旅游资源是指在一定区域范围内对旅游产生吸引力，经开发规划后成为吸引旅游者的动态文化吸引物的各种节事庆典活动的总和（包括各类旅游节目、庆典、交易会、展览会、博览会以及各种文化、体育活动等）。这些活动往往规模不一，在特定区域内定期或不定期举行，且围绕特定的主题开展丰富多彩的旅游项目，以其独特的节事活动吸引大量旅游者，从而提高旅游目的地的知名度，并产生效果不等的轰动效应。由于对节庆活动的良好预期，中国的各级各地政府纷纷举办节庆活动，呈现出一片热闹景象，其中不乏成功的案例，如上海旅游节、青岛啤酒节、大连服装节等。但分析全国大大小小的节庆活动，就会发现节事活动的定位重叠、主题雷同、缺乏个性、跟风现象严重等问题。大多数的节事活动未能从战略高度和地域特色的角度定位，旅游节、美食节、服装节、文化节千篇一律，活动形式往往是开闭幕式的歌舞表演、花车巡游、商品展销会、经贸洽谈会等老一套，很难真正起到塑造和传播城市形象的作用。上述问题需要运用整合的思维和手段来解决，下面从产品、时间、空间三个层面阐述节庆旅游资源的整合内容。

(1) 产品体系的主题化。产品主题化是指以节庆旅游的鲜明主题为主线整合区域范围内一系列协调良好、内容衔接、体现共同特色的旅游资源，形成产品线。旅游节庆产品体系主题化主要体现在项目主题的系列化和项目活动内容的系列化两方面。例如，三门峡市国际黄河旅游节以"黄河文化"为主题，推出十大旅游项目，如以"黄河古文化游""白天鹅之域"等旅游宣传活动，以及函谷演兵、黄河游、民俗风情游等系列活动，向南来北往的旅游者充分展示了三门峡自然景观和人文景观的魅力，大大提高了该市旅游业的知名度和影响力。

(2) 时间安排的序列化。由于某些旅游资源本身的季节性和旅游活动的可持续等因素，旅游地在策划旅游节庆活动时，应注意节庆活动在时间上的有效协调。要注意节庆活动举办时间上的连贯性，将节庆活动均匀分布在一年四季的各个时段之中，营造持续的旅游气氛；要注意每次旅游节庆活动过程中活动项目安排的时段合理性和时间上的衔接、均衡。

(3) 空间布局的协同化。节庆举办地不是单独存在的个体，在节庆旅游开发时，具有相关性文化的节庆举办地可以进行资源整合，构成一个统一的"节庆活动大餐"。比如，洛阳的"唐文化"旅游可以与陕西的"大唐文化"旅游结合。在对区域的节庆旅游资源进行整合时需要注意两点：要寻找区域内各节庆举办地的共同文化，依托共同的文化资源整合游离的节庆活动；要分清资源整合后的主次节庆产品，优选出"大餐"的"主菜"与"配菜"。在对区域内的节庆旅游资源进行整合时可以借用"点—轴"开发模式来形成相对集中的节庆集群地。例如，汉中的油菜花节，要点—轴—面—体结合。

**3. 水域旅游资源整合**

水域旅游资源是相对于陆路旅游资源而言，通常包含江、河、湖、海、水库、渠道等类型旅游资源，在空间上包含水上、水下和沿岸三个部分。水域旅游资源具有综合性和复杂性的特点，因此需要运用整合的理念和方法，合理安排整体中的每一个局部，以求达到整体优化。

在整合过程中，需要注意水域旅游资源的四大特性：一是水的跨越流动性。江河水域常常贯穿于不同行政区域，即使是湖泊，由于中国行政区勘界时过多考虑资源的综合利用与政区平衡，也往往被划归到不同行政区管辖。二是空间的敞开性。水域旅游资源的体量有大有小，但其在水面空间上通常无遮挡物，视野开阔。三是水陆关联性。水上旅游的发展只有依托水岸陆地的旅游资源，依托沿河景观带或沿湖景观带，才能有广阔的发展空间和深厚的发展基础。四是构景多元性。水体的源流，水情的动静，水面的聚分，以及岸线、岛屿、矶滩、洲渚等岸型，使点—线—面的构景要素穿插搭配。

**4. 红色旅游资源与其他旅游资源的整合**

红色旅游主要是以中国共产党领导人民在革命和战争时期建树丰功伟绩所形成的纪念地、标志物为载体，以其所承载的革命历史、革命事迹和革命精神为内涵，组织接待旅游者开展缅怀学习、参观游览的主题性旅游活动。红色旅游资源是一类特殊的旅游资源类型，是开展红色旅游的各种吸引物。红色旅游具有政治教育、经济发展、文化传播三大功能，具有鲜明的中国特色。自2004年中央明确提出红色旅游以来，红色旅游获得了突飞猛进的发展，即使是旅游业饱受金融危机困扰的2008年，红色旅游依然保持了持续高速增长，全年接待人数达2.72亿人次，综合收入达1239.35亿元。这种良好局面的形成，与红色旅游不断创新开发思路、与其他旅游资源高效整合有很大的关系。

目前，主要形成了以下几种红色旅游资源与其他旅游资源的整合形式。

（1）红绿整合。这种整合模式是把红色旅游资源和绿色旅游资源结合开发。全国的革命老区（县）89%位于山区和丘陵，其绿色自然资源独特且丰富多彩，这些地区通常采用"红色搭台、绿色唱戏"的模式进行联动开发，即以高知名度的红色景观为号召，以清新奇绝的自然山水等绿色景观和生态环境为基础，吸引旅游者，塑造区域旅游品牌。享有"革命摇篮"和"绿色宝库"的井冈山是中国红绿整合模式的成功范例，此外，还有湖南韶山、浙江嘉兴南湖等。

（2）红古整合。这种整合模式是把红色旅游与民俗文化旅游结合开发。革命根据地大多建立在偏僻地区，这些地区一般具有浓郁的民风民俗、独特的民族风情，同样是红色旅游开发的极好结合点。瑞金红色旅游的开发是红古结合的最好例证。瑞金作为中华苏维埃共和国临时中央政府诞生地，素有"红色故都"的美称，这是瑞金发展红色旅游的极好着眼点。

同时，瑞金具有浓厚的客家文化氛围和多姿多彩的客家民俗文化。瑞金通过两者整合，有力地促进了瑞金旅游业的全面发展，为瑞金的经济发展提供了极好的展示平台。

（3）红色演出。红色旅游资源包括有形的实物景观，也包括无形的非物质文化景观，如红色歌谣、红色戏曲等。中国共产党领导人民在革命和战争时期留下了大量极具震撼力的红色歌谣及其他艺术形式，反映了军民鱼水情的红歌，如《慰劳红军歌》《革命歌》《当兵就要当红军》《红色娘子军》，以及京剧《智取威虎山》《红灯记》等。在红色旅游景区，可借鉴近几年开始流行的大型实景演出形式，如《印象·刘三姐》《印象·丽江》等，推出具有吸引力、震撼力、感染力、艺术美的"红色经典"演出。2005 年韶山实景演出的《东方红》就是成功的范例，瑞金红色歌舞表演同样是其红色旅游项目不可或缺的内容。

（4）红色节庆。节庆在制造影响力和集聚旅游流方面具有优势。红色旅游的节庆开发模式即以红色景观为内容，以红色旅游为主题，以红色文化为内涵，以红色精神为吸引点，以旅游节庆为媒介，用红色节庆做旅游文章，各革命纪念地可利用其独特的红色文化为主题举办红色旅游文化节。井冈山、瑞金、韶山、宁夏等地都举办过形式多样的红色旅游文化节，并取得了较好的社会效益、经济效益和环境效益，实现了红色文化和旅游节庆的完美结合。

（5）重走红军路。红军走过的路都是虽然偏僻但自然生态环境良好的地区，结合穿越旅游，有很大的开发潜力。

### 8.3.3　旅游资源文化整合

旅游文化是旅游业的灵魂，没有旅游文化就没有旅游业。旅游文化是满足旅游者求新、求知、求乐、求美欲望的综合文化现象。旅游文化没有严格界限，凡能直接或间接为旅游服务的文化，都应被纳入旅游文化范围。反映目的地独特形象的文化元可称为特色旅游文化元，特色旅游文化元往往形成目的地的核心竞争优势。上海的海派文化、山西的晋商文化、南京的民国文化、瑞金的红色文化、郴州的福地文化、武夷山的茶文化等，都是旅游文化成功开发的典型案例。但是，临近区域难免具有共同的文化大类，为规避资源同构、谋求区域共赢，同类文化绝不应该盲目地共同开发，而应该通过文化整合，在"大同"中求"小异"。"大同"的文化作为一个区域的整体文化符号传递给旅游者，往往具有更强的震撼力和吸引力；"小异"的文化则会形成层次多元的旅游产品，丰富旅游者的旅游感受，进一步提升区域旅游的竞争力。

在旅游城市集中区域，旅游竞合，以文化资源整合为核心的区域旅游合作成为迫切要求。而文化资源"组合开发""面面俱到"的传统整合模式必然导致地域特色的湮没，锻造独特文化形象才是立身之本。要打造富有竞争力的区域旅游文化形象，必须对内外有利因素与不利因素进行科学分析与统筹，要求合作地域主体围绕"锻造整体特色文化形象"这一中心进行资源配置与重构。合作区域整体形象是"整合"而绝不是"组合"的结果，决定了合作主体的特色文化元，必须经过"单体"与"整体"双重标准的校正，只有符合（或经整合后符合）整体形象标准的特色文化元，才具有"提升合作区域文化核心竞争力"的价值与意义。

旅游资源的空间共生性、市场机制、政府规制共同形成了旅游资源整合的驱动机制，有效地保证了旅游资源整合的效率。在旅游资源整合的过程中，同样也存在着各种制约整合的因素，因此需要转变观念，创新举措，克服不足，优化整合。我国旅游资源整合的相关实践，已经初步形成了旅游资源的整合模式，这些成功模式具有重要的借鉴价值和现实意义。

## 思考题

1. 概述旅游资源的整合理论。
2. 试论旅游资源整合的模式。

# 第 9 章 旅游资源的现代管理

### 【导言】

资源管理是一个内容广泛而复杂的命题,包含很多内容,如旅游资源的产权管理、旅游资源的信息管理、旅游资源的质量管理、旅游资源的环境管理等,都是目前在旅游开发过程中的重点难点问题,急需要从理论与实践两个方面解决。本章介绍了旅游资源产权管理的理论,并对国内外不同管理模式进行比较;详细介绍了旅游资源信息管理系统;分类介绍了旅游资源标准质量管理与全面质量管理;重点介绍了旅游资源环境管理模式。

### 【目标】

1. 认识旅游资源管理的内容。
2. 明确旅游资源产权管理的相关理论。
3. 了解旅游资源信息管理系统。
4. 掌握旅游资源质量管理与环境管理的内容。

### 【重点】

旅游资源产权管理　旅游资源信息管理　旅游资源质量管理　旅游资源环境管理

## 9.1　旅游资源产权管理

人们对旅游资源的研究多集中于旅游资源的开发、利用等方面,只有少数学者开始关注旅游资源的管理问题。在实践层面,旅游行政主管部门普遍对旅游资源的管理力度不足,不及对旅行社及酒店的管理规范。旅游资源管理包含很多内容,如旅游资源产权管理、旅游资源信息管理、旅游资源质量管理、旅游资源环境管理等,都是目前在旅游开发过程中的重点难点问题,急需要从理论与实践两个方面解决。

## 9.1.1 国外旅游资源产权管理

**1. 旅游资源产权概念**

产权不是一般的物质实体。著名的产权经济学家 Furubotn 和 Pejorich（1991）认为："产权不是指人与物之间的关系，而是由物的存在及对于它们的使用所引起的人们之间相互认可的行为关系。产权安排确定了每个人相对于物时的行为规范，每个人都必须遵守与其他人之间的相互关系，或承担不遵守这些关系的成本。"因此，产权是一系列用来确定每个人相对于稀缺资源时的地位的经济和社会关系。产权作为人与人之间的经济权利义务关系，无论以何种形态存在，都不同程度地表现出排他性、有限性、可分解性和可交易性等基本属性。旅游资源产权除了具有产权的一般属性外，还具有一定的特殊性：旅游资源产权是公共产权，具有社会公益性；旅游资源产权的行使具有较强的"外部性"；旅游资源产权保护功能的内生性等。

旅游资源产权是指由于旅游资源的存在及使用它们所引起的人们之间相互认可的行为关系。具体来说，是指在旅游资源开发、治理、保护、利用和管理过程中，调节地区与部门之间以及法人、集团和国家之间关系的一套规范的规则。由于完整的产权是以复数形式出现的，因此旅游资源产权也是一组权利，主要包括：狭义的所有权，即旅游资源的终极性、归属性。使用权，包括消费性使用和生产性使用两方面；管理权，即决定如何使用旅游资源的权利；其他一些权利。

旅游资源产权有三大特征：一是旅游资源的所有权主体大多是国家；二是政府代表国家支配旅游资源，旅游资源的行政管理在很大程度上代替了旅游资源的产权管理；三是旅游资源管理部门分散，资源利用率较低。

**2. 旅游资源产权管理相关理论**

（1）公地悲剧。当许多人都有权使用一项共同资源的权利时，就存在过度使用这项资源的激励，而且人人都倾向于"搭便车"使用，结果人人都享受不到共同资源的好处。公地悲剧理论[①]的论证和解释可以归纳为三个方面：集体行动逻辑、哈丁牧场模型和囚犯困境博弈。旅游资源经营权问题可以用公地悲剧理论解释，以上三个方面都揭示了在旅游资源开发管理的过程中个人理性的结果却是集体选择的非理性，导致资源的恶化和非可持续发展，最终丧失集体利益和个人长远利益。

（2）外部性理论。外部性是生产者或消费者在自己的活动中产生一种有利影响（外部经济性）或不利影响（外部非经济性）。其中，外部经济性是指某项事物或活动对周围事物

---

① 公地悲剧理论，起源于威廉·佛司特·洛伊（William Forster Lloyd）在 1833 年讨论人口的著作中所使用的比喻。指的是有限的资源注定因自由使用和不受限的要求而被过度剥削。由于每一个个体都企求扩大自身可使用的资源，最终就会因资源有限而引发冲突，损害所有人的利益。

产生良好影响并使周围的人获益,但行为人并未从周围取得额外的收益;外部非经济性是指某项事物或活动对周围事物造成不良影响,而行为人并未为此付出任何补偿费。政府在进行旅游资源经营管理时,需要充分考虑与分析旅游开发的外部经济性和外部非经济性,将隐性成本纳入旅游业的发展体系中。如果对经营所造成的外部非经济性不加以控制,则社会边际成本就会越来越高于区(点)边际成本,对整个社会造成的负担和危害会越来越大。因此,必须构建避免经营造成外部非经济性行为的约束机制。

(3)公共选择理论。公共选择理论主要运用现代经济学的逻辑和方法,把市场经济行为分析应用到政治行为分析上,并探索使政府行为合理化的途径。从公共选择理论来看,政府行为是强制性的,并不是任意和非理性的。政府的强制性权力来自人们增进社会经济福利的需要,是公共选择的结果。为了有效实现社会目标,政府在干预的过程中采取以下几种方式:①采取直接行动,政府直接建立企业生产物品,或者从私营部门购买物品。②实行间接管理,为使私人市场按照需要的方式运行提供动力,授予经营权是较为普遍的形式。③命令私人部门采取政府希望的行动。④混合的选择,政府为了实现某些目标,经常混合使用两种或两种以上的上述行动方案。旅游资源的管理问题实际上就是一个关于公共选择的问题。

### 3. 国外旅游资源产权管理

虽然各国的旅游资源产权管理有别,但总体上可归纳为中央集权型、地方自治型和综合管理型三大类。美国以中央集权为主,自上而下实行垂直管理,并辅以其他部门合作和民间机构的协助。德国和澳大利亚作为地方自治型的代表,政府只负责政策发布、立法等面上的工作,具体管理事务则交由地方政府负责。日本、加拿大、芬兰、英国兼有上述两种体制,属综合管理型,既有政府部门的参与,地方政府又有一定的自主权,且私营机构和民间机构也十分活跃。

(1)美国的中央集权型管理。美国旅游资源体系主要由国家公园(由内政部国家公园管理局管理)、国家森林(由农业部林业局管理)、国家野生动物保护区(由内政部鱼类和野生动物管理局管理)、国土资源保护区(由内政部土地管理局管理)、州立公园(各州政府的自然资源部)和一些博物馆等组成。目前,美国比较重要的旅游资源均采用联邦政府垂直管理模式,以中央集权为主,自上而下实行垂直领导,并辅以其他部门合作和民间机构的协助。例如对于国家公园,美国实行国家管理、地区管理和基层管理的三级垂直领导体系,其最高行政机构为内政部下属的国家公园管理局,负责全国国家公园的管理、监督、政策制定等。下设七个地区办公室,直接管理所属区域的各国家公园管理处,地方政府不得插手国家公园的管理。以"管家"自居的美国国家公园管理处,负责公园的资源保护、参观游览、教育科研等项目及特许经营合同出租。国家公园体系运营和保护的主要资金来源是国会的财政拨款,占90%以上。门票收入不用于公园的日常开支和管理人员工资,只用于环境保护建设及环保宣传教育支出。

（2）澳大利亚的地方自治型管理。澳大利亚联邦政府对各州土地并无直接管理权，国家公园、世界遗产、面积较大的自然保护区等重要旅游资源都归州或地方政府所有。自然保护局是联邦政府设立的自然保护主管机关，对外代表国家签订国际协定，履行国际义务；对内处理土著居民事务，促进各州、地区之间的合作与沟通。各州政府则对本州范围内的旅游资源承担责任，负责具体管理事务。同时，州政府是旅游设施建设的主要投资者，而国家建立的自然遗产保护信托基金制度，用于资助减轻植被损失和修复土地。

（3）日本的综合管理型管理。日本的旅游资源管理体制兼具中央集权和地方自治两种类型，属综合管理型模式。日本的中央旅游管理机构分为内阁、运输省、观光部三个层次：内阁观光对策省厅联络会议直接对内阁负责，为常设议事机构，受总理府直接领导，主要职责是协调各省、厅在旅游资源管理中的相互关系；运输省是日本旅游业的主要部门，下设运输局、航空局、物资流通局和国际运输观光局等；观光部是具体分管旅游业的办事机构，具体负责旅游资源的开发与管理工作。地方旅游管理机构没有统一的模式，而是因地制宜灵活设置，有的隶属劳动部门，有的隶属林业文化部门。这些部门除了具有一般行政职能外，还负责宣传招揽、资源开发、改善投资环境、协调投资环境、协调中央与地方的关系等方面的事宜。日本的行业协会在旅游资源管理中的作用十分显著，这些行业组织既是企业之间的横向联结点，又是政府与企业之间的中介。

**4. 国外旅游资源产权管理经验借鉴**

（1）完善的法律体系，一元化的垂直领导方式。完善的法律法规体系与行政上一元化的垂直领导方式使得旅游资源的可持续开发利用工作能真正地落到实处。在对旅游资源的经营管理过程中，完善的立法是旅游资源管理模式取得成效的重要的基础，而且行政管理权的独立，也能在确保管理权限权威性的基础上实现管理权限与责任的真正统一。

（2）管理权与经营权相分离。在有利于旅游资源合理利用的前提下，旅游资源的管理权限及经营权限的分离提升了旅游资源的经营管理水平。如美国国家公园的管理机构作为联邦政府的非营利性机构，日常开支由政府的财政拨款进行支持，因此，公园运营就可以专注于自然资源与历史文化资源的保护与管理。公园内的公共服务业由于采取特许授权制的运作方式，不仅方便了广大游客，而且在无形中提高了公共旅游资源的使用效果与服务质量。

（3）强大的政府资金支持。发达国家偏重旅游资源的社会福利性，如美国、加拿大等国家公园不收门票或门票价格很低，把国家公园当作公共产品向公众开放。德国、日本也有类似做法。发达国家有雄厚的经济实力为依托，政府或地方政府每年提供大量的资金用于旅游资源的保护工作。

## 9.1.2 我国旅游资源产权管理

**1. 所有权**

我国大部分旅游资源属于国家所有，是重要的国有资源。国家所有的旅游资源在最终归属上属于全体国民，国务院行使所有权代理人的权利。现实中，国务院只是最初的代理人，由国务院按政府行政系统再进行授权，授权各部门及地方政府对国有资源实行分级管理，各部委（局）及各级政府通过再代理将所有者权利层层下放至最基层一级政府。

我国还有部分旅游资源为个人所有和企业或集体所有，前者如一些富含旅游价值的民宅、主题乐园等，后者如工农业旅游资源。

### 2. 管理权

我国旅游资源的所有权非常明晰，但所有权的实现形式却较为复杂。按法律规定，所有者有权对旅游资源进行管理，作为代理人，各级政府代替全体国民进行旅游资源管理。

我国对旅游资源的管理实行多部门分级管理，主要有两种形式：

（1）不同资源性质的旅游资源，分属不同的政府部门具体管理。如"风景名胜区"由建设部门管理，"森林公园""自然保护区"由林业部门管理（少部分"自然保护区"由环保部门管理），"文物保护区（单位）"由文化部门管理，"地质公园"由国土资源部门管理等。

（2）具有不同资源特征的同一旅游资源，同时由不同的政府部门具体管理。例如，四川省彭州市的龙门山地区，同时拥有国家林业部门授予的"龙门山国家森林公园""白水河国家自然保护区"、国家国土资源部门授予的"龙门山国家地质公园"，区域内还有不少成都市和彭州市两级文化部门管理的文物保护单位。除中央、省、市、县四级政府各有关部门和所在乡镇实施管理外，还设立了白水河国家自然保护区管理局、龙门山国家地质公园管理局、彭州市龙门山景区管理局、彭州市丹景山景区管理局等专门的管理机构。

### 3. 经营权

随着我国旅游业的快速发展、社会主义市场经济体制的逐步建立，以及各项改革开放措施的不断深化，我国旅游经营的市场化程度不断提高，各种适应社会主义市场经济体制和国民经济与社会发展需要的旅游资源经营模式不断创新、完善与发展，促进了我国旅游资源模式的多样化和典型化。彭德成（2003）按旅游景区经营主体的市场化程度、所有制性质、行政隶属关系和旅游景区的隶属关系，将现有的旅游资源经营模式进行了划分，分为两大类别五种类型十种模式，根据其经营的市场化程度从低到高排列。

（1）旅游资源非企业型经营。

1）管理机构与政府部门分离的经营模式。这种模式的旅游资源所有权与经营权、开发权与保护权互不分离，旅游资源的管理机构既是所有权的代表又是经营主体，负责旅游资源的开发与保护。根据其管理机构隶属部门的不同又可分为隶属资源主管部门的自主开发模式和隶属旅游主管部门的自主开发模式。前者的管理机构隶属于当地建设、文物、园林等资源管理部门，主要集中于传统的大型文物类旅游资源，如北京故宫、八达岭长城等。后者的管理机构隶属于当地旅游局，这一模式是近年来各地为理顺旅游管理经营体制而进行的改革与创新，典型代表如河北野三坡、重庆四面山等。

2）管理机构与政府部门合并的经营模式。这种模式的旅游资源所有权与经营权、开发权与保护权对外统一，对内分离。旅游资源的管理机构既是所有权的代表又是经营主体，但在景区内外管理职能与经营职能、开发职能与保护职能由不同的部门或机构承担。根据与其管理部门合并的政府部门的不同，又可分为兼具资源行政管理的复合治理模式和兼具旅游行政管理的网络复合治理模式。前者的管理机构与当地某一资源主管部门合并，管理机构不但要负责旅游资源的经营管理，还具有对当地这种旅游资源的行政职责，目前这种模式在旅游资源的经营中逐步退缩，典型代表如泰山。后者的管理机构与当地旅游局合并，管理机构具有当地旅游市场管理的行政职能，这一模式是近年各地旅游资源产权体制改革与创新的成功实践，具有较强的发展优势和良好的发展前景，其代表性旅游资源为长春净月潭等。

（2）旅游资源企业型经营。

1）国有企业经营模式。这一模式的旅游资源所有权与经营权分离，政府为所有权代表，国有全资企业掌管经营权，既负责旅游资源的开发，又负责环境保护。根据其经营主体的隶属不同，可分为隶属政府部门的国有企业经营模式（如宁夏沙坡头等）、隶属地方政府的国有企业经营模式（如浙江乌镇、江苏周庄）和隶属国有旅游企业集团的整体开发经营模式（如陕西华清池）。

2）股份制企业经营模式。这一模式的旅游资源所有权与经营权分离，旅游资源的所有权代表是地方政府设立的管理机构，经营主体是股份制企业。这一模式又可分为未上市股份制企业经营模式和上市股份制企业经营模式两种。前者旅游资源开发权与保护权统一，经营企业既负责旅游资源开发又负责环境保护，其代表性旅游资源为浙江柯岩、曲阜"三孔"等。后者资源开发权与保护权完全分离，经营企业负责资源开发利用，政府派出的管理机构负责旅游保护，其典型代表如安徽黄山和四川峨眉山。

3）整体租赁经营模式。在这一模式中，旅游资源的所有权与经营权分离，开发权与保护权统一。旅游资源的所有权代表是当地政府，民营企业以整体租赁的形式获得旅游资源（景区）30~60年的独家经营权。经营企业在租赁经营期间，既负责旅游资源的开发，又对资源与环境的保护富有责任，其典型代表如四川碧峰峡景区等。

## 9.2 旅游资源信息管理

信息是一切事物现象及其属性标识的集合，是客观事物状态和运动特征的一种普遍形式，人们通过它可以了解事物或物质的存在方式和运动状态。信息一般通过数据、文本、声音、图像这四种形态表现出来，能够被交换、传递和存储，是一种能够创造价值的资源。

### 9.2.1 旅游资源信息管理的概念

人们在调查、研究、管理旅游资源过程中产生的信息被称为旅游资源信息。旅游资源信息不仅包括旅游资源本身的信息，而且包括与旅游资源相关的信息，如旅游交通、购物、娱乐、当地社会经济概况等方面的信息。随着旅游业的发展，对旅游资源的调查、规划、管理工作也相应地越来越细致，因而产生的旅游资源信息也出现了较大的变化，逐渐表现出了衍生信息迅速增加、表现方式多样化的发展趋势。

旅游资源信息不仅内容非常丰富，而且其服务对象也相当广泛，它不仅为与旅游相关的人员服务，还为一般的用户服务，这些都使得旅游资源信息相对于其他资源信息有许多不同之处。概括起来，旅游资源信息主要具有海量性、区域差异性、时效性、不易传播性、综合性和层次性等特点。

旅游资源信息管理是对旅游资源信息进行开发、规划、控制、集成、利用的一种战略管理。其实质就是对信息的生产、资源建设与配置、开发、传输、吸收利用等活动的各种信息要素（包括信息、人员、资金、技术设备、机构、环境等）的决策、计划、组织、协调与控制，从而有效地满足旅游者、旅游经营者、旅游管理者使用旅游资源信息需求的过程。

尽管政府部门和有关专家为旅游资源信息的收集、利用制定了相关的政策和实施办法，旅游主管部门和行业组织对旅游资源信息的收集、发布做了很多工作，但我国在旅游资源信息管理的自动化方面起步较晚，传统的管理手段存在一些不足之处，表现为采集和管理手段落后、信息涵盖面和精度均不尽人意、信息的管理和使用不成体系、信息更新缺少动态性和时效性等，很难为旅游资源信息的收集、管理、使用提供可靠、权威的保障。因此，迫切需要新技术、新手段来代替人工方式，以提高旅游资源信息采集和管理的效率和准确性。

### 9.2.2 旅游资源信息管理系统

旅游资源信息管理系统是以旅游资源空间数据库为基础，采用地图、文字、图表、数字、影像等多媒体信息集成，对旅游资源及相关信息进行采集、储存、管理、分析、模拟和显示，适时提供空间、动态的旅游资源信息，为管理和决策服务的一类信息系统。

旅游资源信息管理系统属于管理类信息系统，但并不是传统意义上的信息管理系统。狭义的信息系统可认为是事务处理系统，强调的是数据的记录和操作。如民航商务信息系统、旅游人才管理信息系统、旅游财务管理信息系统、饭店管理信息系统等，突出事务处理等管理功能，其最大特征是所处理的数据主要为属性信息，没有或不包括空间数据。旅游资源信息管理系统最大的特征是其处理的数据具有空间特征，以具有空间分析功能的地理信息系统为开发平台，利用地理信息系统的各种功能对具有空间特征的要素进行处理分析，以达到管理区域系统的目的。同时，借助网络技术和信息技术的发展，依托旅游资源的关键要素，建立健全规范、高效、有序的旅游信息化架构，打造一个旅游信息化平台，以实现旅游咨询、浏览、互动为一体的网络化、智慧化系统。

旅游资源信息管理系统既是旅游资源开发的重要工具，也是旅游资源事务服务管理的重要手段。旅游资源信息管理系统主要应用在以下几个方面：一是旅游资源的普查、评价工作。其主要作用是以计算机替代手工劳动，对旅游资源信息进行收集、整理和系统的管理，提高效率，为旅游资源信息利用提供可靠保障。二是有关部门对旅游业的管理、监控工作。采用旅游资源信息管理系统，动态监控旅游资源利用状况，科学评价旅游资源，为旅游业管理部门的日常管理和相关政策的制定提供科学依据，以多种形式支持旅游资源的开发与管理。三是旅游资源信息共享。旅游资源信息不仅可为政府、开发规划部门使用，而且通过网络，还可以为各学校、科研机构的旅游资源研究提供可靠数据，为旅行社以及旅游业相关部门甚至旅游者提供各种信息，实现旅游资源信息共享，促进旅游业的全面发展。

**1. 旅游资源信息管理系统研究与应用**

随着计算机的发展和数字化信息产品在全世界普及，地理信息系统技术自20世纪60年代诞生以来，以其独特的空间信息分析功能，被广泛地应用于资源管理、环境保护、城市规划等各个领域，正随着数字城市的建设走入千家万户，应用于普通民众的日常生活中，其产业发展已成为势不可挡的潮流。另外，国内旅游业的迅速崛起，使得政府部门对旅游业的经济地位和相应的旅游资源开发与管理的研究有了前所未有的重视。基于遥感（RS）、地理信息系统（GIS）、全球定位系统（GPS）、北斗卫星导航系统（BDS）和5G技术应用的旅游资源管理信息系统，在旅游资源调查的基础上，实现对现有的旅游资源的查询与管理。同时，计算机网络技术、多媒体技术、虚拟现实技术等持续应用于旅游信息管理中，无论是制定旅游资源开发保护方针政策，还是协调人口、资源、环境的关系，以及制定综合性、区域性、专题性的旅游发展规划等，都可以从中找到科学依据，并促进有关研究的进一步深入，为各地区经济和社会的可持续发展、国土资源综合开发整治规划提供必要的信息支持和决策支持服务。

**2. 旅游资源信息管理系统结构**

（1）旅游资源信息管理系统的结构。旅游资源信息管理系统的总体框架结构可以分为系统层、数据层和用户层。

1）系统层。系统层在硬件方面需根据系统要求选择配置较高硬盘容量较大的计算机。此外，还需要配置扫描仪、打印机、数字通信传输设备等辅助设备。软件方面通常需要有计算机操作软件、数据库软件、应用软件和网络软件。

2）数据层。数据层主要是指数据库结构。数据库是旅游资源信息管理系统的核心，是系统的各项功能得以实现的基础，其结构的合理性直接影响工作效率和用户的使用。因此，在系统数据库的管理中，如何将各种数据按照一定的结构组织、存储和管理，以便提高系统信息查询和处理的效率，是系统数据库设计的关键。

旅游资源信息数据库一般包括旅游区信息数据库、旅游资源单体信息数据库和旅游客源信息数据库。旅游区信息数据库主要包括旅游区名称、编码、面积、开发年代、工作人员数量、景区介绍、景区旅游项目等。旅游资源单体信息数据库将各类旅游资源与其所属区域结合起来，反映旅游资源的地域分异规律，主要包括旅游资源单体的名称、单体代号、主类名称、亚类名称、基本类型等。旅游客源信息数据库主要收录各时期旅游区接待的旅游者人/次数以及旅游收入（国内、国外、省内、省外）。属性数据采用二维的形式存储，用编码的方式来区分表示地物属性的不同数据。大的地物，如公路、铁路，则按照国家统一的编码体系来进行编码；小的地物，特别是属于旅游行业的，则按照旅游行业中的标准、规范来进行编码。在此系统中，采用常用的数据库管理系统 Visual FoxPro 来进行属性数据的存储、管理。

3）用户层。旅游资源信息管理系统面对的终端用户有两大类：一类是旅游者，另一类是政府、旅游企业。对旅游者而言，他们需要全方位、真实地了解旅游目的地的旅游资源，以此来选择最佳的旅游线路；对政府和旅游企业而言，他们需要准确的旅游资源统计、分析、预测信息，为深层次的旅游开发、旅游管理提供决策依据。旅游资源信息管理系统的用户层是系统与终端用户的接口，是直接面向使用者的具有可视化界面的人机对话层，因此，系统的界面设计尤为重要。生动直观、操作简单、友好简洁的界面不仅能够使旅游者获得准确、有效的信息，提高旅游景区景点的形象，而且还能提高管理者对旅游资源及景区管理的精度和效率。目前，大多数系统采用自顶向下逐层分解的设计思想，一级一级地进行界面设计，最高一级界面是一个信息系统的主菜单，反映该系统所具有的主要功能，其余各级界面通过不同形式的菜单进行调用。面向旅游者的主界面则充分运用图、文、声并茂的多媒体技术，给旅游者提供整个旅游景区景点地图，并运用超级链接技术使旅游者能够多方面了解各景点的简介、地理位置、景观特色等。

（2）旅游资源信息管理系统的功能模块结构。旅游资源信息管理系统的功能模块一般由用户管理模块、数据录入模块、数据管理模块、应用管理模块、查询统计模型和数据输出模块组成。

1）用户管理模块。考虑到系统数据的安全性，进入系统的工作人员必须输入用户名和相应的密码，系统经验证正确后方能进入。对于使用系统的旅游者，则不设置此功能，可直接使用查询、检索、浏览等基本功能。对进入系统的工作人员，由系统管理员设置三种级别系统功能使用权限。一般人员可以使用账号维护、查询、检索、浏览、输出等功能；中级人员在一般人员权限的基础上，可进一步使用空间分析功能；高级人员在中级人员权限的基础上，可使用旅游资源输入标记、多媒体数据载入和删除等功能。系统管理人员除了可以使用系统的全部功能外，还可以设置不同用户对系统功能的使用权限，以保证系统和数据的安全。

2）数据录入模块。数据录入模块能够以多种方式快速采集旅游资源数据，包括表征旅游资源空间位置的空间数据和描述它的属性数据、各类环境数据等，并通过各种输入设备（如扫描仪、数码相机等）输入计算机中，建立相关的旅游资源数据库。

3）数据管理模块。数据管理模块是旅游资源信息管理系统的最重要部分，它对旅游资源数据库进行统一的管理和维护，提供存储、编辑、检索、查询、运算、显示、更新空间数据和数据挖掘的能力，能把最新获得的信息快速更新、补充到数据库中。

4）应用管理模块。应用管理模块通过各类应用软件，将数据库内的信息作为基础信息用于多种用途，如用于科研单位相关旅游科学的研究（旅游资源评价、环境评价、开发评价方法的研究），用于旅游企业旅游项目的策划，用于旅游管理部门的日常管理，为旅游开发规划提供决策支持手段等。

5）查询统计模块。除常见的信息系统查询功能外，旅游资源信息管理系统还提供空间数据查询功能，即各种旅游资源、服务设施、交通线路等均标明其地理位置和坐标参数。用户还可以以空间位置的点、线、面等方式进行空间信息查询。旅游资源信息管理系统中配有各行政区的旅游资源情况和各种统计分析程序，用户可以根据需要，对数据库中的数据进行分析。

6）数据输出模块。数据输出模块可以为用户提供丰富的输出形式，如可采用图件、照片、报告、表格、统计图、影像、拷贝数据等形式输出，还可以利用 GIS 实现数据输出的地图化表示，如将旅游资源质量评价等级图、旅游资源分布图、地形图、道路交通图、服务设施分布图和地形图叠加，为游客提供一幅详细的导游图。

**3. 旅游资源信息管理系统开发**

（1）开发原则。旅游资源信息管理系统的开发是一项非常复杂、艰巨的工程，它需要财力、人力、物力的大量投入。因此，必须制定合理、有效的开发策略和计划，统筹安排系统的开发工作，以便为工程的顺利完成打下良好的基础。

旅游资源信息管理系统的设计应遵循如下原则：

1）实用性原则。系统数据组织灵活，可以满足不同应用分析的需求。系统的界面设计友好，简单易行，同时满足普通旅游者和管理人员不同的使用需求。

2）标准化原则。系统的设计与开发基于信息标准化、规范化，并遵循相关行业标准。

3）可靠性原则。系统运行要可靠、稳定、正确，并保证数据安全，且系统应具有很强的容错性和安全性。

4）可更新性原则。系统应具有数据更新的能力。

5）可扩展原则。系统要从长远的观点出发，考虑以后可能的功能扩展与完善，预留数据输入输出接口。例如，属性编码的可扩展性、软件设计模板的可扩展性。

（2）系统开发方法。

掌握正确的管理信息系统开发方法是非常重要的，西方的一些国家，如美国、日本等对信息系统的开发方法进行了探索和研究，提出如生命周期法、结构化系统开发方法、原型法、面向对象法等开发方法。

1）生命周期法。生命周期法是国内外信息系统开发中最常用的方法。其主要思想为任何一个软件都有生存期，即软件项目的提出、研制、运行和维护，直至推出的整个时期。生命周期法将软件工程和系统工程的理论和方法引入信息系统的研制开发中，将信息系统的整个生存期作为一个生命周期，同时又将整个生存期严格划分为若干阶段，并明确每一阶段的任务、原则、方法、工具和形成的文档资料，分阶段、分步骤地进行信息系统的开发。

2）结构化系统开发方法。结构化系统开发方法又称结构化生命周期法，是自顶向下结构化方法、工程化的系统开发方法和生命周期方法的结合，是迄今为止开发方法中最普遍、最成熟的一种。它是从数据流的角度将问题分解为可管理的、相互关联的子问题，然后再将这些子问题的解，综合成为整个业务问题解的一系列技术总称。其实质是"自顶向下、逐步求精、分而治之"。

3）原型法。在信息系统开发中，原型是指该系统早期可运行的一个版本，反映系统的部分重要功能和特征，其主要内容包括系统的程序模块、数据文件、用户界面、主要输出信息及其他系统的接口。原型法是利用原型辅助开发系统的方法，其基本思想是：在获得用户基本需求的基础上，投入少量人力和财力，尽快建立一个原始模型，使用户即时运行和看到模型的概貌和使用效果，提出改进方案，开发人员进一步修改完善，如此循环迭代，直到形成一个用户满意的模型为止。其开发步骤主要为：确定初步需求，设计初始原型，使用和评价原型，修改和完善原型。

4）面向对象法。面向对象技术不仅是一种软件设计方法，也是一种抽象思维方式，传统的软件设计必然使人们在思考问题时还要思考计算机处理的细节。面向对象法则把数据和对它们的处理组合成为对象，以对象为基础对系统进行分析与设计，为认识事物提供了一种全新的思路和办法，是一种综合性的开发方法。

(3) 开发流程。

旅游资源信息管理信息系统的研制开发是一个长时间、复杂及需要多方面共同努力的系统工程型项目，需要遵循系统工程的开发步骤，其开发过程与开发方法与一般信息系统大致相同，主要分六个阶段：人员组织、系统规划、系统分析、系统设计、系统实施和系统维护等。

### 9.2.3 旅游资源信息管理新技术

开发旅游资源信息管理系统的关键在于建立科学、完善、精确旅游资源的云计算和大数据库。目前，我国旅游资源数据库的建设已经取得了巨大成就。我国的旅游业界发生天翻地覆的变化，都是借助于以下几种领先的先进技术。

### 1. 5G 技术

5G 技术即第五代移动通信技术（5th Generation Mobile Networks），是最新一代蜂窝移动通信技术，是 4G（LTE-A、WiMax）、3G（UMTS、LTE）和 2G（GSM）系统的延伸。5G 的性能目标是高数据速率、减少延迟、节省能源、降低成本、提高系统容量和大规模设备连接。Release-15 中的 5G 规范的第一阶段是为了适应早期的商业部署。Release-16 的第二阶段于 2020 年 4 月完成，作为 IMT-2020 技术的候选提交给国际电信联盟（ITU）。国际电信联盟的 IMT-2020 技术的规范要求速度高达 20 Gbit/s，可以实现宽信道带宽和大容量 MIMO。2019 年 7 月 23 日，中兴通讯宣布首款 5G 手机中兴天机 Axon 10 Pro 5G 在京东、天猫、中兴手机商城等同步开启。11 月 1 日，三大运营商正式上线 5G 商用套餐。

### 2. 网络支付

网络支付是指电子交易的当事人，包括消费者、厂商和金融机构，使用安全电子支付手段通过网络进行的货币支付或资金流转。网络支付是采用先进的技术通过数字流转来完成信息传输的。网络支付各种支付方式都是采用数字化的方式进行款项支付的；而传统的支付方式则是通过现金的流转、票据的转让及银行的汇兑等实体流转来完成款项支付的。

### 3. 北斗导航

北斗卫星导航系统致力于向全球用户提供高质量的定位、导航和授时服务，包括开放服务和授权服务两种方式。开放服务是向全球免费提供定位、测速和授时服务，定位精度 10m，测速精度 0.2m/s，授时精度 10ns。授权服务是为有高精度、高可靠卫星导航需求的用户提供定位、测速、授时和通信服务以及系统完好性信息。除导航精度上不逊于欧美产品之外，北斗卫星导航系统还解决了何人、何时、何地的问题，这就是北斗卫星导航系统的特色服务。

### 4. 大数据

大数据或称巨量资料，指的是需要新处理模式才能具有更强的决策力、洞察发现力和流程优化能力来适应海量、高增长率和多样化的信息资产。大数据最核心的价值就是对海量数据进行存储和分析。相比起其他技术而言，大数据的"廉价、迅速、优化"这三方面的综合优势明显。在维克托·迈尔·舍恩伯格及肯尼斯·库克耶编写的《大数据时代》中，大数据是指不用随机分析法（抽样调查）这样的捷径，而采用所有数据进行分析处理。大数据具有 5V 特点：Volume（大体量）、Velocity（时效性）、Variety（多样性）、Value（大价值）、Veracity（准确性）。

大数据的价值体现在以下几个方面：

（1）对大量消费者提供产品或服务的企业可以利用大数据进行精准营销。

（2）做小而美模式的中长尾企业可以利用大数据做服务转型。

（3）面临互联网压力之下必须转型的传统企业需要与时俱进充分利用大数据的价值。

**5. 云计算**

云计算是分布式计算的一种，指的是通过网络"云"将巨大的数据计算处理程序分解成无数个小程序，然后，通过多部服务器组成的系统处理和分析这些小程序得到结果并返回给用户。云计算早期就是简单的分布式计算，解决任务分发，并进行计算结果的合并，因此又称为网格计算。通过这项技术，可以在很短的时间内（几秒钟）完成对数以万计的数据的处理，从而达到强大的网络服务。现阶段所说的云服务已经不单单是一种分布式计算，而是分布式计算、效用计算、负载均衡、并行计算、网络存储、热备份冗杂和虚拟化等计算机技术混合演进并跃升的结果。

**6. 区块链**

区块链是分布式数据存储、点对点传输、共识机制、加密算法等计算机技术的新型应用模式。狭义来讲，区块链是一种按照时间顺序将数据区块以顺序相连的方式组合成的一种链式数据结构，并以密码学方式保证的不可篡改和不可伪造的分布式账本。广义来讲，区块链技术是利用块链式数据结构来验证与存储数据、利用分布式节点共识算法来生成和更新数据、利用密码学的方式保证数据传输和访问的安全、利用由自动化脚本代码组成的智能合约来编程和操作数据的一种全新的分布式基础架构与计算方式。国家互联网信息办公室2019年1月10日发布的《区块链信息服务管理规定》，自2019年2月15日起施行。

大数据与云计算借助5G技术和便捷网络支付的翅膀，渗透到人们生活的衣、食、住、行、生、老、病、死、娱、学等各个方面，旅游产业迎来新变革，旅游资源信息系统也面临着质的飞跃。

## 9.3　旅游资源质量管理

质量管理是指确定质量方针、目标和职责，并通过质量体系中的质量策划、控制、保证和改进来使其实现的全部活动。旅游资源质量管理是对旅游资源进行现代管理的一种方式。

### 9.3.1　旅游资源质量管理内涵

**1. 质量**

信息是一切事物现象及其属性标识的集合，是客观事物状态和运动特征的一种普遍形式。质量，又称"品质"，是质量管理工作中最基本也最重要的概念。美国著名的质量管理大师 Joseph M. Juran 将质量定义为产品的"适用性"，就是产品使用过程中成功地满足顾客要求的程度。美国质量学会给出的定义为："质量是一个产品或服务的特色和品质的综合，这些品质特色将影响产品满足各种明显的或隐含的需要的能力。"国际标准化组织先后在1986年、1994年、2000年3次给质量定义，并对其做了比较全面和准确的界定：一组固有特性满足要求的程度。

综合来看，质量可以从以下四个方面进行解释：一是质量的"特性"以事物本来就有的，特别是永久的固有特性为基础。二是质量定义中的"要求"是指"明示的、通常隐含的或必须履行的需求或期望"，通常由不同相关方，即"与组织绩效或成就有利益关系的个人或团体"提出。明示的需求或期望是指在标准、规范、图样、技术要求和其他文件中已经做出明确规定的要求。隐含的或必须履行的需求或期望是指用户和社会所期望的，或那些人们公认的、不言而喻无须说明的要求。三是质量不仅针对产品，即过程的结果，也针对过程和体系或者它们的组合。四是顾客和其他相关方对产品、过程或体系的质量的要求都是动态的、发展的和相对的，它随着时间、地点、环境的变化而变化。

**2. 质量管理**

质量管理是由于商品竞争的需要和科学技术的发展而产生、形成、发展至今的，与科学技术、生产力水平以及管理科学化和现代化的发展密不可分。从工业发达国家解决产品质量问题涉及的理论和所使用的技术与方法的发展变化来看，它的发展过程大致可以划分为产品质量检验阶段、统计质量管理阶段和全面质量管理阶段。

国际标准化组织明确定义，质量管理是"指挥和控制组织与质量有关的彼此协调的活动"，通常包括制定质量方针、质量目标、质量策划、质量控制、质量保证和质量改进。质量方针是"由组织的最高管理者正式发布的该组织总的质量宗旨和方向"，它通常与组织的总方针相一致并为指定质量目标提供框架。质量目标是"在质量方面所追求的目的"，需要根据组织的质量方针制定，通常对组织的相关职能和层次分别规定质量目标。质量策划"致力于制定质量目标并规定必要的运行过程和相关资源以实现质量目标"，其结果可能形成质量计划。质量控制"致力于满足质量要求"。质量保证"致力于提高质量要求会得到满足的信任"。质量改进"致力于增强满足质量要求的能力"。

**3. 旅游资源质量**

旅游资源质量是"旅游资源个体或组合体固有特性满足需要的程度"。旅游资源质量与一般意义的工业产品质量是有区别的。旅游资源在生产过程中不需要经过化学、物理作用发生形态、结构和功能的变化，只要适当改变其外部条件，如可进入性、接待设施、环境条件等，就可以供旅游者进行游览。旅游资源质量包括旅游资源类型特色、结构规模和价值功能三要素，但目前学界学者看法不一，而且不同旅游资源所含要素也不相同，在旅游资源开发管理中需要具体分析。

**4. 旅游资源质量管理**

随着旅游业的竞争日趋激烈，旅游质量问题越来越受到重视，尤其是在以企业化经营为主的酒店与旅行社管理中，全面质量管理、顾客满意理论得到广泛应用。而由于旅游资源种类繁杂、数量众多，人们对旅游资源的质量管理问题并没有给予足够的重视。旅游资源质量管理是旅游质量管理的核心，其基本内容是对旅游资源的保护和开发利用，其中对旅游资源的质量要素、质量特性和质量等级的判断以及对旅游资源开发利用过程（或程序）的分析，是一项复杂的系统工程。旅游资源管理不能仅局限于旅游资源，还需要考虑旅游环境。

旅游资源管理具有如下显著特点：

（1）旅游资源管理主体类型杂，层次多。由于旅游资源空间固定、分布广泛，且具有区域性，使得旅游资源的所有权属常常难以界定，资产化管理困难，在保护与开发利用中涉及不同组织、个人的责任和利益，导致管理协调困难，管理标准不一。

（2）旅游资源管理客体即旅游资源本身复杂多样。凡是具有旅游吸引力的事物、现象与活动等皆可构成旅游资源。这样，对旅游资源的分类、调查与评价，以及规划、开发和经营等，既需要考虑建立标准进行系统化和规范化管理，又需要考虑具体实情以便灵活经营，以保证对不同类型旅游资源的有效保护和最优化开发利用。

（3）旅游资源管理目标具有特殊性。旅游资源管理的具体目标在于追求旅游资源的有效保护和开发利用的最优化，最终目标是实现经济效益、社会效益和环境效益的协调，而不像一般的营利性组织一样主要追求利润。

（4）旅游资源管理手段具有多样性。具体管理手段多样，其中，政府方面以政策法律法规为主，企业（景区）方面以制度和标准、规划或策划为主，社会方面以教育为主，形成多管齐下的管理局面。

随着人类活动对环境影响的加剧，大众旅游、休闲活动对旅游产品的需求，旅游资源受到了前所未有的破坏威胁，急需加强对旅游资源质量的有效管理。从各行各业的质量管理实践看，标准质量管理和以标准为基础的全面质量管理思想与方法对旅游资源管理具有重要的借鉴意义，需要依据旅游资源管理的特点与实践制定标准规范，需要依据法律法规进行标准化、法制化管理，需要实施全面质量管理。

## 9.3.2 旅游资源标准质量管理

**1. 标准与标准化**

标准是对重复性事物与概念所做的统一规定，以科学、技术和实践经验的综合成果为基础，经有关方面的协商一致，由主管机关批准，以特定形式发布，作为共同遵守的准则与依据。中国国家标准《标准化工作导则第1部分：标准化的结构和编写规则》对"标准"进行了定义："为了在一定范围内获得最佳秩序，经协商一致制定并由公认机构批准，共同使用和重复使用的一种规范性文件。"WTO 则规定："标准是被公认机构批准的、非强制性的、为了通用或反复使用的目的，为产品或其加工或生产方法提供规则、指南或特性的文件。"从内容看，标准包括技术标准（技术事项标准化）、管理标准（管理事项标准化）和工作标准（工作事项标准化）三种。从层次看，标准主要有企业标准、行业标准、地方标准、国家标准、区域标准、国际标准（ISO 标准）六种。标准不仅是衡量产品质量、工作质量与管理质量的尺度，还是组织（特别是企业）技术、生产和管理的所有工作的依据。

中国国家标准《标准化工作导则第 1 部分：标准化的结构和编写规则》对"标准化"的定义是："为在一定范围里获得最佳秩序，对现实问题或潜在问题制定共同使用和重复使用的条款的活动。"从这个定义出发，对标准化的理解是：一是标准化是一个过程，它的基本任务和主要内容就是制定、修订和实施标准。标准是标准化活动的产物，标准化的效果需要通过标准的实施来体现。二是标准化的目的是要改进产品、过程或服务的适用性，同时还以其防止贸易壁垒、促进技术合作等。三是标准化所建立的规范，不仅针对当前存在的问题，而且针对潜在的问题，具有共同使用和反复使用的特征。

**2. 旅游资源标准质量管理概述**

标准质量管理在旅游业中的应用主要表现为对旅游资源、旅游环境、旅游设施设备、旅游服务的管理标准化，其中旅游资源管理的标准化，就是按照旅游资源的类型级别、积聚程度、分布特征、稀缺程度以及旅游业发展需要，建立并依据一定标准和规范，对旅游资源进行分类分级评价、分类分级保护、分类分期开发，并且由旅游资源的管理部门通过质量标准，甚至以法律法规形式加以经营管理。

旅游资源标准质量管理的最大特点是管理对象的独特性，即旅游资源质量，包括旅游资源的类型结构、质量等级评价、经营管理过程的标准化，而不是一般物质产品或服务产品的标准化。由于旅游资源是旅游景观产品的原料，旅游资源向旅游景观产品的转化只是发生条件（如环境、设施、可进入性）和外观（如美学装饰）方面的变化，因此，对旅游资源质量的标准化管理实际上也是对旅游产品质量的标准化管理。对旅游景观产品质量的标准化管理主要涉及对景观的类型、组合、等级等方面的技术评价，以及经营管理行为的规范制约。

标准化在旅游资源的保护利用和经营管理方面具有重要意义：它有利于旅游资源的分类分级管理和旅游产品的市场定位；有利于旅游资源管理组织，包括企业、社区、政府对旅游资源保护与经营的规范化，增强可操作性，减少盲目性，增强保护性，减少破坏性；有利于旅游资源保护方面的责任相关方、旅游资源利用方面的利益相关方在统一的质量标准和法律法规下协调工作；有利于旅游资源保护和经营方面的区域性交流，甚至国际性交流。

旅游资源标准管理主要包括两个方面：一是对旅游资源的保护标准化；二是对旅游资源的开发利用过程标准化。前者需要建立旅游资源类型和等级的标准体系，形成旅游资源质量保护的技术指标，属于技术事项的标准化；后者需要在前者的基础上建立旅游资源经营过程的标准体系，形成以"质量循环"（PDCA 循环）为特征的旅游产品过程管理模式，体现了工作和管理事项的标准化。

（1）资源类型标准化（技术标准）。旅游资源类型的繁杂要求在对旅游资源的经营管理中制定旅游资源分类的行业标准或国家标准，然后依据标准进行旅游资源的调查、保护和开发利用。依据旅游资源的质量特性，中国科学院地理科学与资源研究所和原国家旅游局经过反复修改，先后颁布了几个旅游资源的标准分类方案，即 1990 年的《中国旅游资源普查分类表》、1992 年的《中国旅游资源普查规范》、1997 年的《旅游资源分级分类系统修订方案》。2003 年发布了旅游资源分类的国家标准《旅游资源分类、调查与评价》（GB/T 18972—2003），2017 年发布了 GB/T 18972—2017。基本奠定了中国旅游资源类型标准化的基础。

（2）质量等级标准化（技术标准）。旅游资源质量等级标准化是旅游资源分级管理和分期开发的依据，主要依照质量要素及其特性，以及与其密切相关的自然环境因素对旅游资源分等定级，形成等级标准。依据内容的不同，可分为三个部分：一是依据旅游资源共有因子建立旅游资源的综合评价赋分标准系统，形成旅游资源的分类；二是依据不同基本类型的旅游资源各自的质量要素组成及其特性状态，建立质量等级标准，如《中国森林公园风景资源质量等级评定》（GB/T 18005—1999）、《海洋自然保护区类型与级别划分原则》（GB/T 17504—1998）等；三是对于影响旅游资源质量的旅游环境建立质量等级标准，如《环境空气质量标准》（GB 3095—2012）《地面水环境质量标准》（GB 3838—2002）等。

（3）经营过程标准化（工作与管理标准）。旅游业既是一个提供服务的产业，同时也是一个"加工与出口"风景的产业，旅游资源调查到旅游产品形成是一个完整的产品生产过程。这个过程大致包括了旅游资源及其环境与开发条件的调查、旅游区规划、旅游产品开发和旅游景区运营四个前后衔接的阶段，对旅游资源的保护贯穿过程始终。

为了实现对旅游资源的有效保护和开发效益最大化，不仅需要建立各阶段的工作标准，而且需要建立各阶段的管理标准。目前，我国对旅游资源的调查、规划与运营管理已经出台了国家标准。

### 3. 旅游资源标准质量管理的实施

旅游资源管理的标准化工作主要包括制度的制定、执行和监督，但究竟由什么组织具体实施，因各国市场经济的成熟程度不同而有所不同。一般而言，应该是政府主要负责制定和执行政策与法令，行业性组织（如协会）或龙头企业负责形成和推广标准，学术界则提供相关研究成果。如欧洲的旅游业管理体制就是由政府颁布法令，民间标准化专业机构制定标准，相关的民间机构进行质量认证和监督。我国则全部由政府部门操作，包括制定法规、标准及实施与监督。近年来的实践证明，我国由政府主导标准的制定、执行和监督还是切实可行的，旅游景区景点、酒店的星级评定标准取得巨大成功就是例证。国家旅游行政管理部门及其相关职能部门,如建设、水利、林业、园林、文物、质量技术监督、检验检疫等部门,不仅要推动标准体系的建立健全,而且要指导业务管理,旅游资源的所有者和经营者都要积极参与,高等院校与科研院所（旅游、建筑、地理、环境、林业、水利、地质、园林、考古、历史、民俗等领域）、各行业学会和协会以及有关民间组织要提供智力和技术支持,形成"自上而下"和"自下而上"的政府、企业、社团与学术界互动的局面。

旅游资源管理的标准化工作是一个不断完善的过程,具体包括以下程序：全面调查国内旅游资源；制定旅游资源分类分级评价的项目依据和等级指标,并形成体系；分别进行各地区各类旅游资源（包括各级各类旅游景点和景区）的等级划分与评定；颁布有关旅游资源定量定性的国家标准,并制定相关法律法规加以保障；建立国家和省（市）、区两级旅游资源信息数据库和档案管理；根据旅游资源的保护原则和开发利用时间,形成旅游资源经营的工作和管理标准；严格按照旅游资源的管理标准进行旅游资源的保护和开发利用,加强国家审批和行政执法力度。

### 9.3.3 全面质量管理及旅游资源全面质量管理

**1. 全面质量管理**

全面质量管理是质量管理发展的最新阶段。2008 版 ISO 9000 标准中对全面质量管理的定义为：一个组织以质量为中心,以全员参与为基础,通过让顾客满意和本组织所有成员及社会受益而达到长期成功的管理途径。全面质量管理以"用户要求至上,质量成本最低,预防为主,持续改进,系统协调,质量教育"为基本思想,以全面的（产品、过程、服务与工作质量）、全过程的（市场调研、设计开发、生产制造、检验、包装、储运、销售、售后服务）、全员参与的（员工、管理者、顾客、相关方）管理为基本特点,以质量责任制、质量情报、质量计量、质量教育等为基础性工作,综合运用管理技术、专业技术和科学方法,经济地开发、研制、生产和销售用户满意的产品。

全面质量管理是一种思想观念,是一种方法、手段和技巧,强调谋求长期的经济效益和社会效益。其模式的具体展开可以用 PDCA 质量循环系统来进行阐述。PDCA 循环又称为戴明环,是由美国戴明博士总结的"计划（Plan）—执行（Do）—检查（Check）—处理（Act）"四阶段的循环方式。其中,计划阶段的主要内容是通过市场调查、用户访问、国家计划指示等,摸清用户对产品质量的要求,确定质量政策、质量目标和质量计划等；执行阶段是实施计划阶段所规定的内容,如根据质量标准进行产品设计、试制、试验,其中包括计划执行前的人员培训；检查阶段主要是在计划执行过程中或执行之后,检查执行情况是否符合计划的预期结果；处理阶段主要是根据检查结果,采取相应的措施。

**2. 旅游资源全面质量管理**

旅游资源全面质量管理可以理解为："以旅游资源质量为中心,在旅游资源利益相关方的全员参与下，以实现旅游资源综合效益为目的，对旅游资源保护与利用全过程的管理活动。"

张伟强认为旅游资源的全面质量管理体现了"综合效益、保护第一、预防为主、质量教育、持续改进"等理念，具有"三全二多一体"的特点。

全方面（管理对象）：旅游资源管理不能狭义地局限于旅游资源，必须把影响旅游资源质量的所有因素都放在管理之列，如旅游环境、旅游设施、旅游服务、旅游活动、社区居民活动等。

全过程（管理环节）：对旅游资源的调查、规划、开发和运营的全过程实行质量监督，确保旅游资源的有效保护和开发利用的最优化。

全人员（管理主体）：旅游资源的利益相关方，包括所有者与经营者、地方政府、社区居民、旅游者等需要共同参与对旅游资源的保护，共同分享旅游资源带来的利益。

多方法：运用经济、规划、标准、科学技术、政策法律、宣传教育等手段进行质量管理活动。

多层次：旅游资源管理设计层面很多，可能是景区性的、区域性的，甚至全球性的。因此，需要景区层面、社会层面，特别是政府层面协调决策。

一体系：需要建立一个完善而有效的质量管理体系来实施质量管理，特别是通过有效的组织体系制定质量方针（经济、社会和环境效益）和质量目标（有效保护和开发利用最优化），进行质量策划、质量控制、质量保证与质量改进。

根据PDCA循环的四个反复循环步骤，可以将旅游资源全面质量管理分为质量规划、质量管理、质量保障和质量提升四个部分。

（1）质量规划。旅游资源管理始于旅游规划，旅游规划中的发展规划是旅游目的地旅游业发展的指南，总体规划与详细规划是旅游区旅游资源开发利用和旅游环境建设的基础。质量规划则是质量循环的起点，旅游规划的质量及其执行状况直接影响旅游产品的质量。保证旅游规划质量的前提是利用新技术手段，如遥感、地理信息系统、全球定位系统等监控旅游资源与环境的变化并适时调整旅游规划，即旅游规划在一定时段内具有"动态"特性。因此，旅游资源管理组织必须重视旅游规划，并以此为起点，形成质量的持续改进。

（2）质量管理。旅游资源管理的关键和难点在于建立质量责任制，而质量责任制的关键在于管理组织（主体）的功效。旅游资源的管理组织构成比较复杂，在全面质量管理中更需要明确规定管理组织中每一个部门和员工的职责和权限，以及具体任务，以便事事有人管、人人有专责、办事有标准、工作有检查。在景区管理层面，要依据相关的国家法律法规、政策、国家与行业标准、社会公德以及自身实情进行制度化管理。在行业管理层面，有关行业协会组织和国家业务主管部门要积极推动旅游资源的标准化管理，而政府特别是地方政府要注意因地制宜地制定旅游资源管理政策。在社会层面，有关新闻机构、社会公益组织需要通过宣传教育活动，帮助公民（特别是旅游者和社区居民）自觉养成保护旅游资源与旅游环境的习惯。

（3）质量保障。国家对旅游资源的立法、执法与司法保护是旅游资源管理的法律保障。目前，我国旅游资源管理法规主要以单行法及相关法律、行政法规、法规性文件和部门规章为主。具体包括：旅游环境管理法规；文物资源管理法规与历史文化名城管理法规；爱国主义教育基地和革命烈士纪念地（物）管理法规；宗教活动场所管理法规；风景名胜区管理法规；森林和草原管理法规；自然保护区管理法规；动植物资源管理法规；旅游度假区、游乐园（场）管理法规。目前，国家已经颁布了一系列法律法规，并参加了一些国际公约。我国地方政府依据国家法律法规和地方具体实情，颁布了一些地方的旅游管理条例。

（4）质量提升。旅游资源具有稀缺性和不可再生性，对于旅游资源及环境的保护是对旅游资源进行全面质量管理、提高其品质的基础。旅游资源保护贯穿于旅游资源开发利用的全过程，不仅要在开发中保护，而且要在经营中保护，防止所有者、经营者、员工、社区居民、游客等对旅游资源和旅游环境有意无意地破坏，尽量维持旅游资源的原生面貌和旅游环境的本土意境。旅游资源保护需要多种手段、多种方法，可以利用科技手段、规划手段、经济手段、宣传教育手段等，保护旅游资源和旅游环境，从而不断提升旅游产品、旅游资源的质量。

## 9.4 旅游资源环境管理

所谓环境，是相对于某一中心事物而言，围绕中心事物的外部空间、条件和状况，构成中心事物的环境。《中华人民共和国环境保护法》从法学的角度对环境的概念进行了阐述："环境是指影响人类生存和发展的各种天然的和经过人工改造的自然因素的综合，包括大气、水、海洋、土地、矿藏、森林、草原、野生动物、自然遗迹、人文遗迹、风景名胜区、自然保护区、城市和乡村等。"

### 9.4.1 旅游资源环境管理概述

**1. 旅游资源环境管理的定义**

旅游环境是以人类的旅游活动（包括旅游消费活动和旅游经济活动）为中心，其周围所有自然因素和社会因素的总和。旅游环境的主体构成主要包括两类：旅游者和旅游资源或旅游景区景点。其中，以旅游资源为中心的旅游环境称为旅游资源环境，是指由旅游资源（包括资源单体和资源组合体）以及与旅游资源密切关联的周围事物（自然环境、人文环境）构成的总体状况，可以分为单体旅游资源环境、旅游景区景点环境、旅游地环境（如乡村、城镇）。旅游资源环境由自然环境和社会环境两大部分构成。自然环境是指由自然界的气候、空气、水、土壤、地质地貌、生物等各种要素构成的综合条件。社会环境是指由人类社会的生产生活活动及其经济制度、意识形态所构成的综合条件。这两种环境中的各种旅游资源要素（包括自然要素和人文要素）是人们开展各种旅游活动的基本旅游吸引物，由旅游资源及其环境构成的总体环境（可以称为地理环境）是人们开展旅游活动的基本环境空间。

旅游资源环境管理是指运用政策、法律、标准、经济、规划、技术、行政、教育等手段，对一切可能损害旅游资源环境的行为和活动施以影响，协调旅游发展与旅游资源环境保护之间的关系，处理好国民经济中与旅游发展相关的各个部门、社会集团、企事业单位以及个人在旅游资源环境问题方面的相互关系，使旅游发展既能满足游客的需求，又能保护旅游资源、防治环境污染和破坏，实现经济效益、社会效益和生态环境效益的有机统一。在实际的旅游资源环境管理中，专门针对旅游资源单体及组合进行环境管理意义不大，而对旅游地（城镇）进行的环境管理则是更接近于旅游环境管理。因此，旅游资源环境管理主要是对旅游景区景点的旅游环境管理。

**2. 旅游资源环境管理的分类**

旅游资源环境管理的内容相当繁杂，按其性质分类，可分为旅游资源环境的计划管理、质量管理、技术管理和监督管理四类。

（1）计划管理。旅游资源环境的计划管理是在有计划地优化利用旅游景区景点环境资源的前提条件下，通过制订旅游环境规划，使之成为旅游区经济、社会发展规划的有机组成部分。应用环境规划指导环境保护工作，并结合实际情况检查和调整环境规划，促使旅游景区景点环境资源得到合理化利用。

（2）质量管理。旅游资源环境的质量管理是旅游资源环境管理的核心，是环境管理的根本目标。旅游资源环境的质量管理是为了保持开展旅游活动所必需的环境质量而进行的各项管理工作。旅游资源环境的质量管理一般包括建立描述和评价环境质量的恰当指标体系，建立环境质量监督系统并调控至最佳运行状态，根据环境状况和环境变化趋势的信息进行环境质量评价，定期公布环境状况信息，研究确定环境质量管理的重点领域和管理程序等。

（3）技术管理。旅游资源环境的技术管理主要包括制定旅游环境污染及破坏的防治政策及技术，制定合理的游览线路，以协调旅游经济发展与环境保护的关系。旅游资源环境技术管理工作主要有：制定旅游资源环境质量标准和旅游污染源排放标准，制定旅游区污染防治技术等。

（4）监督管理。旅游资源环境的监督管理是指运用法律、行政、技术等手段，根据国家或地区环境保护的政策、法律法规、环境标准、环境规划的要求，对旅游景区的环境保护工作进行监督，保证各项环境保护政策、法律法规、标准、规划的实施。

### 9.4.2 旅游资源环境质量管理内容

**1. 旅游资源环境质量**

旅游资源环境质量是旅游资源环境管理的核心和基本内容之一，是指在一定的区域空间条件和历史时期旅游资源环境系统的整体状况，即资源环境的总体及其各要素对旅游者旅游消费活动和旅游经营者的经济活动的适宜程度。旅游资源环境质量是旅游环境系统客观存在的一种本质属性，是能用定性和定量的方法加以描述的旅游资源环境系统所处的状态。旅游资源环境质量与旅游发展的关系十分密切，这表现在两个方面：一方面，旅游资源环境质量支持并制约着旅游发展，旅游资源环境质量的优劣不仅制约旅游开发的过程与效果，同时还直接影响着旅游者经历的质量；另一方面，旅游发展改变着旅游资源环境质量，旅游开发经营和旅游活动均会对旅游资源环境产生正面的和负面的影响。因此，开展旅游资源环境质量的评价对于保护、建设旅游环境、提高旅游产业的综合效益具有重要意义。

**2. 旅游资源环境监测**

旅游资源环境监测是运用科学的方法，监视和监测代表旅游资源环境质量及发展变化趋势的各种环境因子实际值的全过程，即测定代表旅游资源环境质量的各种标志性数据的过程。其目的是准确、及时、全面地反映环境质量现状及发展趋势，为全面、科学地评价旅游资源环境质量状况、控制污染提供科学依据。旅游资源环境监测是特定范围的环境监测，通过监测，可以及时了解旅游景区景点、旅游地环境质量状况和环境质量变化情况，了解旅游区环境问题和变化趋势，制定相应的治理对策和管理办法，保证旅游区环境处于良好状态。

**3. 旅游资源环境监测的特点**

由于环境污染具有时空变化的特征，环境要素和污染成分具有多样性，因此，旅游资源环境监测具有相应的特点。

（1）环境监测的综合性。主要表现在以下几个方面：①监测对象的综合性，包括大气、水体（地表水及地下水）、土壤、固体废物、生物等环境要素，只有对这些要素进行综合分析，才能确切描述旅游资源的环境质量。②监测手段的综合性，包括化学、物理、生物等一切可以表征环境质量的方法。③环境监测数据处理的综合考虑。对环境监测数据进行统计处理、综合分析，需要涉及旅游景区景点或旅游地的自然因素和社会因素各方面的情况。因此，必须综合考虑才能正确阐释数据的内涵。

（2）环境监测的连续性。由于环境污染具有时空变化的特点，因此，只有坚持长期监测，才能从大量的数据中揭示其变化规律，预测其变化趋势。数据越多，预测的准确度越高。

（3）环境监测的追踪性。环境监测及一系列的程序，包括监测目的的确定，监测计划的制订、采样、样品运送和保存、实验室分析和数据处理等过程，每一个环节的质量控制水平都会直接影响最终监测结果的质量。因此，为使监测结果具有一定的准确性，并使数据具有代表性、可比性和完整性，需要建立一个量值追踪体系予以监督，对每一监测步骤实行质量控制。

#### 4. 旅游资源环境质量评价

旅游资源环境质量评价就是根据不同的目的与要求，按照一定的原则、标准和方法，对区域环境的某些要素质量和综合质量，进行科学、客观的说明、评定和预测，合理地划分出旅游资源环境的等级或类型，并在空间上，按照环境的污染程度和性质，划分出不同污染区域的过程。通过旅游资源环境质量的评价，可以准确地反映旅游资源环境质量，为区域旅游环境的综合治理与规划管理提供科学的依据，同时为制定合理的旅游资源开发政策和措施、引导与控制旅游经营活动和旅游行为方式提供可靠的依据。

就旅游业的特殊性和旅游发展的状况而言，旅游资源质量评价的关键问题有两个：一是如何确定旅游资源环境被污染的性质、类型和范围；二是如何制定旅游资源环境质量评价的指标体系，即评价标准。这两者是相互联系、相互依存的。当务之急是借鉴国内外的成功经验，制定出一套科学的、切实可行的旅游资源环境质量评价的标准体系，为旅游资源的开发利用和旅游业的健康发展提供科学依据。

旅游资源环境质量评价标准与评价的内容密切相关，旅游资源环境质量评价的内容包括自然生态环境质量评价和人文旅游环境质量评价。从旅游资源满足旅游者需要的角度出发，旅游资源环境质量评价包括三个方面：旅游基础环境质量评价、直接吸引旅游者的旅游资源环境质量评价、旅游气氛环境质量评价。因此，旅游资源环境质量的评价标准，应根据这三个方面来设定，具体的指标体系可以参考国家环境质量标准。

可以按照旅游资源的空间分布形态设定多层次的旅游资源环境质量评价体系，如旅游景区景点环境质量评价的标准体系、旅游企业环境质量评价的标准体系、旅游区或城市（镇）环境质量评价的标准体系。每层次环境质量评价又可以按照旅游环境的各要素相应地制定更细的指标体系，如大气环境质量标准、水环境质量标准、土壤环境质量标准等。各个标准体系由定性指标和定量指标组成，根据旅游资源的类别、形状、质量等要素分级评价，将旅游资源环境质量进行等级划分，最终形成各单项旅游资源环境质量评价的指标体系以及区域旅游资源环境质量综合评价的指标体系。

### 9.4.3 旅游资源环境容量管理

旅游资源环境质量的变化取决于人类投放物的影响和环境承载力两个方面。人类投放物的影响越大，造成环境质量下降的可能性越大。而环境的承载力越大，承受影响的能力就越强，环境质量下降的可能性就降低。要保持旅游资源环境质量的良好状态，一方面要控制人为的负面影响，另一方面要合理利用、调控、建设旅游资源，扩大旅游容量和承载能力，这也是旅游资源环境管理的核心内容之一。

#### 1. 旅游资源环境容量的基本概念

旅游资源环境容量是特定时间内某一区域内的旅游地或旅游单元（旅游区、点），在不破坏生态平衡、达到旅游资源质量要求并能满足旅游者最低游览要求时，所能承受的旅游活动的最大值。

旅游资源环境容量具有静态性和动态性的特点。静态性主要是由旅游者进行某一游览活动所必须停留的时间决定的，在这一活动过程中，旅游资源环境容量不会发生变化，即具有一个瞬时环境容量。而动态性由停留时间的有限性和开放时间的无限性这一关系决定的，游客的各种流动现象总是表现为输入和输出，开放时间与停留时间的比例就表明了这一特性，此比例成为旅游环境的周转率。这一特性决定了旅游资源环境容量在一定时段内可以达到的客观数量，其值一般大于瞬时值。同时，静态性受到当前条件的制约，反映了现状；动态特性则反映了运动与变化。

旅游环境容量、旅游资源环境容量、旅游资源容量三个概念之间是由大到小的关系。其中，旅游环境容量是迄今为止世界上在旅游研究中争议最多，尚无定论的重要问题之一。目前，学者们普遍认为旅游环境容量主要包括自然环境容量、社会环境容量和经济环境容量。其中，自然环境容量包括旅游资源容量与生态容量，社会环境容量包括社会文化容量、旅游管理容量、旅游感知容量等，经济环境容量包括设施容量和经济发展容量等。保继刚、楚义芳提出旅游环境容量具有五个基本容量，分别为旅游心理容量、旅游资源容量、旅游生态容量、旅游经济发展容量和旅游地域社会容量。旅游环境容量是一个概念体系，其本身只是一个一般化的概念，并无特指，只是这些具体容量概念的统称或通称。

旅游资源环境容量是旅游环境容量的重要组成部分。根据旅游资源环境的概念，理论上，旅游资源环境容量包括自然环境容量（旅游资源容量、生态容量）和部分社会环境容量（社会文化容量、旅游管理容量等）、经济环境容量（设施容量等），而在实际的容量工作中，主要以旅游景区、旅游地为载体对其旅游资源环境容量进行管理。

旅游资源容量是旅游环境容量的基本容量之一，是指在某一时期内的某种状态条件下旅游资源对于旅游活动的承受能力是有限的，这个承载的极限就是旅游资源容量。旅游资源容量是就资源本身而言的，不包括旅游资源所处的自然生态环境与社会人文环境。

**2. 旅游资源环境容量的测算方法**

旅游资源环境容量的测算，是制定旅游资源环境管理容量的基础和前提，是旅游资源环境管理的必要内容。旅游资源环境容量的制定，意味着一种标尺的确定，这个标尺至少可以警示旅游景区景点管理者关注旅游规模可能对旅游资源造成的负面影响。但到目前为止，关于旅游、旅游资源环境容量的测算方法并没有形成一致的意见，没有统一的计算公式，以下就国内具有代表性的计算方法进行归纳。

（1）《风景名胜区总体规划标准》的测算方法。其对游客容量做出了一定的规定并进行了详细说明：风景区游客容量应随规划期限的不同而有变化，对一定规划范围的游客容量，应综合分析地区的生态允许标准、游览心理标准、功能技术标准等因素而确定。

对于旅游容量的计算，提出以下三种方法：一是线路法。以每个旅游者所占平均道路面积计，$5\sim10m^2$/人。二是面积法。以每个旅游者所占平均游览面积计，其中，主要景点$50\sim100m^2$/人（景点面积）；一般景点$80\sim100m^2$/人（景点面积）；浴场海域$10\sim20m^2$/人（海拔$-2\sim0m$的水面）；浴场沙滩：$5\sim10m$/人（海拔$0\sim2m$的沙滩）。三是卡口法。实测卡口处单位时间内通过的合理旅游者数量，以"人次/单位时间"表示具体的生态允许标准。

（2）旅游资源容量与旅游感知容量。保继刚在《旅游地理学》中总共给出了三个测算公式，分别为极限日容量公式、合理日容量公式、合理时点容量公式，三个公式均采用了面积测算方法，可能包含部分无效旅游资源，导致对实际容量的夸大，因此只适用于单个景点旅游资源空间容量的测算，不适合整个景区旅游资源容量的计算。而对于旅游感知容量，旅游者心理因素主要是通过旅游资源容量中的空间标准体现，空间标准由旅游资源类型、游客组成形式、旅游季节等众多因素决定，很难构造一个统一的测算公式。计算方法如下：第一、生态容量。到目前为止，国内外关于旅游地自然环境对污染物的净化与吸收方面的专门研究还是空白，没有可以参照的标准具体计算公式来进行测算，因此，该公式的实用性不强，在实际应用中必须先要对该公式进行修正。第二、管理容量。旅游行业的特殊性决定了影响旅游管理容量大小的具体指标弹性大，对自然资源为主的开放型旅游地进行容量研究时，测算旅游管理容量实际意义不大，而对于封闭型人文景区测算旅游管理容量却很重要。第三、设施容量。由于我国现阶段交通发达，食品充足，基础设施有保障，这些一般最终不会成为旅游地发展的限制性因素，但住宿设施刚性较强，对住宿容量的测算具有现实性与客观性。旅游资源的地域社会容量的量测很困难，故一般不考虑其具体量值。

**3. 旅游资源环境容量超载管理**

在理论上，旅游景区景点承受的旅游流量或活动达到其极限容量，称为旅游饱和。而一旦超出极限容量值，即为旅游超载。在实际的管理工作中，有时视接待的旅游流量达到合理容量为饱和，超过合理容量为超载。旅游超载必然导致环境污染或拥挤，如果长时间、连续地或间歇地超载，就会导致旅游资源被破坏、生态系统遭到损伤、旅游接待质量下降。

根据旅游超载发生的时间与空间的特点，可将超载分为以下几种情况：

（1）周期性超载与偶发性超载。周期性超载源于旅游者社会活动具有周期性规律及自然气候的周期性变化，一般在每年的夏季、节假日周期出现。偶发性超载常是由于旅游地或其附近发生了偶然性的事件，这些事件在较短时间内吸引来大量旅游者。一般情况下，偶发性超载造成的环境影响易于被消除，而周期性超载则是一个危险的信号。

（2）长期连续性超载与短期性超载。在实际中，短期性超载的现象占绝大多数，它又分为周期性超载与偶发性超载两种情况。在长期连续性超载的情况下，应实行严格的旅游分流和管理措施。

（3）空间上的整体性超载与局部性超载。旅游区的整体性超载是指所有景区、景点和设施承受的旅游活动量已超出各自的容量值。整体性超载意味着旅游区内各旅游点皆已无剩余的容纳能力。局部性超载是指旅游区中部分旅游景点或设施旅游流量已达到或超出容量值，但整个旅游区容量还未超载，这是旅游活动中的正常现象，可以通过空间调控实现。

**4. 旅游资源环境容量的调控**

由于旅游饱和与超载常常导致严重的环境后果，不利于旅游资源的可持续利用，因此，必须依据旅游景区景点的旅游资源环境容量进行调控。在旅游资源管理中，解决旅游饱和与超载的措施分为两个方面。

（1）从旅游需求方面来说，主要是降低旅游旺季的高峰流量，使旺季的旅游流量在饱和点之内。通过大众传播媒介向潜在的旅游者陈述已经发生过的旅游超载现象及其环境后果，并预测当年旺季可能出现的旅游流量和超载情况，从而影响旅游者选择旅游目的地的决策行为，这是较为有效的方法。

（2）从旅游供给的角度来说，可以分为三种情况：第一、旅游景区整体性超载，相应采取的是"排斥"与"吸引"并行的外部空间分流措施。"排斥"即采取经济办法并利用大众传播媒介，将潜在的旅游者部分地从即将要整体性超载的旅游景区排斥走；"吸引"则是指利用价格、媒介以及地理上的临近性等，将潜在的以超载旅游景区为目的地的旅游者吸引到未饱和的旅游区，或新建旅游景区来吸引旅游者。第二、旅游地内的部分景区超载，而其他景区并未到达饱和，景区内的剩余容量完全可以满足超载景区的超载部分。相应的旅游空间分流措施为内部分流，即在超载景区入口地段设置限流设施，或提高票价，一旦景区达到饱和则停止进入。第三、景区内部空间分流之后仍然超载。在这种情况下，如果旅游地容量仍有扩大的潜力，则当尽快予以扩建；如果旅游地已无扩建潜力或扩建后仍不能避免超载，则必须采取与旅游地的整体性超载同样的外部空间分流措施。由于旅游地的性质一旦确定，旅游地所能容纳的旅游活动能力也就基本固定了，因此，在旅游规划、旅游资源开发伊始，就应该对旅游资源环境容量状况有清醒的认识，在具体的景点修建、景区道路安排、旅游设施设计和建设方面都必须遵循与旅游地性质相关联的旅游资源环境容量指标，以使旅游地各个组成部分在日常运转中能够协调。

**5. 旅游资源环境容量管理的工具**

随着研究的深入，研究者逐渐认识到旅游环境容量研究和应用面临的问题绝不是通过复杂的计算、烦琐的变量确定和问卷调查可以解决的。对同一环境而言，不同旅游活动的容量各不相同，而该环境的总容量也并非这些部分容量的简单加总。旅游环境容量不再被看作一个确定值，而是一个波动阈。随着外界条件，如技术、参数、产品和消费结构的改变而调整，仅仅将环境容量作为一个数据控制，并不能达到有效保护资源的目的。国外的学者们开始反思，研究解决环境容量问题（实际上也就是资源保护与旅游开发利用之间矛盾）的新思路。正是伴随着旅游环境容量研究的逐渐深入和应用范围的不断扩大，学术界开始将更多的旅游环境容量视为一种管理理念而非科学理念。旅游环境容量规划开始为一些更为科学、更具有可操作性的管理框架所替代，下面简单介绍。

（1）游憩机会谱系（ROS）。ROS是20世纪70年代美国农业部林业署在对荒野地游憩活动研究的基础上，结合在荒野地分类分区管理实践方面的经验，发展起来的包含完善理论框架的旅游资源管理模型。其核心是为某个特定的游憩体验提供某一游憩机会，并管理某一游憩环境，最终实现提供多样化的游憩体验的目标。ROS在游憩机会清查的基础上可以对游憩资源进行很好的规划与管理，其应用主要表现在：第一、帮助分配和规划游憩资源。ROS可以为不同游憩机会在空间上如何配置提供依据，还可以为管理者在不同的区域采用什么管理原则提供依据。第二、预测管理决策和行动可能对游憩机会造成影响。ROS提供了一种简单的、图表化的预测模型来评价管理行动带来的后果，确定管理行动对整个机会谱系将会带来什么样的影响。第三、将游憩者期望的游憩资源分配给游憩者，使游憩机会与游客期望得到的体验相匹配。在整个供需关系中，个人、家庭、社会群体对于他们想要参加的游憩机会序列，如活动、环境、体验等有不同的偏爱和需求。如果游憩者全面了解有关各种不同机会信息，他们可以选择合适的地点和时间，参与他们认为最合适的旅游活动方式和类型。而管理方则需要努力为旅游者提供这些有关的信息，为了实现这一目标，要求管理者一旦确定了区域内游憩资源所处的机会谱系级别及其空间位置，就必须使管理行动决策努力保持与这些机会所在谱系级别的一致性，以减少管理者的无规划行为，以及其他导致这些机会发生不利变化的行为。

经过30多年的发展，ROS已经发展成为国外最有效的、基础性的资源和游憩管理框架，但ROS系统最初是为满足大面积的土地管理需要而设计的，很难适应公园、游乐场这种土地面积小而且多样化程度比较高的区域。

（2）可接受的改变极限（LAC）。LAC是从旅游环境容量概念发展而来的，用于解决资源保护与旅游开发之间矛盾的理论，20世纪90年代以后，广泛应用于美国、加拿大、澳大利亚等国家的国家公园和保护区规划与管理中。

LAC认为资源保护与游憩利用是风景区的两大目标，通常以资源保护为主导性目标，但只要有利用，资源必然有损害，关键的问题是这种变化是否在可接受的范围之内，因此必须为主导型目标制定"可允许改变"的标准（包括资源状况和旅游品质两个方面）。在可允许改变的标准以内，对游憩利用不加以严格控制，一旦资源与旅游品质标准超出了"可允许改变"的范围，则严格限制游憩利用，并采取一切手段使资源与旅游品质状况恢复在标准以内。其核心思想是对旅游资源的环境管理，一是要应控制环境影响，而不是控制游客人数；二是应该淡化对游客人数的管理，只有在非直接（管理游客）的方法行不通时，再来控制游客人数。其具体步骤为：确定规划地区的课题和关注点；界定并描述旅游机会种类；选择资源和社会条件的监测指标；调查资源和社会条件；为资源和社会条件确定标准；制定旅游机会类别替选方案；为每个替选方案制订管理行动计划；评价替选方案，并选出一个最佳方案；实施行动计划并监测资源和社会状况。

从 LAC 实施的步骤可以看出，LAC 理论是为了弥补环境容量理论在确定极限值方面的缺陷，结合 ROS 形成的一套更加完整、更加系统化、更具有可操作性的管理框架。LAC 的一大优点就是为每个利用机会等级确定一个可接受的改变范围，在此基础上制定地区的策略和管理战术，进而结合公众参与，确定指标和标准。以此为基础来监控生态环境和社会条件，从而建立起目标、指标、标准、监测和管理之间的良性互动，避免出现旅游环境容量管理中集中精力确定一个游客极限值的现象。

与 ROS 适合应用于大尺度的旅游目的地不同，LAC 理论由于确定了特定的指标而往往应用于小尺度范围内。但把关注点放在小尺度上也有缺陷，因为如果一种方法把关注点放在一个特殊的点或者问题上，往往会人为地扩大对负面影响的认识。国外已经有研究者注意到，如果人们把关注点放在一个观景点，那么当游客密度过高时，这个观景点发生的变化将会超过 LAC 所设定的标准，但是更深入的大尺度的研究却显示这种游客规模对整个地区，或者说一个有价值的生态单元造成的影响是极其微弱甚至可以被忽略不计的。

（3）中国传统的规划和管理中只是把环境容量当作一个数字去计算，针对这一情况，清华大学资源保护和风景旅游研究所从 1999 年起，在所承担的《泰山风景名胜区总体规划（2000—2020）》《镜泊湖风景名胜区总体规划（2001—2020）》《三江并流梅里雪山风景名胜区总体规划（2002—2020）》和《黄山风景名胜区总体规划（2004—2025）》中，对 LAC 理论及其衍生技术进行了探索性应用。

根据 ROS 和 LAC 理论的基本框架，美国国家公园保护协会制定了"游客影响管理"方法（VIM）和"游客体验与资源保护"技术方法（VERP）；加拿大国家公园局制定了"游客活动管理规划"方法（VAMP），澳大利亚制定了"旅游管理最佳模型"。这些技术方法和模型在上述国家的规划和管理实践中，尤其是在解决资源保护和旅游利用之间的矛盾上取得了很大的成功。

## 思考题

1. 如何认识旅游资源的产权管理问题。
2. 高质量发展背景下，旅游资源信息管理和质量管理为何同等重要。
3. 概述旅游资源环境管理的内涵和实质。

# 参考文献

[1] 骆高远. 旅游资源学 [M]. 杭州：浙江大学出版社，2020.
[2] 张吉献，李伟丽. 旅游资源学 [M]. 北京：机械工业出版社，2019.
[3] 张艳萍，肖怡然，邓思胜. 旅游资源学理论与实务 [M]. 北京：北京理工大学出版社，2019.
[4] 吴国清. 旅游资源开发与管理 [M]. 上海：上海人民出版社，2018.
[5] 谢泽明. 中国传统区域分布与旅游规划 [M]. 长春：吉林大学出版社，2018.
[6] 唐云松，刘住. 旅游资源学 [M]. 西安：西安交通大学出版社，2019.
[7] 陈福义，范保宁. 中国旅游资源学 [M]. 2版. 北京：中国旅游出版社，2017.
[8] 仪勇，蓝党华. 旅游资源学 [M]. 北京：北京师范大学出版社，2016.
[9] 杨阿莉. 旅游资源学 [M]. 北京：北京师范大学出版社，2016.
[10] 陈学军. 旅游资源学概论 [M]. 沈阳：东北大学出版社，2016.
[11] 陈进忠，陈红涛. 四川旅游资源学 [M]. 2版. 成都：西南交通大学出版社，2014.
[12] 王羽. 旅游资源学 [M]. 武汉：武汉大学出版社，2013.
[13] 毕华. 游长江. 旅游资源学 [M]. 2版. 北京：旅游教育出版社，2013.
[14] 王德刚. 旅游资源学教程 [M]. 北京：北京交通大学出版社，2011.
[15] 张艳红，陈国生，袁鹏. 旅游资源学概论 [M]. 北京：中国财富出版社，2011.
[16] 宜进. 旅游资源学 [M]. 武汉：华中科技大学出版社，2009.
[17] 郑群明. 全新旅游资源学 [M]. 北京：中国科学技术出版社，2008.
[18] 李燕琴，张茵，彭建. 旅游资源学 [M]. 北京：北京交通大学出版社，2007.
[19] 鄢志武. 旅游资源学 [M]. 2版. 武汉：武汉大学出版社，2007.
[20] 陈国生，黎霞. 旅游资源学概论 [M]. 武汉：华中师范大学出版社，2006.
[21] 陈福义，范保宁. 中国旅游资源学 [M]. 北京：中国旅游出版社，2005.
[22] 高曾伟，卢晓. 旅游资源学 [M]. 4版. 上海：上海交通大学出版社，2007.
[23] 苏文才，孙文昌. 旅游资源学 [M]. 北京：高等教育出版社，1998.
[24] 杨桂华，陶犁. 旅游资源学 [M]. 昆明：云南大学出版社，1999.
[25] 王守华，王小力. 旅游资源学 [M]. 昆明：云南人民出版社，1996.
[26] 保继刚，楚义芳. 旅游地理学 [M]. 3版. 北京：高等教育出版社，2012.
[27] 吴郭泉. 旅游资源经济学 [M]. 北京：中国林业出版社，2007.

[28] 杨学峰. 旅游资源学 [M]. 北京：中国发展出版社，2009.

[29] 郑耀星. 旅游资源学 [M]. 北京：中国林业出版社，2009.

[30] 陈学庸. 中国旅游资源学 [M]. 北京：中国商业出版社，2007.

[31] 黄远水. 旅游资源学 [M]. 大连：东北财经大学出版社，2007.

[32] 董晓峰. 旅游资源学 [M]. 北京：中国商业出版社，2006.

[33] 丁季华. 旅游资源学 [M]. 上海：上海三联书店，1999.

[34] 王绍鸿. 旅游资源鉴赏 [M]. 厦门：厦门大学出版社，2012.

[35] 胡建英. 旅游资源鉴赏与开发 [M]. 天津：天津大学出版社，2009.

[36] 李久昌. 旅游资源鉴赏与开发 [M]. 郑州：大象出版社，2010.

[37] 张凌云. 市场评价：旅游资源新的价值观——兼论旅游资源研究的几个理论问题 [J]. 旅游学刊（双月刊），1999（2）.

[38] 宋子千，黄远水. 旅游资源概念及其认识 [J]. 旅游学刊（双月刊），2000（3）.

[39] 黄中伟，胡希军. 旅游资源释义 [J]. 浙江师范大学学报（自然科学版），2002（2）.

[40] 张立生. 旅游资源概念及谱系研究 [J]. 经济经纬，2003（5）.

[41] 杨东升. 对旅游资源概念的界定 [J]. 黔东南民族师范高等专科学校学报，2005（3）.

[42] 宋子千. 论旅游的被吸引性与旅游资源概念 [J]. 旅游学刊，2006（6）.

[43] 余兵. "焦作模式"和"栾川模式"对我国旅游业发展的启示 [J]. 信阳农业高等专科学校学报，2007（3）.

[44] 板永明，项冰，岳小艾，等. 德宏傣族泼水节的文化价值及其保护 [J]. 德宏师范高等专科学校学报，2007（2）.

[45] 李丰生. 旅游资源经济价值等的理论探讨 [J]. 经济地理，2005（4）.

[46] 朱沁夫. 旅游资源的经济价值探析——与李丰生先生商榷 [J]. 全国商情：经济理论研究，2007（5）.

[47] 万绪才，丁敏，宋平. 旅游资源价值及其货币化评估 [J]. 经济体制改革，2003（6）.

[48] 姚明广. 浅析我国旅游资源学的研究现状及其学科的构建与发展 [J]. 山西师大学报（社会科学版），2007（6）.

[49] 傅培华. 基于模糊聚类的旅游资源评估系统 [J]. 科技通报，2003（5）.

[50] 方幼君，程玉申，周敏. 基于模糊聚类的区域旅游资源条件评价——以杭州市为例 [J]. 经济地理，2007（6）.

[51] 刘庆余. 20年来中国旅游研究进展——国家自然、社科基金旅游项目反映的学术态势 [J]. 旅游学刊，2008（3）.

[52] 彭德成，潘肖澎，周梅. 我国旅游资源和景区研究的十个前沿问题 [J]. 旅游学刊，2003（6）.

[53] 邵筱叶，成升魁，陈远生. 旅游资源价值评估问题探析 [J]. 生态经济，2006（10）.

[54] 王兴中. 中国旅游资源开发模式与旅游区域可持续发展理念[J]. 地理科学, 1997 (3).

[55] 王迎涛. 我国区域旅游资源整合研究进展与发展建议[J]. 地域研究与开发, 2009 (1).

[56] 喻学才. 苏锡常都市圈区域文化与旅游资源的整合研究[J]. 东南大学学报（哲学社会科学版）, 2002 (3).

[57] 骆华松. 遥感技术、数字地球与旅游资源评价及开发利用[J]. 云南师范大学学报, 2000 (6).

[58] 张安, 李莉, 万绪才. 虚拟现实技术在旅游中的应用[J]. 桂林旅游高等专科学校学报, 2000 (1).

[59] 冯威伯, 苏道平. 虚拟现实技术在旅游规划中应用前景探析[J]. 重庆师范学院学报（自然科学版）, 2001 (3).

[60] 查爱苹. 虚拟现实在旅游景区中的应用研究[J]. 社会科学家, 2005 (4).

[61] 宋瑞. 反思与重建：旅游资源的界定、分类与评价[J]. 杭州师范学院学报（社会科学版）, 2005 (5).

[62] 俞金国, 王丽华. 关于旅游资源理论的再思考[J]. 资源开发与市场, 2010 (3).

[63] 崔莹. 关于旅游资源概念的再思考[J]. 山西青年职业学院学报, 2014 (3).

[64] 朱运海. 汉江流域湖北段特色文化资源旅游开发研究[J]. 湖北文理学院学报, 2016, 37 (2).

[65] 龙雨萍, 张中旺. 汉江流域文化旅游资源开发潜力评价[J]. 湖北文理学院学报, 2017, 38 (6).

[66] 尚清芳. 基于乡村旅游资源特征的扶贫开发模式与策略——以秦巴山区陇南市为例[J]. 陕西理工大学学报（社会科学版）, 2018, 36 (2).

[67] 常建霞, 李君轶, 李振亭, 等. 秦巴山区旅游资源分布与旅游经济耦合研究[J]. 陕西师范大学学报（自然科学版）, 2020, 48 (2).

[68] 卢艳丽. 基于翻转课堂理念的旅游资源规划与开发课程混合式教学研究[J]. 吉林工商学院学报, 2021, 37 (2).

[69] 柴晓雪, 王红梅. 论东北地区红色旅游资源的保护与开发[J]. 经济师, 2021 (3).